透过考古学的镜头

施劲松　王齐 ◎ 著

透过考古学的镜头

文物出版社

图书在版编目（CIP）数据

透过考古学的镜头 ／ 施劲松，王齐著．－北京：
文物出版社，2018.10
ISBN 978-7-5010-5750-4

Ⅰ．①透… Ⅱ．①施… ②王… Ⅲ．①考古学
－中国－文集 Ⅳ．①K870.4-53

中国版本图书馆CIP数据核字(2018)第232470号

透过考古学的镜头

作　　者：施劲松　王　齐

责任编辑：李　飏
装帧设计：程星涛
责任印制：陈　杰
责任校对：陈　婧

出版发行：文物出版社
地　　址：北京市东直门内北小街2号楼
邮　　编：100007
网　　址：http://www.wenwu.com
邮　　箱：web@wenwu.com
制版印刷：鑫艺佳利（天津）印刷有限公司
经　　销：新华书店
开　　本：889mm×1194mm　1/32
印　　张：12.75
版　　次：2018年10月第1版
印　　次：2018年10月第1次印刷
书　　号：ISBN 978-7-5010-5750-4
定　　价：88.00元

作者的话

从事考古学研究不可避免地会触及"什么是考古学"的问题。我一度认为这个问题不能回答，只能就"考古学是怎样的"加以描述。现在我仍然持有这个态度，甚至倾向于认为，对"什么是"之类的问题的一劳永逸的解答失之简单，只有在对学科的描述中我们才能推进对它的认识。

我更赞同这样的认识，即考古学研究所揭示出的"人造物的世界"或者"物的历史"要远远早于文字的出现。因涉及包括地质、地理、气候、植物、动物等多重自然和环境因素，考古学构建的历史将是一个"更为广阔的历史舞台"。文字的出现虽是人类历史上的"大事"，但"物"能独立于文字而自在，因而具有文字不可替代的优势。考古学面对的是过去人类活动遗留下来的物质遗存，因而对历史上曾经存在过的所有个体和生活样态敞开。通过"实物"，考古学构建出一幅多线条、多层面的复杂历史图景，不断突破和增补"线性历史"的发展规律。

这本文集就是想表达这样的认识。呈现在这里的40篇文章，短则千字，长亦不过万言，主题多样。透过考古学的镜头，我们重新审视历史，看到了在宏观历史叙事中隐而不显的"物"，跨越时空与已故的学人展开心灵间的对话。相信透过考古学的镜头，我们可以更好地认识历史，理解今天，面向未来。

施劲松

1996年获历史学博士学位，现为
中国社会科学院考古研究所研究
员，研究方向为商周考古学

图为2017年9月访问
荷兰莱顿大学

文集中最早的《科学·社会科学·考古学》写于1998年，发表后意外接到俞伟超先生的信，俞先生肯定了讨论"社会科学"这个概念的意义。后来继续发表的文章也曾得到不少师友的鼓励。这些都是坚持写作此类文章的动力之一。学术短论的写作不同于研究论文，它们更需灵感和激情，而且想法一旦产生，须马上动笔，不似有些研究论文的主题可以"悬搁"。但有灵感并不意味着能一挥而就，因为我们毕竟不是以记录个体感受为己任的作家，而是学者，我们要努力把研究的视角贯彻到个人的感受之中。不少篇幅不长的文章竟然颇费周折，正因如此，这些"作品"才是"不可替代"的。

文集中的大多数文章原刊于《中国文物报》《南方文物》《南方民族考古》，其他发表于《文物》《考古与文物》《四川文物》《三代考古》和一些论文集。历时较长，结集时感觉思想和文字水平存在着先后的差距，但我们保持原先的观点，因为每一篇都是当时思考的真实记录，只对文字做了适当的修订。

14年前，文物出版社的李飓女士编辑了我的《长江流域青铜器研究》一书，当时她不让我在后记中感谢她。但这次不同，这本文集的出版完全是李飓促成的。

施劲松

2017年岁末于北京夕照寺

王 齐

1996年获哲学博士学位，现为中国社 会科学院哲学研究所研究员，研究方 向为存在哲学、基督教哲学

图为2015年7月参加 "中澳哲学论坛"

目 录

视角与差异

人物影像

考古学聚焦

科学·社会科学·考古学

——考古学学科定位的哲学思考

王　齐

　　作为社会科学大家庭中的一员，考古学是相当特殊的。这首先表现在它与自然科学之间不可分割的关系。自近代以降，考古学逐渐形成了一套完整、严密的方法论体系，其中在很多方面，它都借鉴或者直接使用自然科学的方法。在对问题的分析和表述上，考古学也拥有类似自然科学的话语形式和系统。考古学的另一个特殊性在于，考古学向自身提出了"复原古代历史"的目标，这一点十分清楚地表明，这门学科在以自身的方式表达着对"人"的问题的关注和思考。毫无疑问，考古学又应该隶属于人文学的行列之中。面对考古学自身的复杂性和特殊性，简单地说考古学是"一门近代的科学"，说它追求方法和结论的"科学性"而不加任何"注释"的话，很容易引起人们对于这门学科的误解，继而进一步影响到对于考古学的使命和意义的认识，甚至影响到学科发展的深广度。现代西方语言哲学的发展告诉我们，很多学术界争论不休的问题或者留存较久的困惑，其实源自我们对同一语词或者概念的不同的理解及其在不同层面上的使用，源于日常语义和在某一学科内部的特定语义之间的歧义。在考古学学科定位问题上可能产生的误会也源于对于"科学"一词在不同层面上的理解和运用。

　　"科学"一词是随着"五四运动"从西方传入中国的。在韦伯斯特大词典中，对于science有多重解释，综合观之，可分三层含义。一是指"自然科学"（natural science）的一个门类。二是指通过"科学"实验方法和手段获取的具有普遍性的知识，或者是与物理世界及其现象相关的知识。第三层，也是最为宽泛的一层则指一切可学习和研究的"系统化的知识"，或者是所有概念的体系。如此看来，"科学"一词与"自然科学"联系最为紧密，它几乎就是"自然科学"的同义语。的确，在日常语义中，"科学"实际上就是数学、物理学等"自然科学"的简称。但是，事实并非如此，因为除了"自然科学"（natural science）之外，在我们的语汇表中还有"社会科学"（social science）或者"人文科学"（science of human）。所以，当重新考察"作为一门近代的科学"的"考古学"这一说法的时候，首先要问的是：这里的"科学"是在何种层面上提出的？这也就是说，考古学将自身定位于何处？只有首先明确了这个问题，才能避免在不必要的问题上纠缠，也才能进一步确定学科的使命。

　　考古学首先是能够将自身定位于自然科学的行列之中的，这一点无论从其产生的历史背景和发展的现状都可以得到较为充分的证明。作为一门严格学科意义上的近代考古学产生于19世纪并非偶然，从大的方面讲，它受到了整个时代风习的影响。19世纪是一个自然科学取得令人瞩目的成就的时代，也是一个技术手段不断革新并且运用于生产实践的时代。"科学"的进步极大地鼓舞了人们的信心，他们开始将人类发展的希望寄托在"科学"身上。从小的方面说，作为成熟学科标志的田野考古学在很大程度上是依靠近代自然科学的研究成果而确立的，这一点强化了考古学是"科学"的意识。支撑着田野考古学的两大理论基石之一的考古层位学，就是受益于地质学中的地层叠压理论产生的。考古学运用和移植了地质学中较晚的地层将堆积在较早形成的地层之上的原理和具体方法，以此来推断出考古文化层依次形成的时间次序。而考古类型学则受到了生物学分类的意图和方法的启发，以此为手段来研究考古发掘出的人工制品，并且建立起一整套依据某一分类标准而形成的文化谱系。可以说，没有近代科学的巨大成就，就不可能有成熟意义上的考古学的出现。

历史发展的情况如此，在今天，考古学与自然科学之间的交叉和渗透也日益密切。今日的考古学不仅致力于古代留存下来的物质产品研究，它还将视点移向了古代的自然生态环境以及人和自然的关系等方面，也就是说，今天的考古学希望从整体出发来看待古代的生存世界。这些新的目标的提出和最终实现，都必须仰赖现代高科技手段以及它们在考古学领域中的运用。可以说，没有碳十四测定技术，没有取自物理、化学、生物等学科的高科技分析测定手段，没有航空遥感技术，没有计算机的图文处理功能，也就不可能有上述新课题的出现，当然更无法谈及课题的解决了。自然科学的方法和手段大量融入了考古学的领域，并且日益成为考古学自身的一部分；"科学"和技术极大地提高了研究的精确度，从纵深两面拓展着研究的领域和水平。这一点进一步使人意识到，考古学似乎有理由将自身定位于自然科学的行列之中。

但是，事情并非如此简单。考古学借助"科学"发展取得了独立的地位并且获得了新的发展契机之后，它就面临着这样的困扰："科学"式思维是"对象式思维"，也就是说它将作为整体而存在的世界划分为"主体"和"客体"两大部分，"主体"的"人"与"客体"的"世界""对象"是分立的；其间，作为主体的"人"不应将自身的情感、意志强行加入对"世界"的思考之中。"科学"强调让事实本身说话，它以追求"客观性"为目标。尽管量子力学的发展已揭示出了"客观性"概念的虚妄性，否定了以"客观性"作为衡量一门学科是否为"科学"的唯一标准，但是"客观性"仍然作为一个价值中立的原则成为人们追求"普遍性"真理的基础。在"科学"研究中并不是没有"人"的因素的加入，只是这里的"人"是具有"普遍"意义的"大我"，而非拥有独特思想情感和感受世界的方式的"个体性"的"小我"。在考古学研究中，"科学"思维的条件很难被满足。考古工作者面对的研究对象即古代的物质遗存不仅不会开口讲"话"，而且这些物质遗存本身还不会自己选择自己；它们必须借助"人"的操作。那么不可避免的，在获取考古研究的一手资料时，会有不少信息流失、歪曲甚至遭到破坏；这也就是说，在信息选择过程中，"科学"所要求的"客观性"是无法达到的。而对古代遗物进行分析研究时，研究者个人的主观性作用，也就是"小我"的作用发挥得更加突出，这也就是所谓"仁者见仁，智者见智"。尽管今天可以通过技术手段和实验方法来加大研究的精准度，减少意见的分歧，但是要想达到"科学"中"1＋1＝2"式的鲜明和无可辩驳的统一性结论几乎是不可能的。更为重要的是，"科学"的方法也不足以解决考古学随着学科的完善而向自身提出的更高的要求。考古学并不单纯地满足于让古代的物质遗存"显现"在某一特定的时空背景中，考古学还提出了更高的要求，那就是：复原古代历史，继而最终探寻人类发展进程中的逻辑和规律。考古学最终关切的对象是"人"，而"人"不同于自然界其他一切存在物的最显明的特性便在于他是有血有肉、有思想有情感的"生物"；"人"的个体性和情感性决定了对于"人"的问题的探求不可能照搬数学、物理学的"科学"方法，也不可能得出类似"客观"且可验证的"知识"。其实，这样的"知识"即使存在，对于"人"来说也没有任何实在的意义。因此，从"复原历史"这一至上的目标出发，将考古学囿于"科学"的范围之内不仅没有反映出这门学科的真实面目，而且实际上是在限制它的发展。不管"科学"的意识和方法在考古学领域中渗透的程度有多大，考古学所面临的问题都无法依靠实验和推算解决。考古学在根本上应该隶属于"社会科学"，而且因其对于"人"的问题的关注，它似乎更倾向于"人文学"。

那么，"社会科学"与"科学"之间的关系是什么呢？这两个"科学"概念的使用是否处于同一层面上呢？

前面说过，考古学得以产生从思想根源上可以追溯到19世纪因"科学"大发现而萌生的乐观主义，它直接推动了作为一大知识体系的"社会科学"的产生。在西方，对"科学"的尊崇有着深厚的传统，在人们的心目中，"科学"

是"硬"的，它代表着"秩序"和"规律"，代表着对问题的最终解答；而"人"的学问则是"软"的，"人"的问题永远是开放性的，没有最终答案。因此在西方，有关"人"自身问题的研究一直处于"无家可归"的状态。即使像康德那样的将"人是什么"的问题放置于研究中心的人本主义者也只承认真正的"知识"只能是数学式的"知识"，有关"人"的研究不能上升到"知识"的水平。但是19世纪的人们开始相信，"科学"及"科学的方法"能够深入到"人"的生活的各个层面，包括人的精神生活和情感生活的层面；在实践上，迪尔凯姆等人开始尝试着用"科学"的手段来探究"人"及"社会"的奥秘。在这个背景下，"社会科学"从诞生之时起就希望能够达到用"科学"的方法来认识"人"和他的"世界"的目的，希望能够获得如同数学一样严格的关于"人"的"知识"，从而与"自然科学"分庭抗礼。这是人在"认识自己"的道路上的一项有益的尝试，它表明在人的内心深处有着对于"秩序"和"规律"的需求。但是"社会科学"能否实现"科学"所希望的"客观性""经验的可验证性"这些目标呢？更为重要的是，"社会科学"有无必要去实现这些目标？换言之，"社会科学"是应该恪守"自己的园地"、开拓自身的方法论，还是必须依附于"科学"方有立足之处呢？

对"社会科学"这一概念的反思从19世纪末、20世纪初即已全面展开，直至今日仍有哲人提出"社会科学是否可能"的问题。人们已经发现，单靠自然科学的认识模式来研究"人"的问题不仅远远不够，而且弊病颇多。"人"的个体性和情感性特征与"科学"所追求的统一性和普遍性的目标很难契合，于是李凯尔特明确指出，不能仅将自然科学的方法视为唯一有效的方法，而应该去寻找一种对"人"的问题的研究方法。符号哲学家卡西尔系统地指出，逻辑学应该是"分层构造"的，其一是"数学和自然科学的逻辑"，另一则是"人文科学的逻辑"，后者包括语言的、诗歌的和历史的逻辑。这一学说不仅为"人文科学"的独立奠定了哲学基础，而且还为具体的人文学研究提供了方法论上的支持。卡西尔认为，人文学研究与自然科学的研究的根本差别在于，人文学研究中需要一种特殊的"感知现象学"，这也就是说，人的感知来自自我之极的"我"与对象之极的"他"这两者之间的互动，它们彼此之间是相互影响的。换用"科学"的眼光观之，这种"感知"实际上已动摇了"客观性"在"人文（科）学"领域中的地位和作用，它等于承认了在事关"人"的问题上，"科学"的方法并不完全适用。公平地说，"科学"的方法和"人文"的方法只能相互渗透、借鉴和补充，它们之间不存在孰高孰低的争执，也不存在相互取代的问题。

所有这些来自哲学的批判都在讲着一个"话"："社会科学"建立的初衷——达到"科学"的境地，并与"科学"分庭抗礼——是无法实现的，而且也没有必要去实现它；"社会科学"在发展的过程中有它自身的逻辑，这逻辑实际上就是"人文学"的逻辑。从某种意义上可以说，"社会科学"这一名词的构建是一项有益的失败尝试；"社会科学"就应该是"人文学"。在这块领地中，最为重要的并非去追求结论的一致性和无可辩驳性，而是要引入"批判"的精神，一种对于"真理"的永恒的追求精神。"人"的问题是开放性的，对它的探索也是永无止境的，所有的研究只能被视为是对人类发展规律这一大的课题的一个尝试性的解答，这些研究都只是"在"追求人生终极智慧的"路"上。"社会科学"早就是一门独立的学科体系，它拥有自己独特的研究对象和方法，拥有自身的发展逻辑。"社会科学"不应也不必在"自然科学"的领域中寻求一种夹缝式的生存，也不必为自身不能达到"科学"的"客观性"程度和对待"真理"问题的统一程度而自惭形秽，更不必因趋附"科学"而觉得脸面有光。"社会科学"拥有自己的一片天地。

明确了"社会科学"这一概念的历史和现状，再来看考古学的学科定位问题。考古学产生于"科学"，并且从基础理论到具体实践都借鉴了不少"科学"的方法，但在根本上，考古学仍是"社会科学"大家族中的一个门类，它围绕着"人"及其生存的世界而展开。因此，考古学的最终目标不是寻求如同自然科学一般的"客观性"的、亘古不变的"真理"，考古学当以它对待事实的"科学"态度让古代的遗存"显现"出来，以关注"人"及其生存世界的情怀让这些遗存"说话"。如同其他"人文学"一样，考古学的价值和魅力不在于提供问题的最终答案和终极的"真理"，而在于向探索人类历史的发展规律这一至高的目标的无限靠近，在于对智慧的永恒探寻。

（原载《中国文物报》1998年3月18日、3月25日）

从疑古谈起

施劲松　王　齐

　　在世纪之交回顾学术史，我们可以看到20世纪初我国史学界发生的两件大事：一是疑古思潮的出现，二是田野考古学在中国的产生和发展。

　　对于在当时产生了重大影响的疑古思潮，今天的学术界无论是从方法还是从内容上都做过很多深入的清理、批判和总结。抛开其得失不谈，疑古思潮体现出来的怀疑主义不同于中国史学研究中的辨伪传统，它是在"五四运动"民主与科学的氛围下产生的，其主旨更靠近西方文化中的怀疑主义精神。

　　中国文化历来不乏辨伪传统，但缺乏怀疑主义精神。中国史学研究中虽然有着怀疑的倾向和实践，特别是从宋代以来直到清中晚叶该倾向已很明显，但是，这里所说的怀疑主义精神和传统的怀疑是有区别的。此处的怀疑主义精神是一种理性批判精神，它在西方文化中较为鲜明突出。西方文化中观念意识较发达，而历史意识相对薄弱。既然是观念性的文化，那么运用理性进行批判和检索就是必要的；如果理性时时刻刻都在做着批判的工作，那怀疑主义精神就是其必然的结果。中国文化则不同，中国文化的一个突出特点是史学发达，这不仅表现在史料的丰富上，还表现为历史意识的发达。历史意识的发达使得人们容易停留于具体的事实与史实之中，而缺乏超越其上的形而上学的观念。因此，中国传统史学研究中的怀疑多为在肯定史书的大前提之下的证伪和辨伪，它不可能像疑古思潮那样彻底推翻中国的古史体系。疑古思潮中一个突出论点是，中国的古史文献是一种"层累地造成的古史系统"。这或许就是说，中国历史在相当的程度上是受思想观念的渗透和塑造的，中国的古史文献可以被当作一种观念的记载来看待。既是观念史，就值得从根本上进行怀疑，而不是做具体的细枝末节的考证。

这种怀疑主义精神的意义在当时似乎超出了史学界，而波及了整个中国学术界和思想界，它直接影响了中国考古学的早期发展。中国考古学产生于20世纪20年代，这是西方田野考古学传入中国的结果。那时，疑古思潮全盘否定了中国的古史系统，但否定之后的建设工作并不令人满意。面对如何重新认识中国古史的问题，在疑古思潮兴盛之时就有人提出，建设的途径就是考古学。田野考古学是在地质学和生物学的发展带动之下产生的，它所体现的是科学主义精神。这样一来，疑古思潮的怀疑主义所否定的古史系统就需要以考古学的科学主义精神去重建，用考古学去复原古史系统，就是一条比在故纸堆中求证更有效、更可信的途径。只不过在20世纪二三十年代考古学才刚刚起步，发掘资料还很有限，考古学距重建古代史的目标还非常遥远。

疑古思潮为考古学在中国的早期发展起了开路的作用，但也为考古学打上了证史和补史的烙印。用发掘所得的遗迹、遗物来辨别历史文献的真伪，这一点在过去是考古学的一个功能。就是在今天，在我们这个史学高度发达的国度，我们也无法回避那些浩如烟海的史料文献，全信也好、全疑也好，这些文献都实实在在地存在着。考古与文献相结合本来就是中国考古学的特色。但是，考古学应该有其独立的地位，它自身就应该是一条重建历史的有效途径。

关于这一点，我们还可以从福柯的《知识考古学》中得到一些启发。该书虽然不是讲考古学的，但是它对考古学根本意义的理解对我们却不无启示。福柯说，考古学（archaeology）来源于希腊文的"始基""本原"一词，这个词根同时还有原理、原则的意思；而历史学（history）则是记述、叙述的意思。由此他指出，考古学应该是基础性的，而历史学才是派生出来的，两者的关系应该被颠倒过来。过去，考古学为历史学服务，考古发掘所得出的遗迹、遗物都被用来证明历史文献的真伪，被用来当成是以文字形式出现的历史文献的一种实物性的补充。但现在，不是实物（monuments）为文献（documents）服务，而是文献为实物服务。在福柯看来，历史文献也就像考古发掘出土的遗物一样，它应该受到考古学方法的清理。或许我们可以这样理解，从知识考古学的观点出发，整个人类的文化史都是一种"层累地造成"的观念史，无论是观念史还是我们的古史文献，它们都只是人类的文化遗物，是纪念碑，它们需要用考古学的方法加以验证和梳理。虽然以上论述并不专就考古学学科本身而言，但我们可以从中得到这样的启发，即考古学有它自身独立的地位和作用，它并不是单为历史学服务的。

从殷墟的发掘开始，中国考古学已走完了70年的历程。其间，考古学早已不仅仅是在证史和补史，考古学自身已经独立构建出了中国古史的时空框架，并对古代社会和古代文化进行了多方位的探索。尤其是，今天的考古学是联合了多学科的考古学，其方法、对象和领域不断拓宽，比之于早期的考古学又有长足的发展，越来越靠近重建历史的目标。

如果说20世纪上半叶史学研究的主流是疑古，"走出疑古时代"将在21世纪占据主导地位，那么考古学将是"走出疑古时代"的必由之路。

（原载《中国文物报》1998年11月25日）

"考古学"的"家园"

——archaeology和"考古学"

王　齐　施劲松

语言是约定俗成的。但有的时候，从语源学角度考察语词的来龙去脉不仅是一件饶有兴味的事，而且还能对某一特定语词的理解给予启发。

"考古学"的英文对应词archaeology来源于希腊词archaiologia，后者按字面意义当解作"对古代事物的研究"。直到1837年，archaeology才具有了今天所意味的"对于古代事物的科学研究"的涵义[1]。Archaeology成为一门知识体系意义上的"科学"的时间并不长，但是从词源学角度出发，这个词的词根却是一个几乎最早的哲学概念archi（archaio是archi的复数形式）。archi具有"开始"（beginning）、"起源"（origin）、"开端"（outset）、"起点"（threshold）以及"原理"（principle）诸种涵义，在汉语西方哲学史上通常用"本原"或"始基"来与之对应。从这个意义上讲，archaeology又是一门古老的学问，受当代法国哲学家福柯的启发，archaeology其实也就是"本原学"或者"始基学"。

---

[1] *Webster's Ninth New Collegiate Dictionary*, Merriam—Webster Inc., 1987.

　　追寻世间万物的"本原"是人类思维的本质性特点之一，"本原"意识的产生标志着科学的思维方式的出现。在希腊文明史上，对于archi的探求经过了一个从外向内的变化过程，它最终落实在哲学思维的层面上。早期的希腊物理哲学家们突破了希腊原始的神话思维方式，发展出了一种宇宙论的自然哲学观。他们往往认定某一种或几种物质性的"始基"作为万物的"本原"，如泰利斯的"水"，阿那克西美尼的"气"，德谟克利特的"原子和虚空"等。到了苏格拉底，这种一元或多元的物质始基论受到了质疑。苏格拉底认识到了在自然界中因果系列的不可穷尽性，因为再微小的"原子"都可以做进一步的分割。换言之，以古代自然哲学家那种朴素的观察手段是不可能从自然界中寻找到世间万物的"起点"的。于是苏格拉底一反早期物理哲学家向外求"起点"的思路，转而求诸人的内心，将哲学的"起点"定位为对自己的认识，把哲学从"天上"拉回到了"人间"，并且以"人间"作为哲学真正的"家园"。希腊哲人探本求原的历程告诉我们，对"本原"的探寻离不开"思"，单靠经验的方法是不行的。因为所有关于世间万物"本原"的结论都是哲学家就万物"本原"所做出的"断言"（predicate）和逻辑的"悬设"（postulate）。这些"断言"虽然有其逻辑的合理性，但它们是无法验证的，因而也是"独断的"[1]。如果"考古学"同样可以作为一门"本原学"，那么它又是以怎样的方式来求原的呢？

---

[1] 叶秀山：《苏格拉底及其哲学思想》，人民出版社，1997年。

　　"考古学"对于"本原"的追求表现在它对事物起源问题的关注和探索。面对古代人类活动的物质遗存，"考古学"首先需要对它们的起源进行时空上的定位，这也就是说，"考古学"一般习惯于寻找"事物在何时、何地最早出现"这类问题的答案。对于事物起源问题的兴趣不仅源自人类求知的"好奇心"，更是出自人类对自身历史的关注。在我们现有的知识中，只有人类才能意识到自己是会死的，也才能感受和意识到时间的短暂性。只有我们人类才能意识到历史的意义，因而也需要历史。应该说，只有随着历史的开始，人才能成为真正意义上的人。有了历史，人类才能真正地做到立足于"现在"并且放眼"未来"。在这个意义上，"考古学"对事物起源的探求是"本原性的"。

　　但是，在实践层面上，"考古学"所揭示出的事物起源又是相对的。任何一个考古学结论都在现有的、已知的考古发现的基础之上得出。相对于漫长而丰富的人类历史而言，考古发现及其带给我们的认识都是有限的，这些认识随时都有可能因为新的考古发现而得到修正。因此从逻辑上讲，在时间的线索上，关于事物起源的考古学结论存在着向更早、更古的方向延伸的可能性，而且这种延伸是"无限的"。

　　除了"相对性"的特点之外，在探本求原的过程当中，"考古学"最终还需要借助"思"的力量来达到"本原"，这一点突破了对于"考古学"方法的一般理解，即认为"考古学"似乎走的只是一条从实物出发、并且从实物当中"归纳"出关于古代历史规律的"经验的"路线。这种理解似乎在汉语"考古"一词当中表现得更为明显。在我们进行言说和书写活动的时候不难发现，不同的语词，即使其涵义相同或相当，它们带给人的心理感受和联想也会有所不同。汉语"考古"虽然与西文archaeology相对应，但是这个汉语词汇却不会直接地让人联想到"本原学"这样的涵义。当然，archaeology所具有的"本原学"的涵义也是经过了哲学家的阐发才变得显明起来，西方专业的archaeologist以及公众是否能够认识到该词所包含的希腊词根的意义，我们在此不敢妄谈。但是不管怎样，由于汉语自身的特点，"考古"一词带有更多的"经验科学"的成分。"考"字除了在较宽泛的意义上表示"研究"的涵义（"思考"）之外，它更经常地被组合为"考证""考据""考释""考订"等指示着传统史学研究方法的词汇。诚然，"考古学"在一定意义上可以被视为一门"考证"古代事物的学问，但是我们必须注意到，以"考证"的办法是不可能求得某些事物，尤其是与古代人类活动相关的抽象事物的起源的，因为即使在逻辑上我们能够将其起源的时间"无限"地向更古老、更久远推进，在所考察对象的"定义"问题上我们终将遇到困难，对此"考证"是无能为力的，我们只有借助于"思"的力量。

这里典型的例子是对"国家起源"的探讨。在考察具体的考古资料之前，我们首先需要提出关于国家起源的相关理论，包括设立"国家"的定义以及衡量"国家"形成的标准。恩格斯曾就国家的起源和国家的形态等问题提出了至今仍具有指导意义的理论。针对世界上曾经存在过的形态各异的早期国家，当代考古学家又相继提出了"城市国家""地域国家""乡村国家"和"银河星团政体"等理论模式，考古学界也将这些模式与中国的考古材料相结合以探讨中国早期国家的起源[1]。也就是说，当考古学家试图从具体的考古资料中找到最早的"国家"的痕迹的时候，事实上在他们的头脑中已存在着对"国家"这一"理念"的认识，并且这个"理念"并不是我们能够从田野工作和考古资料当中"总结—归纳"出来的；相反，它是在考古实践之前就已经通过"思想"的方式被给定的。

另一个相关的例子便是"文明起源"。"文明"原本就是一个具有多重涵义的理念。"文明"所对应的西文civilization来源于拉丁文civis，而 civis既指罗马的公民身份，同时又表示优越于蛮族的生活状态的意思，所以civilization后来被用来指与"野蛮"阶段相区别的较高的人类历史发展阶段。在目前的西方学术界，civilization一般等同于广义的"文化"。但是在考古学家的语汇表中，"文明"不仅指一个特定的较为高级的社会发展阶段，而且它还具有一系列特定的标准，比如"城市""文字""金属器"等的出现。利用这些标准来探讨文明起源虽然具有较强的操作性，但也暴露出了明显的片面性与局限性，所以又有考古学家提出以"国家"出现作为文明社会的标志。可见，衡量一个社会是否已进入"文明"，首先取决于对"文明"的"理念"及其相关标准的"设定"。而像"文明"和"国家"这样的"理念"是不可能通过"归纳"的方法从实物中

---

[1] Li Liu and Xingcan Chen, *State Formation in Early China*, London, Gerald Duckworth & Co. Ltd., 2003.

"总结"出来，亦不可能由"考证"的办法提出。这些"理念"是"在先的"（*a priori*），即被事先给定的，因为"理念"的产生和缘起不是一个"经验的"（empirical）问题，而是一个"理论的"（theoretical）问题，它的解决只能依靠"思想"。在这个意义上，"考古学"应该是"经验科学"和"人文科学"的一种"综合"。

有意思的是，关于"思"（"理"）与"原"的关系在中国典籍当中也曾被讨论过。在为中国考古学家所重视的宋人高承所著《事物纪原》一书的序言中曾出现过这样的话："物有万殊，事有万变，而一事一物，莫不有理，亦莫不有原。不穷其理，则无以尽吾心之知；不究其原，又曷从而穷其理哉。"这段话讨论了"原"与"理"之间彼此依存、相辅相成的关系，只是与本文所讨论的重心有所不同，高承此处似乎强调更多的是"求原"之于"明理"的意义。

海德格尔说："语言是存在的家。"这篇小文从archaeology的词根入手考察了"考古学"之为"本原学"的可能性和意义，这么做无非是为了更好地守护"考古学"自己的"家园"。

（原载《中国文物报》2005年7月22日）

面向"未来"的考古学

——写在"五四运动"90周年之际

王 齐 施劲松

今年是"五四运动"90周年。"五四运动"开启了中国现代历史的新篇章。从思想文化的层面上看,"五四运动"标志着中国传统文化向现代化的痛苦转变,标志着一种"新思维"的出现。耐人寻味的是,以研究古物古迹、探古求原为己任的考古学恰恰是在"五四运动"掀起的反传统、呼唤"科学和民主"精神的声潮中在中国诞生的。这一关联将为我们深入理解"五四运动"为中国历史所留下的精神遗产的意义、理解中国考古学的任务和目标提供积极的启示。

从精神文化的线索上看,"五四运动"的源头应当追溯至1917年的"新思想文化运动"。正是在这场旨在铲除旧的文化传统、创造新文化的运动当中,"德先生"(民主)与"赛先生"(科学)这两个全新的"概念"跃入了人们的思想视野。表面看"五四运动"呈现出的是一片"否定"和"打倒"之声,仿佛誓与传统进行彻底的决裂,甚至出现了像取消汉字这样的过激主张。但是,"五四精神"最终没有呈现为简单的"打倒",而是主张在"破"的同时,以积极进取的态度"创造"出一种"自主的"新文化。陈独秀在为"新思想文化运动"提出的六项原则中指出,新文化应该成为"自主的而非奴隶的；进步的而非保守的；进取的而非退隐的；世界的而非锁国的；实利的而非虚文的；科学的而非幻想的"。这也就是说，"新思想文化运动"既不是简单的"拿来主义"，也不是丧失自主性的对外来文化的被动接受，更不是一种根基全无的"无中生有"的"创造"；一种有意义的"文化创造"是在面向世界、积极汲取世界其他先进文化的基础之上的对传统文化的革新和改造，是在外来文化的助推力之下使陷入困境的传统文化重新焕发生机与活力的"与时俱进"的过程。为了"创造"出一种"自主的""进步的""开放的"新文化，人们必须拥有"新工具"和"新思维"，于是归纳式的、分析式的"科学思维"开始取代笼而统之的传统思维方式；相应的，传统的知识结构必须进行更新，结果语言文学首当其冲地进行了变革，白话文取代了古文，写实文学取代了无病呻吟的书斋文学。在教育方式上，学校取代了学堂和私塾，现代科学的传播替换了四书五经的垄断。尤其是，随着一批在国外接受高等教育并受到现代科学治学方法训练的学子的归国，现代意义上的"专业人士—专家"（professionals）和"学者"（scholars）群体开始涌现，他们渐渐疏远了中国的"文人"传统，走上了一条从事实、从学术研究的理路和规则出发的科学研究的道路，开始以科学的方法和态度书写中国的现代学术史，搭建起一套适应新时代要求的、能够与世界有效接轨的知识框架。

"五四运动"之后，考古学在中国的诞生和发展很好地演绎了"五四精神"之于传统思维方式和知识结构的深刻变革的意义。中国有着发达的史学、古物学和金石学传统，虽然"古史辨派"已经开始将怀疑的目光投向占据千年的"盘古开天、三皇五帝"的历史观，但是，建立在地层学和类型学基础之上的、以田野考古工作为标记的"科学"的考古学在中国却不可能自动诞生，它只能通过一批在海外留学的"专家"和"学者"对于科学的考古研究方法的引进，通过将这些方法具体运用到对中国问题的研究而实现。可以毫不夸张地说，如果没有"五四运动"所唤起的对科学精神的追求，没有现代学术机构如"中国地质调查所新生代研究室"以及"历史语言研究所"的先后成立，没有一批像丁文江、裴文中这样的科学家以及在国外接受过人类学和考古学训练的李济、梁思永、夏鼐以及其他由国内高等院校培养的新型专业人才，中国考古学既不可能从传统的知识结构中自动地衍生出来，更不可能在飘摇动荡的20世纪前半叶取得初步的成果。而反过来看，在将外来的考古学研究方法运用到对中国的历史遗存的研究并且逐渐搭建起中国考古学研究的基本框架之后，中国考古学研究的自主性、创造性也开始逐渐显露出来。从此，中国考古学不仅有资格成为世界考古学版图中的一个部分，透过考古科学的视角，中国文明还首次以科学的面貌出现在世界文明的谱系中，成为人类共同拥有的思想资源。

考古学在中国的诞生正值中华民族处于危亡的关键时刻。当时的有识之士面对民族自救和复兴的重任，没有采取闭关锁国、固步自封、抱残守缺的态度，而是以开放的心态坦然面对世界上的先进文化，以积极的态度完成对传统思维方式和知识结构的改造。考古学这门地域性很强，且直接与民族的历史紧密相联的学科恰好在这个时候出现在中国，这容易让人误解为民族主义思想的影响，联想到"崇古"和"复古"情绪，但是实际情况却并非如此。考古学在中国的出现是中国学人对"五四"开启的"新精神——科学精神"的回应，是中国学人在积极接受外来文化的基础上首次以一种全新的、科学的视角来审视固有的本原文化的结果。作为一门更"基础"、更"本原"的学科，考古学在诞生之初就不是为了用"实物"去为"观念"服务，不是为了证史、补史，更不是为了"复古"；相反，考古学是要以一套实证的、科学的方法"直接地"（immediately）、没有阻隔地、不受"观念"（包括民族主义）左右地探究古代的物质遗存，它有可能为我们揭示出一幅在史书记载之外的古代文明图景，有意义地"增补"我们对于古代历史的认识。在后现代思想家的启发之下，我们甚至可以进一步以考古学研究为基础来清理、整肃经由各种"观念"而"层累地造成"的"历史"。考古学之为"本原之学"，它的"探古求原"的目的不是为了"复古"，甚至也不是为了"寻根"，这个观念因其过于情感化而与考古学的目标相左。考古学的根本目的就是以科学的态度了解、认识人类的"过去"，把握我们自身的历史，以便"为了今天"。

"为了今天"是俞伟超先生在《我国考古工作者的历史责任》一文中对考古工作的目的的定位，也就是说，我们认识"过去"是为了更好地解答当前时代精神所提出的疑问。如果我们可以把这个深刻的说法再向前推进一步的话，那么，考古学研究的目的不仅是为了更好地面对"今天—现在"，在根本的意义上更是为了面向"未来"，因为人作为一种时间性的、历史性的存在者是向着"未来"而生的。当考古学家以科学的态度发掘、整理、研究古代遗存并用精神文化的形式将其保留下来的时候，他们是心系"未来"的，他们从事的是一份把"过去"的文化遗产向今人以及未来的人传递下去的工作。放眼历史，考古学家不仅心系"未来"，而且他们最有心胸心系"世界"，他们的工作可能具有地域性，但考古研究的最终指向却不仅是为了本民族的"未来"，更是为了整个"世界"。在历史的长河中，所有那些关于"你的、我的"的争论将会显得微不足道。在实现民族复兴的当今时代，我们应当时刻警惕狭隘民族主义的思想和情绪，在任何情势下都应坚持科学的态度。从这个角度出发，"五四精神"在90年后的今天仍然需要我们继承和发扬。

（原载《中国文物报》2009年5月1日）

三星堆启示录

王　齐　施劲松

位于成都平原上的广汉三星堆遗址在大半个世纪里有过许多重要的考古发现，这些发现改变了我们对商周时期文明图景的认识。如今已复归宁静的三星堆遗址不事声张地坐落在田野上，它成为一个界标，时刻提醒着我们这里曾存在一种至今仍不为人完全了解的文明，也曾上演过无数或许不在我们的能力把握范围之内的"故事"（story）－"历史"（history）。

一、偶然发现的意义

对广汉三星堆遗址的关注始于20世纪30年代。1929年（一说为1931年）在三星堆月亮湾燕家院子出土一坑玉器，因这一偶然发现，华西协合大学博物馆葛维汉（D. C. Graham）和林名均组织了月亮湾的首次科学发掘[1]，其成

---

[1] 关于华西大学博物馆组织的广汉月亮湾发掘的年代有三个版本：（1）1932年，见《中国大百科全书》所附《中国考古学年表》（1898~1984年）；（2）1933年冬，见冯汉骥、童恩正《记广汉出土的玉石器》，《川大史学·冯汉骥卷》，四川大学出版社，2006年；（3）1934年3月，见《纪念三星堆遗址祭祀坑发现二十周年专栏》之《三星堆遗址考古大事纪要》，《四川文物》2006年第3期。

果分别是葛维汉的《汉州发掘简报》[1]和林名均的《广汉古代遗物之发现及其发掘》[2]。在中国考古学史上，月亮湾的这次发掘实为一次较早的科学发掘[3]。如果我们把1928年10月13日中央研究院历史语言研究所对安阳小屯村的发掘作为中国学术机构首次独立进行的科学发掘，那么这两次发掘相隔仅约5年。只是两地发掘所取得的成果不可同日而语，甚至我们不能判定月亮湾的确切发掘时间，更不用说这次发掘在时间和地域上的选择之于中国考古学的意义了。从20世纪50年代开始，四川省博物馆和四川大学一直在三星堆遗址调查和发掘，冯汉骥先生在60年代即断言，这里很可能是古蜀文明的一个重要的政治经济中心。但直至1986年，因当地砖厂工人在取土烧砖时偶然发现了两个埋藏丰富的器物坑[4]，三星堆遗址才受到学术界的更多关注。

三星堆遗址和安阳殷墟都是从20世纪前半叶至今仍然在进行考古发掘的遗址。两相比较，我们不禁会问：为什么史语所当年会把首次发掘地选在殷墟，之后殷墟又始终是中国考古工作的重心？而三星堆遗址只是由于两个器物坑偶然发

---

[1]　葛维汉：《汉州发掘简报》（A Preliminary Report of the Hanchow Excavation），《华西边疆研究学会会志》（*Journal of the West China Boarder Research Society*）第6期，1933～1934年。

[2]　林名均：《广汉古代遗物之发现及其发掘》，《说文月刊》第3卷第7期，1942年。

[3]　关于这次发掘的成果，参见冯汉骥、童恩正《记广汉出土的玉石器》，《川大史学·冯汉骥卷》，四川大学出版社，2006年；林向《近五十年来巴蜀文化与历史的发现与研究》，《巴蜀历史·民族·考古·文化》，巴蜀书社，1991年。

[4]　四川省文物考古研究所：《三星堆祭祀坑》，文物出版社，1999年。

现的契机才显现出其深远的意义？

　　排除考古工作中可能出现的种种不确定性因素，产生上述差异的一个重要原因可能在于，一个遗址是否存在着某种能有效地与我们现有的知识体系相连接的"背景"，即文字和以文字书写的文献，这将直接导致考古发现的结果有所不同。从这个角度出发，殷墟与三星堆遗址的差别就在于，前者是有"背景"的遗址，那里不仅出土有中国最早的文字甲骨文，而且"中原"地区差不多在与文字出现的同时即形成了以文字记录历史事件的传统。甲骨文记载了殷商王朝的世系和一些重大历史事件，内容相同但更为丰富的记载还存在于后世的多种文献中。与殷墟发掘类似的例子并不仅限于中国。德国传奇商人和寻宝者谢里曼凭借他对荷马史诗的坚定信念，竟然一镐一锹地挖出了特洛伊古城，令当时的怀疑论者和语言学家震惊。这同样是因为特洛伊古城也有"背景"可依，只不过这个"背景"并不是一般人认为的像《史记》或希罗多德《历史》那样的狭义"历史文献"，而是一部史诗体裁的文学作品。幸运的是，谢里曼领悟了亚里士多德关于"诗是模仿"[1]的观点的深刻意义，没有简单地把史诗的内容仅仅当成诗人想象的产物。

　　与之不同的是，直至目前在三星堆遗址并未发现早期文字的痕迹。在后世一些文献中虽然也有关于古蜀历史的记载或传说，如《华阳国志》《蜀王本纪》《本蜀论》，以及可能含有巴蜀地区神话的《山海经》和《淮南子》

---

[1]　亚里士多德：《诗学》，陈中梅译，商务印书馆，1996年。

等，但这些文献的成书年代比三星堆的考古材料晚了数百年至千年之久，它们并不能作为解读三星堆考古发现的直接的"背景"，对它们的运用也须小心辨别。三星堆遗址的考古材料表明，以这个遗址为代表的三星堆文化是一种区域文化，与商文化并不相同。因此，虽然我们有时也习惯于用"商代晚期"或"殷墟时期"之类的"中原"商文化的年代标尺来判定三星堆考古发现的时代与分期，但这并不意味着我们能够以"中原文明"的发展进程作为三星堆考古发现的背景，更不能不加区分地套用"中原文明"的观念和价值体系对之进行评判。

因为有文献作为"背景"，殷墟就比三星堆遗址拥有了某种优势。首先，考古学家有可能在殷墟从事以学术研究为目的的主动发掘，但是像三星堆遗址这类考古发现却往往要依靠非学术性的偶然契机。这个现象比较普遍地存在于"中原"以外的不在"正史"系统内的"周边"地区。2001年中国社会科学院考古研究所考古杂志社组织评选了"中国20世纪百项考古大发现"，入选者中缘于学术目的的考古发现共59项，其中地处"中原"的共32项，约占54.2%；非学术性契机的发现——包括偶然发现和配合基础建设的发现共31项，其中"中原"以外的"周边"地区占67.7%[1]。以此为例，也可说明"中原"和"周边"地区考古发现的差别。

其次，在拥有文字和文献"背景"的前提下，考古学

---

[1] 何驽：《〈二十世纪中国百项考古大发现〉读后思考》，《考古》2002年第12期。

家有可能对遗址及出土物质遗存形成比较清楚的认识。比如对于殷墟，因为考古材料可以和文字材料相互印证、补充，我们首先可以对这个遗址的年代、性质等有确切的认识，进而对晚商文化做全面、深入的了解。与之形成对比的是，对三星堆文化的来龙去脉等诸多问题我们还不甚清楚，对于诸如三星堆器物坑的时代、性质和所反映的宗教信仰等具体问题的认识也始终存在着分歧。面对这类没有"背景"的考古发现，我们在很长一段时间内都只能接受各种不同的意见、假说、理论模式，甚至最终不得不允许一些悬而未决的问题存在，并将问题的解决寄希望于未来的新发现。但是，缺乏"背景"的考古发现的意义却并不因此而减色，相反，我们认识上的欠缺在一定程度上折射出了这类考古发现的意义和价值。如果说殷墟的考古发现是在"文献"（documents）"背景"的引导之下，通过揭示出一幅超出"文献"之外的关于人类过去生活的"全景图"而在"增补"（supplement）着我们对历史的认识的话，那么像三星堆遗址这样完全没有"背景"的偶然发现就是在"创造"一段"历史"，一段由"实物"（monuments）"建构—书写"而成的"历史"。

二、"文献"和"实物"："书写"和"实物"的历史

在学科建制上，考古学一般被视为是历史学的分支，但从理路上看，考古学应是一门比历史学更"基础"、更"本原"的学科，这个意思从一开始就包含在了西文"考古学"

archaeology的词根中，现在又通过后现代主义的视角得到了进一步的开显。

根据词源学，西文"历史学"history一词源于希腊文historia，后者的词根histōr的本意就是"判断"，它有"看"或由看而达到"认知"的意思[1]。历史学讲求以"客观"的态度描述、记录过去发生的"事实"，但是，构成历史话语的"文献"从来都不可能是一部"流水账"，相反，历史文献关注和记载的只能是过去发生的重大事件，在这个意义上，history就是hi-story，即"高度浓缩"的"故事—旧事"。考古学与历史学的一个重要区别在于，考古学从一开始就不局限于那些对后世产生重大影响的所谓"重大事件"和"重要人物"，而是向所有曾经存在过的生活样态及个体敞开。任何人，无论高低贵贱，都会在其生命的历程中为后人留下"痕迹"（traces）和这样那样的"物质遗存–实物"（monuments），而它们都会引起我们的关注（monument的拉丁词源monēre的意思就是"使记起"），并使我们对过去的生活样态进行探究。正是在这个意义上，我们才说考古学更贴近"过去"生活的原貌，也更具有本原性。

再进一步，就历史学而言，如实描述过去曾经发生的"事实"并不是它的终点，找出"事实"之间的"因果关系"并以之作为可资后世借鉴的"规律"才是目的。这个意思包含在西文"文献"document的拉丁语动词词源docère

---

[1] 亚里士多德：《诗学》，陈中梅译，商务印书馆，1996年，第254页。

中，该词除有"证明""证据"从而衍生出"正式文件"的意思外，本身就有"教训""教育"的意思。不仅如此，文献都是用文字"书写"而成，文字的出现虽然是标志着人类摆脱了"自然人"的状态而开始向"文化人""文明人"转化的重大"历史事件"，但对文字的怀疑却从未停止过。张光直先生从古书用"天雨粟，鬼夜哭"这样浓重的字句来描写苍颉造字的"历史事件"当中，敏锐地指出文字就是古人"攫取权力的手段"，也就是说文字从创立伊始即与权力密不可分。他说："文字记录曾保守过统治人类世界的秘密；文字载体之所以能与它包含的信息融为一体，原因是一旦人发明了书写，文字本身便成为沟通天地之工具的一个组成部分"[1]。在西方文化的背景下，这种"文字→知识→权力"之间的关系显得更加明确。弗朗西斯·培根在文艺复兴后提出了一个几乎响彻全世界的口号"知识本身就是力量"（Knowledge itself is power），直接将"知识"与"力量"作等同观。于是，谁拥有"知识-真理"，谁就能够征服自然。再向前一步，谁拥有"知识-真理"，或者仅仅如此声称，谁就可以在"知识—真理"的名义之下对其他社会集团的人"合法"地进行征服和操纵。"力量-power"成了"权力-power"，"知识"就是"权力-话语权"；谁掌握了话语权，谁就可以制定"标准"和"规约"，就能决定谁将载入史册，谁将被打入另册。特别是在法国的思想传

---

[1]　张光直：《美术、神话与祭祀》，郭净译，辽宁教育出版社，
　　　2002年，第61页。

统中，从启蒙时代的思想家卢梭到现代文化人类学家列维－斯特劳斯，一直到后现代思想家福柯，从来没有停止过对于文字及书写语言的警惕[1]。文字具有"暴力"，文字破坏了话语的自然生命力，人之为"文明人"的秘密就在于掌握了书写，但是人们似乎忘记了人都是先会说话，然后才学会读写。文字"暴力"所造成的后果之一，就是所有"书写"都围绕着某个"中心""原则""主义"，或某种"普遍精神"而完成，结果历史文献所书写的就是一种呈现出"线性"发展的、具有连续性和统一性的历史图景。如在"阶级斗争论"的视角下，中国历史上多次兴起的农民起义被解读成被压迫、被剥削的阶级对于统治阶级所爆发的反抗，其作用毫无疑问是先进的。但从"系统论"出发，中国的封建社会被视为是一个具有"超稳定结构"并拥有自我修复机制的封闭系统，每一次农民起义都为该系统进行自我修复提供了机会，反而维护了封建社会的延续性[2]。"事"是一样的"事"，但对"事"的解读截然不同，其差异就在于不同的观念性的"中心"或"主义"的影响和左右。

那么，如何才能打破这种文字的"暴力"，让历史不再成为"任人打扮的小姑娘"呢？福柯的态度是极端而坚决的。他提出用"知识考古学"清理理性主宰的历史，打破文化的连续性，一切从零开始，寻找主流话语之外的其他的话

---

[1] 尚杰：《德里达》上篇"解构的踪迹"，湖南教育出版社，1999年。
[2] 金观涛：《在历史的表象背后》，四川人民出版社，1984年。

语方式[1]。福柯的"知识考古学"的目标虽然不是为了考古学的"建设",但他对考古学的方法和意义的理解对我们却有启发,考古学的确是一门能够让我们更"客观"地贴近"过去"生活面貌的科学,尽管考古学揭示出的是有关"过去"生活的"片断"(fragments)。

与历史话语努力构建出的"线性"发展的宏观历史图景不同,考古学面对的是人类"过去"的生活"痕迹",以及"过去"直接遗留下来的"物质遗存-实物"。在很多情况下,这些"物质遗存-实物"只是宏观历史图景中的一些"碎片""片断",有可能呈现出芜杂、无序、无规则的面貌,但它们却是人类"过去"生活的"活生生"的"横断面"。考古学研究便是让这些"实物""说话",用"实物"这种更为直接、更为本原的方式"重构-书写"(reconstruct)出一幅幅关于"过去"生活的图景。与文字书写的历史不同,"实物""书写"的不是单一的"线性历史"(linear history),而是多元化、多层面、分叉的"复线历史"(bifurcated history)[2]。"实物""书写"

---

[1] 虽然福柯主张打破文化的延续性,一切从零开始,但这一主张并非是他个人的"创新",而是法国的一个传统。而且福柯本人亦不得不用理性的语言去撰写一部"沉寂的考古学"的"癫狂史",可见无人能真正逃离"文字—理性"的"陷阱"。

[2] "bifurcated"的原意就是"分叉的","bifurcated history"是美国学者杜赞奇提出的区别于传统的"linear history"的概念。参见杜赞奇《从民族国家拯救历史:民族主义话语与中国现代史研究》"导论",王宪明等译,凤凰出版传媒集团、江苏人民出版社,2008年。

的历史所承载的不一定都是被归在某种"中心""原则""主义"和"普遍精神"之下的历史，而往往异于或超出于文字书写的历史之外。它们不像书写的历史那样"干净整齐""条分缕析"，而可能呈现出零散、片断、杂乱无章的面貌。但是站在一个更高、更远的历史出发点上，这些"实物"以其"生动活泼"的存在"增补"和"修正"着为某种"观念"所贯穿的文字历史，成为我们完成关于人类"过去"生活的"立体拼图"的不可或缺的"碎片"。从这个意义上说，如果寻找历史发展的规律是历史学研究的任务和目标，那么，考古学研究则是要借助考古发现寻找在历史规律之外的东西，是要通过那些鲜活的"实物"冲破和"增补"现有的规律。考古发现总是在告诉我们，真实的历史图景并不总是像书写的历史所表现出的那么"必然"，历史发展是自由的，总有一些东西被遗忘甚至被排斥在"必然性"的线索之外，考古学就是要发现那些在"书写"的历史之外的、有可能游离于"必然性"之外的东西，而这一点其实才是我们常说的考古学以"复原历史"为目标的涵义之所在。也正是在这个意义上，考古学才是一门比历史学更基础、更本原的科学，考古发现本身就是在"书写"一部由"实物"构成的历史。

三、"中原""周边"和"区域"

三星堆遗址属于传统史学版图上的"周边"地区，一个比"中原"文化相对落后的地区。商代晚期"中原"已经出现了文字，如果以文字的出现作为文明的标尺，那么"中原"已经迈进了"历史"阶段，而"周边"地区还处于"史前"或者"原史"阶段。"中原中心论"历史观的形成从根本上说即源于文字的出现，文字显示出了它的"力量"和"权力"（power）。

"中原"很早就形成了官修"正史"的传统。"正史"从一开始就与王朝的权威紧密相联，它为"中原"提供了"一个"以文字形式留存下来的供后人研读的背景和参照系，保证了"中原"作为"正统"王朝的"中心"地位。之所以强调只是"一个"背景，那是因为即便官修史书并非就是在为王朝政权服务，但它毕竟是王朝政权监管下的产物，因此它提供的是一幅围绕王朝政权这一"中心点"而展开的历史画卷。只有从王朝政权的视角出发，"中原"（central）与"周边"（peripheral）这样的政治地理概念才会产生："中原"即"中心"，不仅是国家政权的"中心"，甚至在古代中国人的心目中就是世界的中心；而"周边"在地理上指示着"中原"之外的"外围"地区，在政治和文化的层面上则意味着居于"中心"和"主流"之外，"周边"成了"边缘"（marginal）的同义词，它们意味着"次要""不重要"，甚至"微不足道"。正因为如此，"中原"文化体系中才出现了"蛮""夷"之类带有轻蔑色彩的称谓。但是，如果历史不仅仅是"文字"书写的历史，"实物"本身也能"书写-构建"一部活生生的历史，那么"中原"与"周边"的划分其实就成了业已掌握文字和书写奥秘的"中原"对于那些尚未掌握文字的地区的一种优势和权力，而这种优势和权力正随着三星堆遗址这样的考古发现而逐渐被动摇和"解构"，"中原""周边"这些称谓所蕴含的政治文化涵义应被剔除，"中原"和其他地区应作为不同的地理"区域"（region）共存，曾经在这些"区域"活跃的文明共同塑造了历史悠久的中华文明，共同成为文明的生命源泉。

回到三星堆考古发现的意义上，三星堆遗址的内涵并不同于殷墟，三星堆两个器物坑出土的遗物与"中原"或其他地区的考古材料迥异，显得陌生、遥远、神秘。因为缺乏"背景"，三星堆文化成为一种"失落的文明"。到目前为止，关于三星堆文化还有很多未解的谜团，这种状况或将持续存在，甚至有的我们永远无法参透。但是从三星堆的考古发现、特别是从两个器物坑出土的遗物看，三星堆人应当拥有一整套祭祀礼仪以及信仰体系，只是因为它们未能转换为我们今天所能够理解的文字而从现有的知识体系中缺失了。从"实物"历史的角度来看，三星堆遗址正是在用它丰富的"物质遗存""书写"着一部尚无人知的"历史"，一部曾被主流文化遗忘或者排斥在外的边缘地区的"历史"，一部在主流话语构建的完整而统一的历史观之外的"断裂"的、"片断"的"历史"。如果没有三星堆遗址这类考古发现，"周边"地区在人们心目中只不过是一个相对落后的区域，而中华文明的发展模式也会被视为是一幅以"中原"地区为圆心的、其影响力不断向四周辐射的图景。但是，考古发现揭示出的"实物"的历史一再突破"中原中心论"的传统历史观。如今，中华文明的来源不再被认为是单一的，而是多元并存的；历史发展的面貌变得复杂难解但却更加生动有趣，因为真实的历史面貌远比书写的历史复杂。当我们对三星堆的考古发现有所困惑时，我们同时应在心里保留一份"惊叹"，并任由这"惊叹"推动我们在求知的路上不断前行。

（原载《南方民族考古》第七辑，科学出版社，2011年）

考古学几个关键概念的辨析

施劲松

语言经过历史和生活的长期"筛选"形成了相对固定的习惯用法，这些用法还在随时间的推移和社会生活的变迁而变化。一门学科的专业概念或术语受到来自学科自身的规定，以及在科学研究中形成的习惯的影响。专业概念或术语在符合汉语基本语义的同时，还因在学科中的运用而具备了特定的含义。因此，它们反映了一门学科的基本特征，对它们的准确把握，有助于对该学科相关问题的认识和理解。

考古学与其他学科一样也有自身的专业概念和术语，其中一些关键概念值得辨析。当一些基本概念用法不一时，或许并不仅是文字规范问题，而是涉及我们对考古学中一些基本问题的理解。以下仅就考古学的研究对象、理论方法、研究目标等方面的概念或术语，举例讨论。

一、"遗存""遗迹"与"遗址"

考古学是通过古人遗留下来的"遗迹"和"遗物"来研究古代的历史与文化。在考古学的研究对象中，"遗存"

　　"遗迹""遗物"和"遗址"是几个相关联的概念[1]。考古"遗存"是指过去人类活动遗留下来的所有实物。这些实物作为"过去"的证据，构成了考古学研究的基础。考古"遗存"又可分为"人工遗物"（artifacts）、"生态遗物"（ecofacts）和"遗迹"三个基本类别，以及"遗址"和"区域"两个复合类别[2]。在这几个概念中，作为"遗存"类别的"区域"在中国考古学中较少使用，"遗物"将在下文讨论。

　　"遗迹"是指不可移动的人工物体，它包含位置和布局两个关键因素，因而"遗迹"不可搬动但可以重建。"遗迹"既有简单者如柱洞、灰坑，也有复合者如居址。在"企鹅"考古学辞典中，"遗迹"（feature）被扼要地定义为较大"遗址"中不可移动的要素[3]。

　　"遗址"则是指"遗物"和"遗迹"在空间上的集合体，无论其具体形式和内容如何，所有"遗址"都表明人类曾在此居住或活动过。在"企鹅"考古学辞典中，"遗址"（site）被定义为任何有人类行为证据的地方，小至单件人工

---

[1]　在上海辞书出版社2014年出版的《中国考古学大辞典》中，没有"遗存""遗址"，以及下文将要讨论的"文物""器形"等词目。该辞典将"遗迹"定义为"遗剩之痕迹"（见第13页），将"遗物"定义为"遗剩之物品"（见第25页）。

[2]　这几个概念的含义见罗伯特·沙雷尔、温迪·阿什莫尔《考古学：发现我们的过去》，余西云等译，上海人民出版社，2009年，第92、93页。本文中的"人工遗物"和"生态遗物"在该书中分别译为"人类遗物"和"自然遗物"。

[3]　*Dictionary of Archaeology*, edited by Paul Bahn, London: Penguin Books Ltd, 2004, p. 161.

制品的出土地，大至城址[1]。

辨明这几个概念可明了它们之间的相互关系，可以更清楚地认识到考古学研究的对象和考古资料的构成。

二、"遗物"与"文物"

顾名思义，"遗物"即是指古代遗留下来的实物。作为考古学研究对象的"遗物"又可分为"人工遗物"和"生态遗物"两类。"人工遗物"是可移动的实物，它们全部或部分受到了人类行为的改变，或者是根据人类的用途加以改变的自然物（如石器），或者是全部由人类行为形成的新物品（如陶器）。"生态遗物"则是非人工制成，但却具有文化意义的实物遗存。它们虽然并非由人类活动直接创造或改变，但却能提供有关过去人类行为的重要信息。如野生或家养的动植物遗存等，通过它们可以揭示出环境状况、食物和其他资源的种类，从而有助于我们理解过去的人类行为[2]。所有类别的出土"遗物"都是考古学的研究对象。

与"遗物"相关但又有所不同的概念是"文物"。"文物"是"文化之物"，特指那些具有文化意义的"遗物"和人类历史发展过程中留下的"遗迹"。"文物"有出土

---

[1] *Dictionary of Archaeology*, edited by Paul Bahn, London: Penguin Books Ltd, 2004, p. 442.

[2] 罗伯特·沙雷尔、温迪·阿什莫尔：《考古学：发现我们的过去》，余西云等译，上海人民出版社，2009年，第92、93页。

者，也有传世者。虽然"遗物"和"文物"都可以在不同程度或不同侧面反映各个时期人类的活动、社会关系、意识形态，以及利用和改造自然的状况等，但"文物"更多地指那些历史上遗留下来的、在文化发展史上有价值的实物。不仅如此，通常所说的"文物"还蕴含了一个民族特有的精神价值、思维方式、想象力，体现着一个民族的生命力与创造力。如果从哲学的角度看，"文物"还有更深刻的含义：可以将"一切的'文物'都作'文献'看，即随着'时光'之流逝，此类'物品'之'实质'性、'物质'性功能以及由之而来的'装饰'性功能隐去，而其精神性、文化性功能则显现出来，故而'物'成了'文物'"[1]。这应该是"文物"之于人类的最高层面的意义。

"文物"具有上述多层涵义，故博物馆中收藏和陈列的"遗物"适合称"文物"。这些用于"教育"的展陈品是古代"遗物"中的特殊部分，被赋予了特定的文化涵义或具有较高的艺术性。根据历史价值或艺术价值的不同，"文物"还可以分为不同等级。

"遗物"与"文物"显然有别。考古发掘和研究的资料应是"遗物"而非"文物"，因为"遗物"的内涵大于"文物"，并且也不专门体现文化成就与创造力。更重要的是，"遗物"是考古发掘出土的资料和科学研究的对象，是中性的客观存在物，不具主体情感色彩。不论何种"遗物"，研

---

[1] 叶秀山：《关于"文物"之哲思》，《愉快的思》，辽宁教育出版社，1996年。

究者都应以平等的态度相对待。李约瑟指出,科学研究在伦理上必须是中立的,研究者需以同样的态度对待一切事物而拒绝予以区别,不对自然界及人类社会中的事物作道德判断,这正是科学的精髓所在[1]。可见,考古学研究有别于文物研究,前者属于科学研究,后者则近于艺术史研究。报道和研究考古资料时用"遗物"而非"文物",体现的是考古学的"科学性"。

三、"叠压"与"迭压"

考古学的产生曾得益于地质学的发展。考古学从地质学中借用了一些术语,如用"叠压"描述遗址中地层或遗迹等的连续堆积。一个遗址中不同内涵、不同时代的堆积层通常以相互"叠压"的形式出现,构成地层或遗迹单位的"叠压关系"。在正常情况下,同一地点较晚的堆积总是"叠压"较早的堆积;在一个有多层文化堆积的遗址,位置靠下的堆积早于位置靠上的堆积,这是考古地层学的基本原则之一[2]。遗址中的地层堆积反映的正是地质学中的"叠压"原理。

"叠压"之"叠",繁体为"疊",《说文解字》解为"重夕为多,重日为叠"。考古地层学的"叠压"取"重

[1] 李约瑟:《中华科学文明史》,上海交通大学科学史系译,上海人民出版社,2014年,第73页。
[2] 栾丰实、方辉、靳桂云:《考古学理论·方法·技术》,文物出版社,2002年,第23、24页。

叠"之意，直观地表达出不同的堆积层上下重叠所形成的空间关系。由这种空间关系，可以知道堆积形成的相对年代。

又见"叠压"写为"迭压"。"迭"在《说文解字》为"更迭也"，在现代汉语中意为轮流、替换，或表示次数，并无上下相叠的意思。"迭"表达的是一种与时间有关的顺序而非空间关系。考古地层学并不能仅据堆积的"叠压关系"而推知地层的具体年代，而是需要将"叠压"原理和地层关系判断结合起来，利用堆积中的包含物并借助其他年代判定方法，才可能确定堆积的绝对年代，从而将地层上的空间关系转换为明确的时间次序。在考古学中，"叠"与"迭"或许分别指示了考古遗存的空间与时间关系。

现代汉语中其实并不用"迭压"一词，考古地层学也不能以此表达堆积的空间关系。"叠"与"迭"两个异字的混淆与文字改革有关。1956年和1977年两次公布并实行简化字方案，一些音同义不同的字被合并，其中就包括"叠"与"迭"。第二次简化字方案废止后，1986年发布的《简化字总表》调整了此前被合并的八组同音异义字，重新将各字的用法和含义分开，如"象"与"像"，"了"与"瞭"，"罗"与"啰"，"复"与"覆"，"仇"与"雠"等，其中就有"叠"与"迭"。只是这种纠正并未完全消除"叠"与"迭"混用的现象。

四、"类型"与"器形"

考古学同样从生物学中借用了一些术语，如由生物形态分类学借鉴而来的"类型学"。"类型学"是通过研究考古遗存外在形态的分类、变化的逻辑序列来判断遗存的相对年代，建立年代序列和文化谱系。遗存在同时期内的形制差别通常标为"型"，随时间而产生的形制变化通常标为"式"[1]。"类型"之"型"，《说文解字》释为"铸器之法也"，"以木为之曰模，以竹曰范，以土曰型"。在现代汉语中，"型"除指模型外，还指类型，即具有共同特征的事物所形成的种类。

一个与"类型"相关的考古学术语是"器形"，通常用来指发掘出土的器物。《说文解字》说"形"为"象也"，指象形，现指形状、形体、实体。各类不同形状的器物被称之为"器形"，其实际用法近于"器类"。"器形"常被写为"器型"，但"型"在汉语中并不指形体或实体，在考古学中主要指分类。可见"类型"与"器形"在古今汉语和考古学的语境中都有区别，这种区别体现了考古"类型学"的分类原则与逻辑。

五、"综合"与"分析"

"综合"与"分析"并非考古学的专有术语，不过在考古学研究中常见"综合分析"的说法。在不同的情况下，此"综合分析"或是用以说明研究的方法、特点，或是突出

---

[1] 《中国考古学大辞典》，上海辞书出版社，2014年，第6页。

研究的全面、系统，或是强调经"综合分析"而得出的结论合理、可信。"析"为"破木也"。从木从斤，十分形象。"综"则是指织机上使经线和纬线相交织的装置，"综"由此有总聚、总合之意。"综合"与"分析"不仅词义相反，更重要的是在现代科学研究中这是两种不同的研究方法。"分析"是把一件事、一种现象或一个概念分解成较简单的组成部分，找出这些部分的本质属性和彼此间的关系，分析细密而有条理即谓"条分缕析"。而"综合"则是把对象或现象的各个部分、各属性联合成一个统一的整体，或者是将不同种类、不同性质的事物组合在一起。因此，"综合分析"不应合用而成为一种研究方法。所说的"综合分析"强调的若是分析法，其意可能为"全面分析""深入分析"；若是强调综合法，那就应当是"综合研究"。在具体研究中自然会同时运用不同方法，但应分清两种不同的研究理路与方法而避免随意使用"综合分析"。

六、"复原"与"重建"

"复原"与"重建"这组概念并无歧义，讨论它们只是为了思考考古学的目标和定位，考古学究竟是"复原"历史还是"重建"历史？

一般认为考古学的目标是"复原"历史，甚至非常具体的研究有时也说是在"复原"历史。"复原"的基本含义是"恢复原状"，这个愿望于人几乎是根深蒂固的。面对事物时，我们希望透过现象看到事物的"本质－本来面目"；面对纷繁复杂的过去，希望洞悉其"真实"面貌，发现推动历史前进的动因；甚至在面对历史人物时，也希望了解其"真实"的内心。但是，历史能否彻底"复原"？其实即使"复原"自己曾经"亲历"的历史也非易事。鉴于此，我们毋宁把"复原"历史当作考古学的"理想"和"终极目标"，而以"重建"历史作为考古学在实践过程中的可操作目标。

之所以如此，首先是因为考古学面对的是人类遗留下来的"物质遗存"，它们在很多情况下只是宏观历史图景中的"碎片"或"片断"，往往呈现出芜杂、无序、无规则的面貌，明显不同于用历史话语构建出的"线性"发展的宏观历史图景。考古学努力把这些"碎片""拼接"起来，"重建"出一个个历史的"横断面"，甚至"重建"出多元的、多层面的、分叉的"复线历史"，立体化地"增补"着我们对历史的认识[1]。

考古学要由这些"物质遗存"认识历史，还需要经过由实物导向理论、由理论"重建"历史、再由考古材料检验理论的科学途径。考古学因此发展出了众多的理论流派。每种理论对考古学研究都有促进，但又都只是提出了不同的问题、提供了不同的研究视角，或者说都只是提出了一些关于历史的合理命题。在这个意义上，每种考古学理论都是以自己独特的方式"重建"历史，但都不能宣称自己能"复原"整个历史。

---

[1] 参见王齐、施劲松《三星堆启示录》，《南方民族考古》第七辑，科学出版社，2011年。

现代认知科学还告诉我们，人并不是外在世界的被动的接收器，而是主动的接受者，我们的经验都是"具身性的"，也就是说，我们在看世界的同时，就是在创造和解释着我们所看到的。从这个意义上说，即使我们以客观中立的态度无等差地面对考古材料，我们的研究也不可能是纯粹客观的——纯粹客观只是形而上学的构想。这也就是说，研究者自身的社会、经济和政治背景对研究课题的选择和最后的结论必然产生影响。考古学理论流派中的文化历史主义和文化过程主义主张采用"客位"的视角，即研究者的视角来解释考古资料；后过程主义力图采用一种"主位"的视角，即试图通过留下遗存的古代人的视角来进行解释[1]。无论什么视角，解释最终是由研究者得出。因此，研究都是研究者主体的"重建"而非"复原"。

作为历史学科，考古学也不能依靠可控的、可重复的实验来验证假设。所以，历史是否"复原"为原初的面貌是我们无法验证的，但是，考古学有信心通过不同的视角、利用不同的理论来"重建"古代的环境、技术、文化和行为模式等，并以此"重建"人类历史。

*　　*　　*

对上述几个考古学基本概念的辨析，说明恰当使用学

---

[1] 罗伯特·沙雷尔、温迪·阿什莫尔：《考古学：发现我们的过去》，余西云等译，上海人民出版社，2009年，第88页。

术概念或术语不仅仅是文字规范的问题，而是涉及我们对考古学基本问题的把握，甚至关乎我们对这门学科的认识与理解。举凡科学概念和术语都超出了单纯语言学意义，概念蕴含着一门科学的基本任务、目标和方法。因此专业概念或术语的完善与精确程度，体现着这门学科的成熟程度乃至科学性，准确理解和掌握概念与术语是科学研究的第一步。

（原载《新世纪的中国考古学（续）——王仲殊先生九十华诞纪念论文集》，科学出版社，2015年）

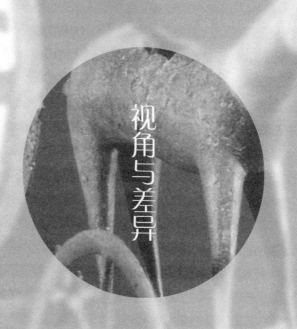

视角与差异

差异、视角与商代考古学

施劲松

在20世纪，随着商代考古学研究在中国取得的巨大进展，西方考古学界对商代考古学的研究也越来越深入。西方的研究或利用不同的理论和方法，或从不同的视角，在对商时期的考古资料进行考察的基础上对商代的历史与文明提出了自己的看法。加深对这些西方研究成果的了解，不仅可以使我们批判地吸取其中的合理成分，而且可以透过西方学术界的新认识来反观我们自己的研究。

在西方学术界对商代考古学进行的研究中，较重要并具有代表性的最新成果是英国剑桥出版社1999年出版的《剑桥中国古代史》中的《商代考古学》[1]，它在一定程度上代表了西方学术界对商代考古学的研究水平和对商代历史与文明的新认识。因此，我们可以主要围绕这部分内容来了解西方考古学界对商代考古学的研究和认识，以求从中得到启示。

一

面对相同的考古材料，中西方的考古学者往往会得出不

---

[1] Robert W. Bagley, Shang Archaeology, *The Cambridge Ancient Chinese History*, London, Cambridge Press, 1999.

同的认识。究其原因,除了对材料的了解程度不同,审视和利用材料的视角、分析和研究的方法有所差别以外,各自对中国特有的古史传统也有不同的认识。

在中国,客观上存在着大量的古代文献,传统的古史观经两千多年的延续已成为一个稳定的系统。而标志着商代考古学开端的安阳殷墟的发掘正好证实了古史记载中的商代世系,这不仅使商代的历史被确认为是信史,而且使商代考古学从此与传统史观紧密相联。受安阳发掘的鼓舞,考古工作者不仅根据古代文献中的有关记载,分别在豫西、晋南和陕西等地开展探索夏文化和周文化的工作,而且在商代考古学研究中也常常将考古发现同文献材料相对应,以传统的古史观来解释考古材料。

在西方考古学界,情况则有所不同。在欧洲,由于"历史的视野"出现较早,并存在着与前罗马时期的铁器时代相关的历史文献等原因,与考古学相关的学科是历史学。在北美,相关的学科则是人类学。因为北美的考古学对15～17世纪出现殖民地以前的历史的研究,在很大程度上都是史前考古学。虽然以美国殖民时期和18、19世纪的北美为研究对象的"历史考古学"曾经充满生气,但这在北美的考古学界毕竟是微不足道的[1]。

也许是因为北美考古学界的这一学术背景,《剑桥中国古代史》中《商代考古学》的作者罗伯特·贝格立(Robert

---

[1] Matthew Johnson, *Archaeology Theory: An Introduction*, Blackwell Publishers Ltd, Great Britain, 1999.

Bagley）先生在研究商代考古学时就完全摆脱了中国古代文献和传统史观的影响。他认为目前可见的许多关于商代历史的文献记载是在周代才出现的，周人为了显示他们推翻商王朝而夺取政权的合法性和为宣扬"天授神权"的思想而改写了商代历史，即将商描述为在商王朝的统治下，文明与统一的政治秩序共存。他进而认为，这种从西周以后形成的历史观对中国当代的商代考古学研究产生了很大影响，不仅左右着研究者对考古资料的发掘，也左右着对考古材料的解释，因此中国考古学也成了一种证实古史传统的工具。

贝格立进一步指出，由于受这种传统史观的影响，在中国，早期青铜时代考古学仍然是商代考古学，它是被一个来自周汉文献而非考古材料的关于过去的意象来引导和诠释的。而商代考古学研究又是在一个假设的基础上进行的，即传统的历史记载或历史观已为"过去"提供了足够的材料，研究者所需要做的只是在这些"已知"的历史中为考古材料寻找一个合适的位置，考古工作者考虑的也总是去发现文献中所记载的人和地。但目前不断增多的考古资料说明传统的历史模式与历史的"真实"是不完全相符的，因此他提出商代考古学研究应是在不假设某个已知历史图景的前提下对考古材料进行考察。

那么，在可用于研究商代历史与文明的众多考古材料中，选取哪一类材料作为切入点呢？在这一点上，贝格立同绝大多数中国学者一样选取了青铜器。中国学者认为商代青铜器之所以重要，主要考虑的是青铜铸造在技术上的进步和因此而产生的社会分工与社会分层，以及青铜器在社会生活中的重要地位。该书则从一些不同的角度来看待青铜制品所具有的特别的重要性。首先，贝格立认为青铜制品在技术和类型的层面上代表了公元前第二千纪的中国的物质文化，比较其他古代文明，中国的青铜铸造业是物质文化发展的意义明显的标志，大规模的青铜铸造业为确认中国的早期文明社会提供了一个可用的尺度，通过探寻其发展，我们可以得到一个衡量相对年代和文化联系的灵敏的标准。在考察遗址和遗物时，通过青铜器的证据我们可以尝试性地判定遗址和遗物间的关系。其次，贝格立认为许多商代的青铜器是意外发现的，其出土范围十分广阔，这就意味着青铜器的材料并不来自以文献记载为线索而进行的考古发掘，因而从青铜器入手首先在研究对象上突破了传统史观所带来的地域限制。第三，他认为对青铜器进行考察还有一个更深的目的，即可以用一种引导考古材料自身得出历史性结论的方法来复查考古材料，而相对的，那些传统史观的图景则可以受到检验。由此可见，中外学者主要通过青铜制品来研究商代的历史与文明，但视角和出发点却不尽相同。

在具体考察商时期的青铜器时，贝格立将小规模与大规模的青铜铸造业做了区分，认为大规模青铜铸造业的出现因必须具备地理的和社会的前提条件，因而是判断中国文明或分层社会出现的标准。同时贝格立还吸取了罗越关于商代青铜器五种风格的划分法[1]，认为五种风格的划分可以超出器

---

[1] Max Loehr, The Bronze Styles of the Anyang Period, *Archives of the Chinese Art Society of America*, Vol. VII, 1953.

物本身而追寻不同地区青铜器的支系发展，也超出了对器物的一般描述而找到了其发展的内在逻辑。

按此研究思路，《商代考古学》依据以青铜器为主的考古材料勾勒出一幅与传统史观有所差异的历史图景。贝格立首先追寻了中国青铜铸造业的起源，认为目前所知的最早的青铜铸造业出现于甘肃的齐家文化。在承袭齐家文化的玉门火烧沟遗址中，青铜制品同样十分丰富。贝格立认为以上地区出土的青铜制品多为不带铭文的青铜工具和装饰品，它们同分层社会中贵族阶层使用的青铜制品有所区别。但齐家文化提供了公元前第二千纪二里头文化所使用的所有的技术知识，因而齐家文化铜器可能是二里头文化铜器的源头。齐家文化与黄河中游二里头和二里冈青铜铸造业的明显差别是后者对铸造的完全依靠和产量的剧增。它们之间的不同不在于知识和技术，而在于大量投入金属原料和集合资源的目的，以及因不同目的而造成的铜器本身在产量、技术和艺术质量上的区别。二里头和二里冈的青铜制品因而成为探索城市文明的物质线索。

《商代考古学》认为，在古代世界的其他地区，青铜容器和其他简单制品都是用更为省材的锻打方法制成，因而二里头铸造容器的出现表明金属在中国的大量使用。金属器的大量生产所需的前提条件包括丰富的矿藏和用于大规模采矿的人力资源，也包括燃料、交通和作坊等，尤其是在其他文明中被组织起来用于其他计划的劳动力在中国被用于青铜铸造，因此虽然二里头时期的青铜容器主要集中在二里头遗址，但青铜铸造业已成为社会变化的象征。至二里冈时期，青铜器数量大增，因铸造技术而形成的器形和纹饰之间的组合关系在此时被固定下来并被沿用了几个世纪。同时，与二里冈青铜风格一致的铜器在全国许多地区被广泛发现，这表明二里冈时期是文明开始扩展到黄河流域之外的时期，这一扩展也奠定了文明在广阔的北方和中原地区后续发展的基础。在湖北盘龙城等许多地区出土的青铜器同郑州出土的青铜器没有什么区别，说明二里冈文明的扩散不是一个渐进的过程，而是一个突然的事件，比如军事的扩张。紧随着这种二里冈文明扩张模式出现的是地方势力的崛起[1]，能证明这一模式的代表性发现还有新干大墓和吴城文化。而长江流域的高质量和特点鲜明的青铜器的广泛分布，又说明吴城一带是另一种文明的源起地。此外，在阜南、肥西、平谷、藁城和城固等出土的青铜器也证明了二里冈文明的扩张。但在二里冈文明之后和安阳文明出现之前，中原文明因面临新出现的强大邻居而大规模地退却了。

《商代考古学》继而认为，在公元前1200年左右，已进入文明时代的中国出现了一种不同权力中心相互作用的网状结构，在这些中心，商王朝在安阳进行着统治。此时许多文化与安阳文明有所不同，它们中的一些并不居于次要的地位。比如在长江中游，虽然青铜器有了更为广泛的分布，但青铜器的统一风格已经消失而呈现出不同特点，表明这是当地青铜铸造业的繁荣时期。南方青铜器的出土环境、器类，

---

[1]　对此观点的阐述，又见 Bagley W. Bagley，P'an—lung—ch'eng: A Shang City in Hupei, *Artibus Asiae*, Vol. XXXIX, 1977.

以及巨大的形制、奇异的器形和纹饰等，均显示出与安阳文明的差异。尤其是有限的器类和铜铙的重要地位都说明了南方与中原在礼仪制度上的差别。因此二里冈时期传播到南方地区的青铜铸造技术在此时已被当地文化用来达到自己的目的。成都平原三星堆的发现则表明，那里的青铜铸造技术源于二里冈文明，青铜礼器和矿源可能来源于长江中游，但青铜制品中的主体部分完全是这一地区性文化自身的产物。此外，以益都出土铜器为代表的山东地区的青铜文化在面貌上与安阳文明有较大共性，它们很可能是安阳文明的"殖民地"（colony）而非二里冈文明的当地继承者。北方地区的青铜文明在安阳时期不唯保持了自身的许多特点，而且对安阳文明的形成也产生了很大影响。在渭河流域则同时存在着安阳以及北方和南方地区青铜文明的因素，来自南方的文化因素甚至影响到这一地区的西周文化的形成。

二

虽然以上用考古材料勾绘出的商时期的历史图景与我们习惯的认识存在着一定差异，但我们却可以从差异以及产生差异的不同视角中看到其合理性。

如果商代考古学摒除了传统史观的影响而直接考察考古材料本身，那么研究的范围就不再限于史载的传统王朝所处的中原而变得更为广阔。同时，如果在研究者的头脑中没有一幅已知的历史图景，考古材料便不再是用来填补这幅图景而是用以揭示未知的历史，由此我们可能对商时期的历史与文明产生新的认识。

如此进行研究的一个例子是对二里冈和安阳之间"过渡期"的认识。考古学家早已注意到在中原，二里冈文明和安阳文明之间存在缺环。长时期以来，人们的注意力主要集中在中原，期望能从中原出土的考古材料中找到这一缺环。但如果没有了传统史观的限制而突破中原与周边的界线，那么吴城文化和新干大墓等长江流域出土的考古材料正属于这个"过渡期"[1]。在这里，罗越的五种铜器风格的划分也支持了"过渡期"的存在。这引发我们思考的是，我们可以从长江流域的考古发现中确立"过渡期"，但这类遗存在中原为何反而不多？是因为在中原这一时期的遗存较少而未发现，还是因为没有辨识出来？这些问题需要我们有新的思路。

《商代考古学》认为商王朝的至上的重要地位是后来的史书赋予的，考古学者受这种史观的影响，将商王朝的周边地区的考古发现视为是次要的，或者含糊地将这些文化视为野蛮文化，但不断增多的考古材料并不支持这种传统的历史观。因此，贝格立并不在商时期的各种文化中划分出主流文化和周边文化的界限。不分界限，当然是因为摒除了传统史观的影响，但这或许也是西方学术界出现的一种新趋向。这一新趋向有可能由两方面的原因所导致。一是随着学科的进步，考古学界对被视为是主流的文化已有深入的研究，于是

---

[1]　对"过渡期"和长江流域青铜器的论述，又见 Bagley W. Bagley, *Shang Ritual Bronzes in the Arthur M. Sackler Collections*, Cambridge, Harvard University Press, 1987.

注意力开始转移到过去被忽略或是重视不够的周边地区的文化上来（就此而言，中国考古学界也开始重视周边地区的文化，尤其是对长江流域的文明给了予越来越多的关注）。二是任何一门学科的产生和发展都与时代精神相关，考古学也不例外。随着社会的进步、经济的一体化、不同文化间的交往，人们开始更多地意识到其他文化的存在及其价值，而不再视自身的文化是唯一的和最好的，这样就出现了文化多元论等思潮。新的思想体现在商代考古学研究中，就是中原文明不再被视为是唯一的中心文明，其他地区的文化也都不再次要。也就是说，对于研究者而言，所有的考古材料都同等重要。而如果同等看待所有的考古材料，那么我们就会认识到长江中游、成都平原和北方地区等在商时期也都存在着同样重要的青铜文明，它们与中原商文明一道构成的便不再是一个以中原文明为圆心的同心圆，而是一个复杂的网状结构。

在这里，贝格立还就部分商代考古学的常用术语提出一些不同认识，如认为"商"和"商代"仅指在安阳甲骨文中出现的真实的或神话的家族，它们只能在严格意义上使用；"安阳时期"仅指铭文在安阳被发现的9个商王的统治时期，并也只能用于安阳遗址；"商时期"这一表述因没有考古学的界定而应当避免使用；而目前中国学术界对"王朝"的使用也已超出了"统治家族"的字典意义。应当承认，贝格立对这些概念的使用加以限定有其合理性，因为它们大多来自文献而不是考古学上的界定。严格地说，这些概念指称的只是"商"地，以及由"商"人所建立的王朝和所创立的文明，并不能涵盖其他地区的文明与文化。因而贝格立在书中更多的是代之以"二里冈文明"和"安阳文明"等考古学的概念，或是直接使用遗址的名称。使用这些考古学概念而非历史学的概念，不仅在表述与指称上更准确，而且也更突出有着各自确定的时空范围和内涵的具体的文明。对这些不同概念的认识，不仅表明了贝格立不受传统史观左右的一贯态度，而且也表明他突出的是具体的文明而非统一的文明与王朝，强调的是所有的文化而不只是主流文化。

要平等对待不同的文化，并要完全从考古材料出发来勾画历史的图景，那么选择青铜铸造业和青铜器作为切入点来研究商时期的文明无疑是合适的。除前文提及的以青铜器作为研究线索的理由外，青铜器对于考察商代文明的形成与发展还有特殊的意义。因为"青铜时代"最早是作为代表博物馆藏品的一个分类而被提出来的，随后成为"在技术的发展、生产力的进化上的一串相连续的阶段"[1]中的一段。但在各地古代文明形成和社会发展的进程中，青铜铸造业并非都发挥了重要作用。比如在北欧，国家出现和文明形成是在铁器时代；在西亚，美索不达米亚文明形成时并无青铜铸造业。贝格立也提及，标志着社会进步的农业革命、城市革命等也不一定同青铜铸造业相关。但在中国，青铜铸造业却在文明的形成过程中扮演了重要角色。正因如此，我们对中国

---

[1] V. Gordon Childe, Archaeological Age as Technological Stage, *Journal of the Royal Anthropological Institute of Great Britain and Ireland*, Vol.74, 1944.

青铜时代的界定也就应该围绕着这种特定的角色来考虑，而不是简单地以青铜器的出现作为中国青铜时代的开端。

对特定的青铜器进行具体考察时，如果没有传统观念的影响，研究的方法往往能够突破一些习惯思维。比如我们考察妇好墓，习惯将墓中的铜器进行功能分类，并就这种分类与器物的数量来说明妇好墓的重要性。但事实上除了我们已知妇好是商王的配偶外，铜器的功能分类并不足以说明妇好墓究竟在何种程度上与其他墓葬不同，"妇好是商王配偶"这一观念毕竟不等同于墓中的青铜器。《商代考古学》在此引用了罗森先生的研究成果[1]，即将墓中铜器分为四组：第一组为很少或从不见于小型墓的器形，以及有外来文化因素的铜器，如偶方彝和鸮尊等；第二组为常见器形但却非同寻常地高大，这组器物较多，如方鼎和瓿等，也不出现在一般墓葬中；第三组器物的形制和大小都同其他墓葬出土铜器一样，但数量却多得多，如有40件爵与53件觚；第四组为看上去并不起眼的仿陶铜器，这类器形在其他墓中为陶制品，但在妇好墓中却被铸成铜器。从这样一个完全不同的角度对青铜器进行的分类与分析，便清楚地说明了妇好墓同邻近的M18等其他墓葬的差异。

虽然上述的种种视角和差异存在诸多合理性，但有些问题也值得讨论。

---

[1] Jessica Rawson, Ancient Chinese Ritual Bronzes: The Evidence from Tombs and Hoards of the Shang (c.1500—1050 BC) and Western Zhou (c.1050—771BC) Periods, *Antiquity*, Vol.67, 1993.

《商代考古学》认为以往的发掘和研究在很大程度上受传统史观左右，因而似乎有些刻意追求与传统史观不同的结论，这样做的结果之一是有些认识显得矛盾。比如一方面强调在二里冈文明扩张以后许多文明与中原文明共存并形成一个复杂的网状结构，但另一方面又认为除安阳一个城市有两三个世纪的文明史以外，中国的其他地区在公元前第二千纪都属于史前史。我认为，我们在研究时并不是要将考古和文献两类材料完全分隔开来，更不能将刻意寻求与文献记载相同或相反的结论作为考古学研究的目的，而只是要避免在考察考古材料时被文献材料和传统史观所左右。

此外，摆脱传统史观而消除主流文化和周边文化的界限无疑使我们充分认识到每一批材料和每一种文化的重要性，但从古至今文化发展的态势总是不平衡的。尽管我们应避免这样一种认识：文明和王朝首先在中原出现，中原王朝又在政治和文化上逐渐统一全国，因而中原文化便在任何时候都是主流，其他文化就总是次要的，但不同时期不同文化发展的水平、影响力的强弱、在相互交流中的地位等总是有区别的。比如，二里冈文明在向外扩张的时期就是一种主流文化，二里冈文明的大规模退却不一定是因为出现了强大的邻居，或是在边界方国的压力下覆灭了，也有可能是其他区域文化在得以发展后便开始排斥中原的文明。到了安阳时期，虽然有许多地方的青铜文化与安阳文明并行发展，但商王朝所在的安阳仍是一个重要的文明中心。因此，我们的研究并非要寻求这些文化事实上的完全平等，而只是在研究态度上将不同文化都置于同等重要的位置上。

也正因为文化发展的态势总是不平衡的，因而当我们再来看"商"和"商朝"等概念时，就会感到它们在一定范围内仍是可以使用的。张光直先生认为"商"狭义指一个统治王朝的都城，广义指这个王朝[1]。若加以引申，那么"商"人或"商王朝"所创立的文明也可称为"商文明"。如果在这一时期内各地文化的发展并不绝对平衡，而商文明的发展程度和对外影响力又高于其他文化，那么为了更方便地表述这个时期和这个时期的文明，我认为仍然可以将"商时期"和"商代"等概念作为一个时间尺度来使用，也可以用"商代文明"来表述"商时期"存在的所有文明。不知是否出于类似的考虑，贝格立也仍然将其论述的这部分内容称为"商代考古学"。

讨论商时期的文明，必然会涉及中国文明的起源。一些西方学者认为中国考古学的任务就是要摆脱古代中国依赖于外部刺激这一不公平的认识。其实中国学者无意确立一个与世界其他古代文明隔离起来的中国文明，相反，很多中国学者希望将中国文明纳入世界古代文明中去考察。之所以中西方学者对一些涉及文明起源的问题有不同看法，若仅从学术的层面上看，原因之一或在于部分西方学者在消除主流文化和周边文化的界限时或许使用了双重标准。这主要表现为在研究中国内部的古代文明时采用一个标准，而将中国古代文明置于世界范围内时又用了另一个标准。如果在中国内部，

---

[1] 张光直：《商城与商王朝的起源及其早期文化》，《中国青铜时代》，生活·读书·新知三联书店，1999年。

周边地区的文明有可能独立于中原文明之外，那么中国文明的产生是否要完全归为西方文明的刺激？比如商代的文字是否是除书写材料外，其内容和反映的文化等均与西亚相同？既然可以假设安阳对文字并无专控权，周边地区也可能会出现文字，那么也应看到中国文字的独特性和中国文化与西方文化的差异。又比如，在中国的北面是否真存在着一个足以对安阳青铜文化产生巨大影响的文明中心？

此外，虽然消除了主流文化和周边文化的界限，但评判文明的标准却难免仍是由一个时期的主流文化而来。以青铜铸造业和青铜器来考察整个中国文明即是一个由主流文化而来的单一标准，在其他时期、其他地区的文化中，可能还会有衡量社会分层的其他标准，如长江流域和东北地区更早阶段的玉器制造业或许也可以成为物质文化发展的意义明显的标志。如果不只是考虑到文明的多元性，同时还考虑到衡量标准的多元化，那么我们对中国不同区域的文明或许会有不同的认识。其实，哪怕只就商时期的中原和长江流域的文明而言，仅考察青铜铸造业和青铜器也是不够的，毕竟青铜铸造业和青铜器并不是商代考古学的全部，除此而外还有城址和各种礼仪建筑等。

三

西方关于商代考古学的研究成果无疑带给我们很多启示。

首先是我们应当如何辩证地看待考古材料和文献材料在商代考古学研究中的关系。一方面，中国史学发达，应该说丰富的文献材料为考古学研究提供了一种线索，这种线索可以使我们超出对"物"的研究，并能引导我们去追寻"物"的所有者和物质文化的创造者。但另一方面，考古学终究是一门独立学科，它有自己的研究理论、方法和目的。考古学不是要用考古材料去证明古代文献记载和传统史观是否可信或在多大程度上可信，也不能在解释考古材料时将文献作为最终依据。就方法而言，我们固然可以先从材料中抽象出一个模式，然后再用更多的材料去验证。根据考古材料提出的可能成立、也可能不成立的模式，有别于传统史观事先设定的不可更改的图景。否则，正如《商代考古学》中所说的那样，如果考古学成为一种证实传统的工具，那么它在取得稳固地位的同时也限定了自己的使命。

考古学研究不应当受传统史观和文献记载左右，对此我还可以在两个层面上略加说明。第一个层面是文献的可靠性。商代考古学研究涉及的许多文献是商代以后才出现的，完全根据这些文献来研究考古材料自然会有问题。第二个层面是历史文献并不等同于"客观史实"本身。对于"历史的真实""社会的观念性"以及人的"真实思想"等也不存在唯一的绝对客观的答案。对历史进行的解释不仅是多样的，而且都不可避免地带有解释者的主观性。所以即使是被视为信史的文献，它也只代表记录者在特定条件下对历史的记载和解释。从这个层面上说，考古学不能完全依附于文献，也不能视考古材料与文献记载的吻合为解释的终结。

其次，进行考古学研究应当采取对所有的考古材料给予同等重视的研究态度。回顾我们对商时期各地出土青铜器的认识过程，就可以清楚地看到传统史观和由此形成的习惯思维是怎样限制我们的认识，这些认识又是如何随着考古新材料的发现而被一点点修正。比如我们曾将周边地区出土的青铜器解释为由商朝奴隶主带去的；后来则将它们同甲骨文、金文中的方国对应，或者与后世的民族相联系。在新的考古发现不断增多之后，又开始逐步提出"文明多中心论"的解释框架。假如我们一开始就能平等地对待，或是换一个思路去看待这些材料，我们应会得出另外的认识。

第三，就商代考古学而言，如果我们摒除传统史观以及因此而产生的习惯思维，不将考古材料做人为的主次划分，那么我们会发现，商时期中原与周边地区文明的发展并不是中原文明向外辐射并同时吸取其他文明因素的简单过程。考察以青铜器为主的考古材料，我们初步看到如下的历史图景。二里冈文明在中原兴起后便开始大规模扩张，但扩张的模式也不是单一的，盘龙城的材料表明的是一种军事占领，新干的材料说明吴城文化处于二里冈文明的扩张范围之外，二里冈文明刺激了文明在吴城地区的出现。吴城文化中的一些因素，如铜铙，又在随后的时期内扩散到长江中游和下游的其他地区。即使同样受二里冈文明的刺激，地方文化的发展也不是一个模式或一种结果，如与吴城文化相比，湖熟文化只反映出一个简单的社会。北方地区的情况又不同于南方，具有地方风格的青铜器出现在二里冈文明退却之时。二里冈文明之后，中原文化对外的影响明显减弱，这也可能是地方性青铜文明兴起后对中原文化加以排斥。安阳时期，青铜器出现在更为广阔的区域，与二里冈时期相比，这时的铜器已失去了统一的风格，表明许多区域性文化在承袭二里冈文化传统的基础上继续发展，但与安阳文明保持平行。即使是在安阳时期，各文化间的关系也不一样，如山东地区的青铜文化与安阳有高度的统一性，四川的三星堆文化却有明显的独立性，北方地区的青铜文化对安阳文明有明显影响，渭水流域的青铜文化接受了来自长江流域的文化因素。

这幅初步的图景或许可以告诉我们，加强对考古材料的研究，可以复查我们原有的许多认识。而商时期青铜文明的产生和发展也有着更多、更复杂的模式。

最后，《商代考古学》的启示还在于，如果没有文献，没有传统的古史观，我们可以通过什么样的视角和方法去研究考古材料，并得出考古学的结论。

（原载《21世纪中国考古学与世界考古学》，中国社会科学出版社，2002年）

新干伏鸟双尾铜虎及其他

施劲松

最近由中国国家博物馆主办的"商代江南：江西新干大洋洲出土文物精品展"，展出了新干大墓出土的一件伏鸟双尾铜虎。这件器物形似虎尊，腹中空，但底部敞开。虎张口，左右各露一獠牙，突目，双竖耳，粗颈，四足卧地，双尾下垂后上卷。虎背上有一鸟，尖喙圆睛，竖颈短尾。虎和鸟身上饰阴线的鳞纹、卷云纹和云雷纹。整个器物长53.5、宽13、高25.5厘米（图一，图二）。

这件器物因形体较大、独具特色而突显于新干铜器群中，自然，它也引起了许多学者的关注，学术界对新干大墓族属的一些认识甚至也主要依此而来。比如，有学者认为这件器物上的鸟"仪表端庄，似有尊敬崇美之意"，北方地区出土的商代虎和鸟的形象与之相比形既不似，神亦相差甚远，因此，它反映的是与鸟崇拜相关的宗教观念[1]。又如，认为这件器物或是一个方国的"国器"，"庞然大物的虎背上安伏一只小鸟"，"(鸟)神态安详，虎不惊鸟，鸟不惧虎，鸟虎相融，浑然一体"，"很可能该方国的统治者为亚雀，所以偌大的老虎才如此驯服地伏卧于雀下"[2]。针对新

---

[1]　王水根：《鸟图腾及相关问题》，《南方文物》1994年第1期。

[2]　李昆：《试论新干商墓的几个问题》，《南方文物》1994年第2期。

图一　新干伏鸟双尾铜虎

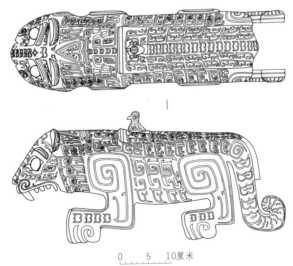

图二　新干伏鸟双尾铜虎

干大墓及吴城文化的族属所提出的亚雀说和虎方说等，也都从这件器物上寻找能够满足各自解释的证据。

此次展出伏鸟双尾虎实物，使我们有机会近距离观察到一些细节。其中比较重要的一点，就是虎背上立鸟处的长方形纹饰带不仅布局有别，而且其周围还有一条明显的界线。其中前方的界线为一道凸棱，左右为两条细缝并一直延伸至尾部。在许多商周时期的牺尊或觥上，这个位置安放的正好是器盖。新干的这件伏鸟双尾虎形同虎尊，没有器底，因而并非实用器。也正如此，背上的盖仅铸出形状而不能开启。

带立鸟钮盖的牺尊和觥在商周青铜器中并不少见，例如在湖南湘潭船形山出土的1件豕尊，背上有盖，盖上立凤鸟形钮[1]。妇好墓出土的鸮尊，盖上也为鸟钮[2]。日本藤田美术馆所藏的羊觥、陕西洋县出土的兽形觥，背上的盖也都有鸟钮。又有带动物钮的牺尊，如美国弗利尔美术馆所藏的象尊，背上为盖，盖上立钮为一小象[3]，等等。在长江流域出土的青铜器中，这类器物尤为多见。这些动物造型的、盖上有鸟钮或动物钮的铜器互不相同、各具特色。新干伏鸟双尾虎与它们的最大区别主要在于它不是实用器，所以底部敞开，背上也仅铸出盖形。这样看来，这件伏鸟双尾虎更像是

---

[1] 湖南省博物馆何介钧：《湘潭县出土豕尊》，《湖南考古辑刊》第1集，岳麓书社，1982年。

[2] 中国社会科学院考古研究所：《殷墟青铜器》，文物出版社，1985年，彩版26。

[3] 以上羊觥、兽形觥和象尊分别见中国青铜器全集编辑委员会《中国青铜器全集·商4》，文物出版社，1998年，图版90、91、129。

一件鸟钮虎尊。

其实，不论新干的伏鸟双尾虎是一件具有特殊含义的神器，还是一件常见的鸟钮尊形器，也不论对这件器物的具体含义和对新干大墓的族属有何认识，这里都涉及一个对遗物进行合理解释的问题。任何一件遗物都包含着一定的历史信息，要理解这些遗物，读出遗物的意义，自然就需要对遗物进行解释。而解释首要的就是不能脱离遗物的相关背景，这既指遗物的时代和文化背景，也包括遗物的出土情形和共存关系等。如果缺乏背景，考古出土的遗物只不过是"器物"，至多只是"艺术品"。但有了背景，遗物不仅和其他考古材料发生关联，而且还能够被放置在"时间"和"历史"的流程中，从而获得各种考古学和历史学意义上的联系，遗物本身也由具体的"器物"而成了"文物"。新干的伏鸟双尾虎也如此。如果孤立地看，它仅是一件艺术品。而对艺术品的感受——其造型是端庄和谐还是诡异神秘，动物形象是安详还是狰狞——往往都因人而异。这种对艺术品的观察并不能发掘出遗物所蕴含的历史意义，观察者个体的感受也有别于考古学的科学解释。对孤立的器物所进行的过度解释更应避免，比如根据一件陶器或铜器上的牛头形象来推断当时已有牛耕，或是根据羊首形象而认为当时出现了家羊的饲养等。这些结论之所以并不可靠，也正因为它们仅是来自对艺术品的观察而非对出土遗物所进行的考古学研究。

将遗物放置在相关背景中进行解释，就意味着要对相关的埋藏现象和所有的共存遗物进行全面考察。在缺乏限定的情况下孤立考察一件器物，解释的随意性会被扩大，结论不仅相应地会具有更多的不确定性，而且还可能与其他遗物或现象不符。比如都是针对伏鸟双尾虎，就同时有鸟崇拜与虎崇拜两种意见。事实上除了这件器物所表现的虎和鸟外，新干大墓中还有更多的虎，以及鸟、鹿、鱼、蛇等形象。因而若对伏鸟双尾虎加以解释，就应对其他动物形象都有所考虑。对于新干大墓和吴城文化的族属，更不能将结论建立在对个别器物的解释之上。换言之，一个合理的考古学的结论，至少应能同时解释所有的共存遗物。

对新干伏鸟双尾虎实物所进行的仔细观察与分析，不仅表明对它需要重新认识，而且这个例子还说明了背景对于理解遗物所具有的重要性。

（原载《中国文物报》2006年9月1日）

炭河里遗址两则

　　湘江流域不是商周文化的分布区，但历年来却出土了大量商周时期的青铜器。这些青铜器的年代、来源，以及当地青铜文化的面貌等，也就自然为学术界关注。由于这些青铜器多为零散出土，过去在湘江流域也未发现相关的遗址，因此近年来在宁乡炭河里遗址的考古发现，自然便显现出了它的重要性和多方面的学术意义。

　　2001～2005年在宁乡炭河里发现了城墙、城壕、建筑基址等遗迹，在城外还发现了同时期的墓葬。炭河里城址发掘的学术目的之一，即是为解决学界关注的上述问题，但炭河里城址发现后，学术界对城址的年代及其同邻近地区青铜器的关系等，却又出现了认识上的分歧。各种观点，在2007年10月下旬于长沙召开的"湖南出土商代晚期至西周时期青铜器学术研讨会"上也有体现。有关炭河里城址性质、年代及其与宁乡铜器群的关系等的具体讨论，也使我想到了两个问题。

一

　　对炭河里城址大致有两类认识。一是认为该城址是湘江流域一支地方型青铜文化的中心聚落或某个方国的都邑，始建年代为商末周初，使用年代为西周早中期，废弃于西周晚期；

宁乡出土的青铜器，其铸造年代为商代晚期或西周，但它们都是由西周时期居住在炭河里城址中的人所使用和埋藏的。另一类观点则认为宁乡青铜器应是商代晚期铜器，炭河里城址的年代也有可能早于西周。这两类认识并不相同，但有着一个共同点，那就是都认为或倾向于认为宁乡铜器群与炭河里城址有某种直接关系，将铜器群的年代后移或是将城址的年代前推，都是使两者的年代大体相一致。换言之，这些认识都在一定程度上将城址和铜器群作为一个整体来看待，并希望以此来解答关于湘江流域青铜器和青铜文化的一系列问题。炭河里城址这项新发现的意义，也正是由此而被突出。

但实际上，无论宁乡铜器群是否与炭河里城址相关，都无损于城址发现的重要性。在炭河里城址外发现了7座西周墓，墓葬中出土的陶器与城址壕沟和居址出土的陶器相同，可以认为这批墓葬也是炭河里遗址的重要部分。这批墓葬中出土了一些青铜器，其中以鼎口沿和鼎足数量最多，其他还有卣盖、觥残件、爵柱、爵足、斝或盉足、器錾、铲、刮刀和锸等。但在宁乡出土的商代青铜器中，鼎并不多，也没有爵、斝、盉等。宁乡过去出土的几件铜方鼎和分裆鼎等，形制也不同于炭河里新发现的鼎。就此而言，宁乡铜器群和炭河里的铜器似存在着差别。1996～1999年，在湖南望城高砂脊还发现过一处商周遗址和墓地，并出土了一批青铜器。高砂脊的青铜器与殷墟青铜器很接近，它们可能是在商末周初由商人直接带入湖南的。炭河里出土的这些青铜器，其出土情况，以及铜器自身的特点和时代等，都与高砂脊的青铜器相近。

如果炭河里的青铜器与宁乡青铜器有差别，而是和高砂脊的青铜器一样是在商末周初由中原传入，那么我们就可以由此排除宁乡铜器群是在同一时间由中原而来的可能性。因此，炭河里的发现即使与宁乡铜器群没有直接关系，它对我们从另一个角度去认识宁乡铜器群和当地的青铜文化同样具有重要的学术价值。

二

湘江流域零散出土的青铜器既无地层，也无共存遗物。要在这种情况下判定青铜器的文化面貌和年代，参照中原青铜器进行比较研究仍不失为有效的方法。毕竟中原青铜器是唯一可资对比的资料，我们今天对湘江流域青铜器和青铜文化的许多认识也都是由这种比较研究而得来。很难设想，假如没有中原青铜器的年代序列作为标尺，我们在研究湘江流域或其他周边地区的青铜器时将会面临怎样的困难。但这种青铜器的比较显然也有不足，既然我们认为湘江流域的青铜器具有鲜明的地方色彩而与中原铜器有所不同，那么就不能完全依靠中原青铜器作为参照的标尺。正如此，研究周边地区出土青铜器的年代和文化属性，需要将这些青铜器同当地的考古学文化及其陶器群相联系。这既是我们进行研究的基本方法，也是这类研究今后的发展方向。现在在炭河里发现了城址并出土了大批陶器，在这种情况下，建立湘江流域青铜文化的陶器序列，将宁乡铜器群同炭河里陶器群结合起来研究就变得更为重要和迫切了。

不过在目前的一些研究中，由当地考古学文化的陶器来说明铜器的年代同样存在着不足。这是因为在很多情况下，我们判定当地陶器的年代参照的仍然是中原商周文化的陶器序列，或是邻近地区其他考古学文化的陶器。这种陶器的比较同样是跨文化的。相对于青铜器，陶器的制作更为随意，个体间的形态差异更大，由陶器比较所得出的结果也就具有更多的不确定性。这一点，需要我们在研究周边地区的陶器、并由陶器来说明当地考古学文化和青铜器的年代时加以注意。

由此也可说明，周边地区陶器的年代学研究存在着和铜器一样的问题。在这种情况下，陶器的发展序列固然需要加以完善，而铜器断代无论是以中原青铜器还是以当地陶器的年代序列作为标尺，在参照时都不能绝对化。

（原载《中国文物报》2008年3月28日）

三星堆祭祀器物坑发现20周年感言

施劲松

就中国考古学而言，20世纪或许可称为"发现"的世纪。在层出不穷的重大考古发现中，1986年在三星堆遗址出土的两个祭祀器物坑无疑是最令人激动和震撼的。但相对于一时的激动与震撼，这项发现所具有的意义更为深远。

在20世纪三四十年代，基于一些考古发现而提出的巴蜀文化开始进入学术视野。不过直至80年代，成都平原商时期的文化面貌仍然不为人知。直至两个器物坑的出土，人们才得以首次真切地感受到一个曾经存在的文明。或多或少以此为契机，此后又在成都平原发现了一系列史前城址和金沙等商周时期遗址，从而使人们在找寻三星堆文化源流的同时，也以三星堆为基点初步构建了成都平原从史前至历史时期的文化序列。

但三星堆这一发现的意义远非如此。由于这两个埋藏丰富的器物坑的出土地点与过去观念中的文明中心相距甚远，因此这一发现动摇了传统的历史观。尤其是紧随三星堆的发现，在长江中游的江西新干又发现一座同时期的大墓，两者一同改变了长江流域乃至整个商代的文明图景。

因三星堆的发现，成都平原存在一个商时期的区域文明已无可怀疑。与其他区域文明相比，三星堆文化显然具有与商文化截然不同的面貌。比如就目前的认识而言，两个器物坑传达出了在三星堆文化中王权与神权并存的信息。具体而言，三星堆一号坑中以青铜人头像为主的各类器物可能出自宗庙，反映的是祖先崇拜；而二号坑中的青铜人像及铜树、太阳形器等具神话色彩的器物则可能出自神庙，表现的或是太阳崇拜。在中原的夏商周三代文明中并无类似的太阳崇拜和相应的神庙，因此三星堆文化在显示出其独特面貌的同时，也极大地丰富了中国古代文明的多样性。

当然，要对三星堆的发现做出合理的解释并接近历史的真实并不容易，20年来围绕它所进行的热烈讨论以及所存在的巨大分歧也说明了这一点。之所以如此，主要的原因即在于三星堆的很多发现超出了我们现有的知识范围，我们也缺乏有效的对比资料和研究途径。这一情形足以促使我们进一步思考应当如何研究周边地区的考古材料。通过三星堆器物坑这样一个典型个案，我们有必要、也有可能得出用以考察周边文化的具有普遍性的理论与方法。

一项考古发现的价值、意义，以及它所引发的问题，往往会随着人们认识的深入而不断地显现出来。面对三星堆的发现，我们在保持探索热情的同时，还需要更多的理性思考。三星堆器物坑出土时带来的惊喜已留在了20年前，而两个坑埋藏的历史真实则永远在我们的前方。

（原载《四川文物》2006年第3期）

从西南地区出土的青铜鸡看家鸡起源问题

施劲松

一、问题的缘起

在考古学的研究领域中，家养动物的起源已成为备受关注的课题。随着动物考古学判定家养动物的标准、追溯家养动物起源的理论和方法的完善，相关认识也不断深入。在家养动物中，研究较多的又是我国古代文献中早有记载，且从古至今与人们生活紧密相关的"六畜"，鸡便是其中之一。

我国古代家鸡起源的最新成果体现在邓惠、袁靖等先生的《中国古代家鸡的再探讨》[1]一文中。该文全面分析、辨别了我国38个遗址出土的考古材料，认为过去有些曾被认为是家鸡的遗存，有可能只是环颈雉（*Phasianus colchicus* Linnaeus）或原鸡（*Gallus gallus* Linnaeus），依据目前掌握的证据，只能暂时给出我国家鸡（*Gallus galles domesticus* Brisson）出现的时间下限，即殷商时期。文章指出，如今鸡骨形态学研究的新进展已可由一套差别标准将

---

[1] 邓惠、袁靖等：《中国古代家鸡的再探讨》，《考古》2013年第6期。

环颈雉与鸡有效地区分开来，但由于红原鸡与家鸡有更近的亲缘关系，辨别这两者的方法还需要补充和完善。与此同时，该文详细列举并讨论了判定家鸡的六项标准，即鸡骨的形态特征、测量数据、性别比例，以及考古现象、人工制品、文献记载。文章对各地出土鸡骨遗存的分析和对相关标准的讨论，对判定相关考古发现并就家鸡起源得出准确认识具有重要意义。

在判定家鸡的各项标准中，对鸡骨遗存进行动物考古学或分子生物学研究，均可获得鸡的进化的直接证据。对于不能直接从中获取进化证据的有关鸡的人工制品和相关考古现象，则需要通过考古学的解释来说明。本文即主要就学界关注较多的史前陶鸡和西南地区发现较多的青铜鸡，对人工制品的判定标准和材料解释略做讨论。

二、邓家湾出土的陶鸡

在有关鸡的人工制品中，时代既早数量又多，且不少研究都提及的是湖北石家河邓家湾遗址出土的陶鸡。

在邓家湾，早在1973～1976年进行考古调查时就采集到陶塑品百余件，经报道的60余件标本有鸡、鸟、羊、猪、狗、龟、猴、象等动物形象和陶偶[1]。以后的历次发掘都出土包括鸡在内的大批陶塑品。有学者认为这些陶塑

---

[1]　刘安国：《天门石家河出土的一批红陶小动物》，《江汉考古》
　　　1980年第2期。

品至少有23种动物，其中有7种可能为家养，包括鸡[1]。在
1987~1992年邓家湾的第二次至第四次发掘中，在灰坑和洼
地堆积中又出土大批陶塑[2]。其中17个灰坑内填满陶塑，并
伴出罐、壶、杯、缸等陶器残片及烧土块和炭末。洼地的底
部也有成堆的陶塑。陶塑总数不少于万件，均为泥质红陶，
火候较低，捏制而成，器形小巧，无彩无衣。在可复原的
233件陶塑中，有动物193件，包括家畜类的狗、猪、羊、
兔、猫29件，禽类的鸡和鸟89件，兽类的猴、象、獏、狐29
件，鱼鳖类15件。41件鸡中又有雄鸡、雌鸡和小鸡等。雄鸡
一般个体较肥大，仰首伸颈，有冠和翅尾（图一，1~3）。
雌鸡个体较小，无冠或矮冠，有双翅或无翅（图一，4）。
小鸡则头小，身短圆，秃尾。这批陶鸡虽然风格写实，但因
是手工捏制而有欠精细，由此类随意捏制的艺术品来判定动
物的种属并不够严谨。相关陶塑即使外形似鸡，也难以判定
是否为家鸡。发掘报告推测，陶塑并不出自墓葬，周围也无
窑址，但分布于墓区东侧，又有被焚烧的现象，因而可能属
于祭祀活动中的祭品。这一推论也无助于判定这些鸡表现的
是否为家鸡。正因如此，邓惠、袁靖等认为邓家湾的人工陶
制品，且不论略显粗糙的制作手法与制作这些艺术品的随意
性，仅凭短喙、短尾等模糊特征也不足以定其为家鸡，况且

---

[1]　武仙竹：《邓家湾遗址陶塑动物的动物考古学研究》，《江汉考
　　　古》2001年第4期。
[2]　湖北省文物考古研究所、北京大学考古学系、湖北省荆州博物馆
　　　石家河考古队：《天门石家河考古报告之二——邓家湾》，文物
　　　出版社，2003年。

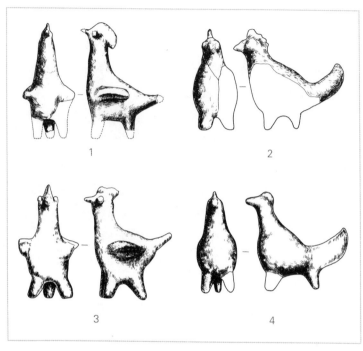

图一 石家河遗址出土陶鸡　　1.雄鸡（T37②：4）
　　　　　　　　　　　　　　2.雄鸡（H16：2）
　　　　　　　　　　　　　　3.雄鸡（H4：17）
　　　　　　　　　　　　　　4.雌鸡（H16：1）

　　这批人工制品中家养和野生的动物形象共出，可见其原型比较复杂，对于种属的解释更需谨慎。这一认识体现的是科学的态度。

　　不过在推断的家鸡起源的时段内，也确有家鸡特征明显的人工制品，四川广汉三星堆遗址出土的青铜鸡即是一例。

三、三星堆器物坑出土的青铜鸡

四川广汉三星堆2号器物坑出土一件青铜鸡，其时代相当于商代晚期，正值邓惠、袁靖提出的家鸡出现的时间下限。

图二　三星堆2号坑出土青铜鸡

这件青铜鸡为公鸡形象，昂首引颈，尾羽丰满，站立于方座之上。鸡长11.7、通高14.2厘米[1]（图二；图三，2）。已有学者关注到这件青铜鸡。如韩起认为，如果石家河等地陶鸡的定性因史前人类的雕塑手法稚拙还有疑问的话，那么三星堆出土的铜公鸡至少在形态上是非常逼真的；联系《诗经》中关于鸡的记载，可知至少到春秋初年家鸡已相当普遍，并在人们的生活中发挥着重要作用[2]。三星堆的这件鸡与一批高等级的祭祀器物集中出土，因而制作精美、

---

[1]　四川省文物考古研究所：《三星堆祭祀坑》，文物出版社，1999年，第332、333页。

[2]　韩起：《中国家鸡的起源从公元前141年开始吗？》，《中国文物报》2009年11月27日。

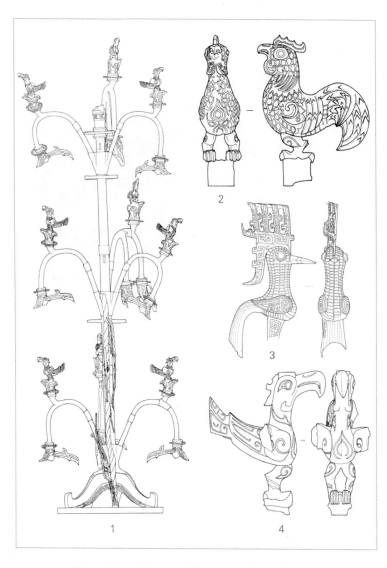

图三　三星堆2号坑出土青铜器　　1.神树（K2②：94）
2.鸡（K2③：107）
3.鸟（K2③：193-1）
4.鸟（K2②：194-1）

风格写实、细部特征明确，非邓家湾陶塑可比。这件鸡的外形特征，明显可以和雉属的环颈雉区别开来。环颈雉雄鸟羽色华丽，头顶为黄铜色，颏、喉、后颈均为黑色，颈下有一圈显著的白圈；尾羽甚长，主要为黄褐色，而横贯一系列的黑斑[1]。三星堆青铜鸡的冠和尾羽等明显不同于环颈雉。但三星堆铜鸡表现的是原鸡属的原鸡还是家鸡却不易判断。原鸡形体近似家鸡，其头有肉冠，喉侧有肉垂，雄性羽毛很像家养公鸡，最显著的差别是头和颈部的羽毛狭长而尖；毛色比家鸡更华丽，前面为深红色，向后转为金黄色，尾羽为黑色，并具金属绿色反光[2]。三星堆铜鸡的羽毛无色泽，因此，仅据形态难以区别。

在三星堆2号坑中，与青铜鸡共出的还有众多的青铜鸟，三星堆青铜鸡之所以未被纳入到一些家鸡起源的研究中，这也是原因之一。是否可以由此排除三星堆鸡为家养的可能性呢？笔者曾对三星堆器物坑及出土器物进行过解释[3]，但并未谈及这件铜鸡，现就三星堆器物坑铜鸡的含义及它与鸟的共存现象展开讨论。

首先看青铜鸟。三星堆所有的青铜鸟都出自2号坑，鸟的数量众多、形态各异。如两棵青铜树（K2②：94　、

---

[1]　《中国大百科全书·生物学》（III），中国大百科全书出版社，1992年，第2254页。

[2]　《中国大百科全书·生物学》（III），中国大百科全书出版社，1992年，第2128页。

[3]　施劲松：《三星堆器物坑的再审视》，《考古学报》2004年第2期。

K2②：194）的每支树枝上均有一只立鸟站在一朵花上（图三，1、4），一棵小型铜树（K2③：272）上的立鸟为人面鸟身，另外散见10余件铜花朵和鸟。在1件"神坛"（K2③：296）的上端，四角也各立一鸟，在肩的正中则有人面鸟身像。1件高约81厘米的鸟足人像（K2③：237），上为人身、下为飞鸟。2号坑中还有不少单件的铜鸟和铜鸟形饰（图三，3）。铜鸟小者高仅几厘米，大者高30多厘米，1件鸟头高达40厘米。鸟形饰一类为扁平状，或写实，或抽象；另一类则用铜箔捶打而成。2号坑中还出土鸟形器物，如铜鸟形铃。2号坑的铜器上也多鸟纹。

显然，大量且集中出土的青铜鸟与2号坑中的其他遗物应有一致的象征意义。一般认为这些带鸟的铜树表现的是扶桑和若木。《山海经·海外东经》记扶桑为："有大木，九日居下枝，一日居上枝。"《大荒东经》记载："汤谷上有扶木，一日方至，一日方出，皆载于鸟。"《大荒北经》记若木为："大荒之中，有衡石山、九阴山、灰野之山，上有赤树，青叶赤华，名曰若木。"《淮南子·墜形训》也说："若木在建木西，末有十日，其华照地下。"传说中的扶桑和若木与三星堆出土的铜树近似，而文献中提到的与扶桑和若木相关的地名也都在巴蜀地区[1]。因此，青铜树和文献记载可能共同反映了该地域的某种传说。根据《山海经》等所记，扶桑是东方太阳升起之处，若木则是西方太阳落下的地

---

[1] 蒙文通：《略论〈山海经〉的写作时代及其产生地域》，《巴蜀古史论述》，四川人民出版社，1981年。

方，太阳又为鸟所负载，鸟即象征太阳。由此看，铜树和树上的鸟都与太阳有关。

与太阳崇拜相关的遗物在2号坑中还有很多。如6件太阳形器，中央为一圆形凸起，有"芒"和外圈，修复后直径为80多厘米，形同太阳。2号坑出土的青铜器上还有很多与之相似的纹饰。又如人眼造型，数量和种类都非常多。3具神面像和铜树上的人面鸟身像还有外凸的眼睛，铜器上也多眼形纹。孙华指出，在某些神话中眼睛与太阳意义相同，因为睁开眼世界是白天，闭上眼世界就变成了黑夜[1]。

由此可以认为2号坑中的鸟象征太阳或与太阳相关，铜树、太阳形器、眼形器等同属太阳崇拜的主题。相比之下，三星堆1号坑中完全不见这类器物。因而，2号坑埋藏的或许是太阳神庙中的陈设器物[2]。

基于这种对出土背景的解释，我们再来看青铜鸡。青铜鸡出自2号坑，那就应与坑中的上述遗物密切相关并具有同样的含义。

公鸡突出的习性是天亮前啼叫，这明显与天明、日出相关。中国古代的早期文献，如《诗经》中就有天明前鸡鸣的记载。《郑风·女曰鸡鸣》："女曰'鸡鸣'。士曰'昧旦'。'子兴视夜，明星有灿'。'将翱将翔，弋凫与雁'。" 在古代一天的记时法中，"鸡鸣"和"昧旦"还是"夜半"以后先后相继的两个时段。《齐风·鸡鸣》也有

---

[1] 孙华：《四川盆地的青铜时代》，科学出版社，2000年，第248页。

[2] 施劲松：《三星堆器物坑的再审视》，《考古学报》2004年第2期。

"鸡既鸣矣，朝既盈矣。匪鸡则鸣，苍蝇之声"。鸡鸣与天明相联系的内容还很多。如《左传·宣公十二年》有"右广鸡鸣而驾，日中而说"。《左传·襄公十四年》有"荀偃令曰：鸡鸣而驾，塞井夷灶。"《史记·孟尝君列传》记载齐国孟尝君被秦国扣留，被释后夜半逃至函谷关，"关法鸡鸣而出客，孟尝君恐追至，客之居下坐者有能为鸡鸣，而鸡齐鸣，遂发传出"。

《太平御览》引晋《玄中记》："玄中记曰，东南有桃都山，上有大树，名曰桃都，枝相去三千里。上有天鸡，日初出照此木，天鸡即鸣，天下鸡皆随之鸣。"[1]这则传说中有日出时鸣叫的天鸡，还有天鸡栖息的神树。南宋淳熙年间的《古玉图谱》引《玄中记》的同一记载，但却有所不同："蓬莱之东，岱舆之山，上有扶桑之树。树高万丈。树巅常有天鸡，为巢于上。每夜至子时，则天鸡鸣，而日中阳乌应之；阳乌鸣，则天下之鸡皆鸣。"[2]郭沫若对比两条材料，认为："在这儿，所谓'桃都树'变成了'扶桑树'。这显然是传说上的变异，可以明显地看出桃都树是从扶桑树演化出来的。阳乌之外还有天鸡，是新构传说的特点，但在新传说中说法也不尽一致。一说'日初出，光照此木，天鸡则鸣'，另一说'天鸡鸣，而日中阳乌应之'。到底是鸡先乌后，还是乌先鸡后，这应该又是传说上的变异了。"[3]有意

---

[1]　《太平御览》卷九一八，中华书局，1960年，第4074页。

[2]　转引自郭沫若《桃都·女娲·加陵》，《文物》1973年第1期。

[3]　郭沫若：《桃都·女娲·加陵》，《文物》1973年第1期。

思的是，在三星堆2号器物坑中，不仅有青铜神树，而且或是象征阳鸟的青铜鸟和象征天鸡的青铜鸡都已同时出现了。

以上文献记录比三星堆青铜鸡的时代晚，但由此可以说明古人早已意识到了公鸡天明前啼叫的习性。结合对三星堆2号坑出土遗物的解释和公鸡的习性，可以推测三星堆的这只青铜公鸡是用于表现日出。在此背景中，鸡和鸟都不是一般的祭祀品，它们表现了相同的主题但又各有其特定含义，因而三星堆的鸡若为家鸡，它可以和野生动物甚至具神异色彩的动物共出。

至此，三星堆铜鸡是否为家鸡还涉及另一个关键问题，即什么样的鸡会在日出时啼叫。据说原鸡也会在黎明时报晓，音调与家鸡相仿而略尖，尾声不拖长[1]。至于环颈雉，并不确定是否有日出时打鸣的习性。为明确此问题，笔者在查阅资料而难获确切答案后，曾求助美国康奈尔大学的鸟类学实验室（www.birds.cornell.edu），并多次进行讨论。对此，笔者尽可能清楚地解释了中国古代文献及诗歌中有关"鸡鸣"的含义及其文化背景。但据该实验室，雉、原鸡和家鸡一天中任何时候都会叫，雉叫是为了吸引雌性，家鸡在清晨叫是为了保护它所想要交配的母鸡，所谓"报晓"只是一种巧合。这是一种科学的结论，据此我们并不能明确三星堆的青铜鸡就是家鸡。鸡在天明时啼叫原本完全是一种生物现象，但在中国古代的文化背景中，这种现象显然被赋予了文化的含义。三星堆青铜鸡既是有特定用途的人工制品，当

---

[1]　匡邦郁：《原鸡生活习性点滴》，《生物学通报》1964第3期。

然也有其附加意义。与清晨鸡鸣的大量记载相对比，中国古代文献中虽然也有不少对雉的记载，但却与天明啼叫无关，这至少说明雉并不具备这方面的意义。

总之，从形态和习性上我们都还不能判定三星堆的青铜鸡是否为家鸡，但假若它是家鸡，那它与野生动物的形象共存也是合理的。此外，若能明确家鸡、原鸡和雉习性上的差异，或将有助于推断青铜鸡表现的种属。

四、西南地区出土的其他青铜鸡

西南地区出土有很多战国秦汉时期的青铜鸡，它们大多为青铜杖首。这些青铜鸡的时代晚于三星堆青铜鸡，而且也超出了家鸡起源的时代下限。但西南地区集中出土青铜鸡或鸡首杖的现象非常突出，三星堆青铜鸡也被一些学者认为是杖首，因此，将这些考古材料相联系，也有助于更好地理解青铜鸡的含义。

在四川盐源，2008年前曾征集到1件九节鱼纹的鸡首杖。杖由9节圆管组成，杖首为一圆盘，盘上站一只带冠翘尾的雄鸡。杖长134.8厘米，圆盘直径5厘米[1]（图四，1）。另1件铜案，底部为一长方形铜片，四角上立有4只呈片状的铜鸡。铜案长16.7、宽6.9厘米，鸡高不足10厘米（图四，2）。盐源老龙头M4中出土1件类似的片状鸡形

---

[1] 凉山彝族自治州博物馆、成都文物考古研究所：《老龙头墓地与盐源青铜器》，文物出版社，2009年，第127页。

图四　西南地区出土的青铜器

1.盐源鸡杖（C：9）
2.盐源鸡形案（C：1012）
3.石寨山斧（M12：6）
4.李家山扣饰（M47：154）
5.祥云鸡杖首（M14：40-3）
6.祥云鸡杖首（M14：40-7）
7.李家山鸡杖首（M69：209）

饰，此类鸡形饰还征集到20件，有的雄鸡特征明显[1]。2008年后，在盐源又征集到一批铜器，有多件鸡首杖，还有几件铃的钮部也有立鸡[2]。

与盐源鸡杖相近的青铜鸡形杖首在滇西北的石棺墓中出土甚多。

1987～1988年在云南祥云红土坡战国至西汉早期的石棺墓M14出土197件青铜杖首，分为鸟杖首和鸡杖首[3]。其中鸟杖首有单鸟、双鸟、三鸟、四鸟、鹭鸶、鸳鸯、鱼鹰等。鸡杖首也有单鸡和双鸡两类。单鸡杖首均为一雄鸡立于鼓形台座、圆盘形台座或圆柱形銎上，冠硕大，翅膀贴于腹部，尾羽分四股向后翘起后下垂（图四，5、6）。双鸡杖首则为两只鸡并排立于鼓形台座上，高一般为10余厘米。在这批杖首中，鸡与鸟类共出，但各自的特征都较为鲜明。1977年在祥云检村战国中期至西汉早期的石椁墓中出土11件鸡形杖首[4]，鸡立于銎上，头后的冠向前卷曲，长尾下垂。同年在祥云大波那村一座战国时期的木椁墓中出土2件杖首，形

[1]　凉山彝族自治州博物馆、成都文物考古研究所：《老龙头墓地与盐源青铜器》，文物出版社，2009年，第13、14、152～155、172、173、175页。

[2]　成都文物考古研究所、凉山州博物馆、盐源县文物管理所、西昌市文物管理所：《盐源地区近年新出土青铜器及相关遗物报告》，《成都考古发现》（2009），科学出版社，2011年。

[3]　大理白族自治州博物馆：《云南祥云红土坡14号墓清理简报》，《文物》2011年第1期。

[4]　大理州文物管理所、祥云县文化馆：《云南祥云检村石椁墓》，《文物》1983年第5期。

似鸡[1]。1980年在云南弥渡苴力石洞山战国墓出土3件铜杖首。M4∶1杖首为长尾鸟形，鸟立于圆筒鍪上，头后有翎，形似公鸡，高9.2厘米。M3∶2、M3∶3为雏鸡形，高分别为5.6、5.8厘米[2]。1984年后在云南宾川发现一批青铜时代的土坑墓和石棺墓，征集到青铜杖首29件，据悉出土坑墓M1[3]。简报称这些杖首为鸟形，立于圆筒形鍪上的鸟头后有上卷的翎，长尾分三股或四股下垂，与祥云红土坡的鸡杖首很相似。

　　除石棺葬分布区外，鸡杖首或鸡的形象在滇池地区也有发现。滇文化的青铜器以突出写实的动物形象而独具特色，其中鸡的形象也较鲜明。如在李家山墓地发现16件青铜杖首，顶端为铜鼓形，下为圆筒形鍪，鼓上铸立雕的人物或动物形象。其中西汉晚期至东汉初的M69所出3件杖首上铸有鸡，1件为雄鸡，2件为母鸡。雄鸡冠宽大，长尾上曲，羽翅下垂，高8.5厘米（图四，7）；母鸡头后有翎垂于颈，尾向后直伸，残高7.7厘米[4]。李家山的青铜扣饰上也有鸡的形象。如西汉中晚期的M47中出土4件铜扣饰，扣饰四边围有

[1]　大理州文管所、祥云县文化馆：《云南祥云大波那木椁墓》，《文物》1986年第7期。

[2]　云南省博物馆文物工作队：《云南弥渡苴力战国石墓》，《文物》1986年第7期。

[3]　宾川县文管所：《宾川县石棺墓、土坑墓调查简报》，《云南文物》第31期，1992年。

[4]　云南省文物考古研究所、玉溪市文物管理所、江川县文化局：《江川李家山——第二次发掘报告》，文物出版社，2007年，第138页。

9～10只首尾相连的透空浮雕雄鸡，鸡昂首，带冠，尾羽上扬后卷曲垂地[1]（图四，4）。

有学者对西南地区出土的杖做过系统研究。刘弘指出铜杖主要出自成都平原、川西南的盐源盆地、滇西、滇西北和滇池湖滨一带，在此以东则无发现，这些杖当为上述地区的诸民族所用。同时认为，西南地区的用杖习俗受三星堆文化的影响，这些杖为社会上层人物或巫师所有，反映了西南诸民族的上层在形式上接受了蜀的宗教[2]。西南地区的青铜杖多为鸡首也非偶然。林向先生除认为西南夷的豪族往往以鸡杖作为地位和财力的象征外，还提出这些杖都是"测影"的"杆"，"鸡可报晓计时，与太阳崇拜有直接的关系"，结合前文所述《玄中记》的记载，"杆"上用鸡作装饰便事出有因。而在西南民族中由"崇鸟"之风推广至"崇鸡"的不在少数，鸡是敬神祭祀的首选，并流行用鸡卜以占凶吉[3]。联系三星堆的发现，似可以认为西南地区常见的青铜鸡杖，确可能与鸡鸣报晓有关。两汉时期家鸡早已出现，当时青铜杖上的鸡应当就是家鸡。如果这些青铜鸡的含义相同，那么就加大了三星堆青铜鸡表现家鸡的可能性。

---

[1] 云南省文物考古研究所、玉溪市文物管理所、江川县文化局：《江川李家山——第二次发掘报告》，文物出版社，2007年，第104页。

[2] 刘弘：《古代西南地区"杖"制考》，《四川文物》2009年第2期。

[3] 林向：《"南方丝绸之路"上发现的"立杆测影"文物》，《四川文物》2007年第4期。

五、结语

研究家畜的起源需要来自动物考古学、分子生物学、文献学、考古学等方面的证据。通过对西南地区青铜鸡等古代人工制品及其出土背景的考古学分析，可以归纳出几点认识。

第一，在中国古代的一些人工制品中，有一些鸡的形象特征明显，从形态上可以同雉相区分。三星堆的青铜鸡就如此，其制作也不像更早的石家河陶鸡那样具有随意性。西南地区出土的战国两汉时期的青铜器中多动物形象，种类丰富而且特征鲜明，其中发现较多的鸡形杖首从形态上看可能大多为鸡。有意思的是除鸡外，云南青铜器上也有雉的形象。如晋宁石寨山西汉中期的M12出土1件铜斧，上焊铸一只雉，雉无冠，全身有羽毛，长尾垂地[1]（图四，3），与鸡的形象完全不同。这表明在当时的青铜制品中，鸡和雉的形象是截然分开的。

第二，通过人工制品进一步区分出家鸡与原鸡则较为困难，因为家鸡的祖先是红原鸡，两者的形体十分近似。邓惠等指出在骨骼形态上还暂时不能总结出一套有效的鉴别家鸡和红原鸡的标准，从目前所见的青铜制品看也如此。

第三，考察人工制品的出土背景和考古现象有助于判定鸡是否为家养。通过对三星堆和西南地区出土青铜鸡的

---

[1] 云南省博物馆：《云南晋宁石寨山古墓群发掘报告》，文物出版社，1959年，第53页。

解释，说明这些鸡如果是家鸡，那么它们可以和野生动物共出。换言之，与野生动物共出并不构成否定动物家养的证据。另一个相关问题是，对于缺乏出土背景的孤立的人工制品，则很难对其种属作出判定。比如1984年在湖南芷江县出土1件青铜"凤形器"，该器似鸡，站立状，头高昂，长喙，带冠，身侧有翅，尾上翘，下有座，身上有鳞状羽饰，颈和尾部有三角形几何纹，器长35、高35厘米，据认为时代不晚于西周[1]。这件青铜器形体虽大，但特征并不明显，特别是缺乏出土背景，因而很难深入讨论。

第四，根据科学的结论，虽然并不是只有家鸡才会在天明时啼叫，但由此我们可以得到一个启示，即如果我们可以判定古人使用某种动物是取其某种习性（如雄鸡报晓），而这种习性又只有家养动物才明显具备，或者这种习性在一定的文化背景中被加以突出，那么这类习性应有助于辨别动物的种属，或许由此还可丰富家养动物的辨别标准。

（原载《考古与文物》2014年第4期）

补记：

本文提出在中国古代的文化背景中，鸡鸣这种生物现象被赋予了文化的含义，甚至用以记时。文章发表后发现在

---

[1] 芷江文化局江柏永：《芷江发现西周青铜凤形器》，《湖南考古辑刊》第4集，岳麓书社，1987年。

西方文化中同样也将鸡鸣与天亮甚至记时相联系。如《旧约·马太福音》第26章34节、75节，《约翰福音》第13章38节，都有耶稣对彼得说"鸡叫以先，你要三次不认我"的内容。"鸡叫以先"，或指罗马人的夜间三更（半夜至凌晨三时），或就指清晨鸡鸣时（见《马太福音》第26章34节及注释）。这种联系也见于文学作品，如《哈姆雷特》第一幕第一场，霍拉旭、勃那多和马西勒斯在城堡前的露台上谈论鬼魂在鸡叫时隐去，霍拉旭还说："报晓的雄鸡用它高锐的啼声，唤醒了白昼之神"（见William Shakespeare, *Hamlet*, Wordsworth Classics, 1996, p. 17.）。

"虎食人"母题中的人物形象

施劲松

最近读到陈星灿先生的《"虎食人卣"及相关图像的史影蠡测》[1]一文，很受启发。在殷商时期和西周初年有一些铜器表现的是人兽关系，或称之为"虎食人"母题。学术界曾就这类母题的类别、人与虎的关系等做过很多讨论。陈星灿这篇文章另辟蹊径，利用跨文化的视角和北美地区丰富的民族学材料来分析这类图像可能反映的史实：即北美印第安人种种有趣的狩猎和仪式活动表明，这类母题中缺乏下颌的虎或许只是虎皮，虎口中的人则是一个披着虎皮的人，这一艺术形象的现实来源很可能就是当时社会生活中并不难见的人披虎皮狩猎或者舞蹈、作法事的事实。

除虎之外，我们也可以重点看看这类母题中的人。在这类青铜器中，有的人物为全身像，而有的经省略后只有人头。全身人像的细部各有不同，但整体姿势完全相同。巴黎塞努斯基博物馆和东京泉屋博物馆所藏的2件"虎食人"卣，虎头下的人均为两手上举、两腿蹲屈（图一）。安徽阜南和四川三星堆出土2件龙虎尊上，虎下的人物也是这种形象，略有不同的是三星堆尊人的胯下还有一个凸出物（图

---

[1]　见《俞伟超先生纪念文集》，文物出版社，2009年。

图一　塞努斯基博物馆所藏虎食人卣

图二　三星堆尊腹的虎食人纹

二）。美国弗利尔美术馆收藏的1件铜刀，虎下的人为侧面，但可以看出大约也是双手上举、双腿蹲屈。巴黎基美博物馆有1件戈、泉屋博物馆有1件双鸟饕鼓，上面也都有同样的人像。类似的人物形象甚至见于年代更晚的青铜器上，比如滇文化的铜戈援、戈内和剑柄上。特别是石寨山71号墓出土的1件铜戈，援的两面都有此类人像，其上方的戈銎上又都各有一只虎。可见，至少到了汉代还有装饰虎和此类人像的青铜器。

　　这类人物形象在不同时代、不同地域的青铜器上如此一致，不由得使我们推测这些人物应当身份相同，而且这一人像姿势很可能还有着共同的象征性。

　　除青铜器外，这类独特的人物形象其实在史前或青铜时代的岩画中有更多表现。比如，广西左江花山岩画的内容以人物为主，其中有很多成排的人像就是双手上举、双腿蹲屈，有的人头上还扎有发饰，腰间挂有环首刀。虽然画面上也穿插有一些动物和兵器的形象，但从总体上看这些人物都像是在舞蹈（图三）。在云南沧源，以及福建华安县仙字潭等地的岩画中，也有此类人物形象。有观点认为这种呈蛙状蹲立的人像在我国南方传播很广，其姿势与蛙崇拜有关。但这种蛙形人像不仅见于中国南方，在其他地区的岩画上同样常见，比如在北方的贺兰山甚至西亚。在沧源、贺兰山和西亚等地的岩画中，有不少人像的胯间也都有一凸出物（图四），这一点正与三星堆铜尊上的人像相同。

　　上述青铜器与岩画的时代、地域、文化背景，以及创作它们的民族都不相同。将商周青铜器上的人物形象与岩画中的人物相比较，绝非是为了说明青铜器上的人像源于岩画或是相反。这种比较只是说明，这些异常相近的艺术形象都应有其现实来源。

　　在岩画中，蹲屈状的人物既有单个的，也有成组的。成组的人像大多呈舞蹈状，与狩猎、战斗等场景中的人物不同。因此，其中一些蹲屈人像确有可能表现正在举行仪式的巫师。相信在当时的社会生活中，这样一种形同舞蹈的仪式活动是十分重要而又常见的。一般认为青铜器上的人物形象也是巫师，只是限于画面、技术等因素，在青铜器上不能表现岩画上的那些复杂的活动场景，要表现巫师就只能选取一个最具表现力的人物姿势。从岩画中的场景，以及各类民族

图三 广西花山岩画

图四 贺兰山岩画中的人物形象

学材料中巫师作法时的常见舞姿看，双手上举、双腿下蹲的姿势应是最适合、最具代表性的。如此，在商周青铜器的"虎食人"母题中，这一人物形象也就被固定下来。至于青铜器和岩画中有的人像胯间凸出一物，或许是表现阳具，反映的是某种性崇拜。

当然，除了推测巫师的形象取自舞蹈或作法的姿势外，也还有其他可能性。比如，新生的婴儿在一段时间内最习惯保持的自然姿势，就是躺倒时两手上举、两腿向外侧弯屈。这一姿势很容易被观察到，但古人是否注意到这一点并将此姿势视为新生命的象征或赋予某些含义，那就不得而知了。

总之，青铜器上"虎食人"母题的人表现的可能是舞蹈或作法的巫师。

最后需要一提的是，目前所见的带"虎食人"母题的青铜器主要出自南方地区，人像为全身者亦即人像呈双手上举的蹲屈状者更是如此。中国境内的岩画大多也都分布于中原以外的周边地区。而我国南方及其他周边地区恰好流行萨满教一类的原始宗教，青铜器和岩画上的这些艺术形象与这类原始宗教流行的范围相重合，自然也就不是巧合了。

（原载《中国文物报》2011年9月16日）

从"太阳神鸟"到"太阳马车"

太阳是人们可以观察到的最大的天体，更是光与热的源头。正如此，太阳为许多古代民族崇拜。世界上的许多古文化，都留下了与太阳崇拜相关的遗迹和遗物。我曾参观过一些相关遗物，它们虽然只是有限的例子，但以小见大，从中仍可获知古人崇拜太阳的信仰，认识到各地古代文化中一些相通的思维、知识、智慧，以及早期文明产生的共同基础。

一

在我国，与太阳崇拜相关的遗物，在商周时期的四川广汉三星堆遗址和成都金沙遗址就有非常集中的发现。

1986年在广汉三星堆发现两个器物坑[1]，其中的2号坑就出土有不少形似太阳的器物和纹饰。其中最形象的是6件青铜太阳形器，经修复者直径均为80多厘米（图 ）。青铜立人像座、小型人像的兽首冠、铜树树座、神坛、神殿、挂饰和怪兽等器物上，还有很多可能是表现太阳的纹饰，它们有的形似太阳，有的仅为一个圆圈，有的则形似涡纹。

---

[1] 四川省文物考古研究所：《三星堆祭祀坑》，文物出版社，1999年。

图一 三星堆2号坑出土青铜太阳形器

图二 三星堆2号坑出土青铜神树

2号坑还出土有6棵青铜神树。最大的一棵树有3层共9支树枝，每枝上各有一朵花和一只立鸟（图二）。其他残存的铜树也大致如此。还有一棵铜树的树干扭成绳状，枝干顶端的花朵上立有人面鸟身像。在中国古代传说中有扶桑、若木一类的神树。《山海经·海外东经》记载扶桑为："有大木，九日居下枝，一日居上枝。"《大荒东经》又说："汤谷上有扶木，一日方至，一日方出，皆载于乌。"《淮南子·墬形训》记载若木为"若木在建木西，末有十日，其华照地下"。传说扶桑是东方太阳升起的地方，若木是西方太阳降落之处，树上有十日，太阳

图三 三星堆2号坑出土青铜眼形器

为鸟所负载。三星堆铜树与传说中的扶桑和若木近似，树上也有花和立鸟。因此，鸟和花可能象征太阳。2号坑中有许多青铜鸟，有的鸟上立有人，有的人像为鸟身人面或鸟足人身。此外，还有许多饰件形似鸟羽。2号坑铜器上的鸟纹和羽状纹也很多。花除见于铜树外，最大的一件立人像所戴的冠也如同莲花。莲花据认为也用于表现太阳[1]。

2号坑中还有很多铜眼形器、眼形饰、眼泡等（图三），在青铜小人像的头冠和腿部等还有眼形纹饰。那件立人像莲花形冠上残缺的纹饰，也被认为是一对眼睛，类似眼睛的纹饰还见于立人像身上[2]。2号坑出土3件巨大的青铜面具，眼目极其夸张地外凸。另一些铜兽面下，也有一对眼睛。眼睛的形象如此突出，必然具有极强的象征性。据认为，萨满教中的天神也是太阳神，后者往往被绘为眼睛状，因为在诸多古代神话中，

---

[1] 林巴奈夫：《中国古代的日晕与神话图像》，《三星堆与巴蜀文化》，巴蜀书社，1993年。

[2] 王仁湘：《三星堆出土青铜高台立人像观瞻小记》，《中华文化论坛》2005年第4期。

太阳被称为天之眼；婆罗门教的太阳神也被称为"天之眼睛"或"世界的眼睛"[1]。在某些神话中眼睛与太阳相同，因为睁开眼的世界是白天，闭上眼的世界便成了黑夜[2]。可见，眼睛的形象也是太阳崇拜的表现。

图四　金沙遗址出土"太阳神鸟"金饰

三星堆2号坑中如此众多的遗物都显现出与太阳的联系，由此可以推测这些遗物或许出自太阳神庙，反映的是崇拜太阳的信仰[3]。

2001年在成都金沙遗址出土1件"太阳神鸟"金饰[4]，该金饰因于2005年被确定为中国文化遗产标志而广为人知。金饰有两圈镂空图案，中央为带12条顺时针旋转光芒的太阳，外围有4只逆时针飞翔的长颈短尾鸟，整个构图充满动感和韵律（图四）。出土金饰的金沙遗址祭祀区还出1件青铜立人像，头戴13道芒、顺时针旋转的太阳形冠。在另一件青铜璧形器上，也有类似的三只鸟绕着中间的圆圈飞行。金

[1] 王仁湘：《三星堆出土青铜高台立人像观瞻小记》，《中华文化论坛》2005年第4期。

[2] 孙华：《铜菱形饰——具有特别含义的眼睛》，《中国文物报》1992年第30期。

[3] 施劲松：《三星堆器物坑的再审视》，《考古学报》2004年第2期。

[4] 成都市文物考古研究所：《成都金沙遗址I区"梅苑"地点发掘一期简报》，《文物》2004年第4期。

沙遗址同样出土了不少青铜眼形器。

金沙遗址的许多发现都显示出与三星堆文化的承袭关系，因此金沙文化具有与三星堆文化一样的崇拜太阳的信仰体系便不足为奇。

二

在三星堆与金沙，象征太阳的有太阳形器、太阳形冠、神树、鸟、花和眼睛。但在中国其他一些古代文化中，发现更多的是太阳与鸟的形象。

太阳与鸟的形象在我国新石器时代至历史时期的遗物上并不少见。浙江余姚河姆渡遗址就出土3件此类遗物[1]。其中，一件骨器正面雕刻两组相同的纹饰，每组为两只相背的鸟，两鸟中间有一个太阳形图案（图五，1）。一件象牙器的雕刻纹饰为两鸟相对，中间为太阳（图五，2）。还有一件陶豆盘，内底有四个鸟首形图案，中间的一个圆或许象征太阳（图五，3）。对于河姆渡遗址的这些鸟日形象，有意见认为它们表现的并非天鸟负日或飞鸟，而是太阳及其幻影[2]。也有意见认为，这些形象是用不同位置的鸟来象征太

---

[1]　a．浙江省文物管理委员会、浙江省博物馆：《河姆渡遗址第一期发掘报告》，《考古学报》1978年第1期。b．河姆渡遗址考古队：《浙江河姆渡遗址第二期发掘的主要收获》，《文物》1980年第5期。

[2]　林巴奈夫：《中国古代的日晕与神话图像》，《三星堆与巴蜀文化》，巴蜀书社，1993年。

图五　太阳与鸟的形象　　1.河姆渡遗址出土骨饰
2.河姆渡遗址出土象牙器
3.河姆渡遗址出土陶盘
4.泉护村遗址出土彩陶
5.印第安陶盘
6.印第安贝刻盘

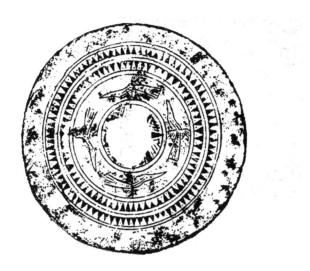

图六　江川李家山出土铜鼓

阳一年四季运行方位的变化；形象和含义类似的四鸟绕日图
案，还见于我国西南地区出土的铜鼓（图六），以及美洲发
现的印第安文化陶盘和贝刻盘上[1]（图五，5、6）。良渚文
化玉器上也常见鸟的图像，据认为也是太阳神的化身[2]。也
有表现金乌负日含义的图案，这在陕西泉护村仰韶文化彩陶
（图五，4）、嘉兴双桥良渚文化陶鬶，以及西汉马王堆汉
墓帛画和河南南阳东汉石刻画像上都可看到。

---

[1]　a.冯时：《中国天文考古学》，社会科学文献出版社，2001年，
　　　第154～160页。本文图五、六引自该书。b.金文馨：《河姆渡文
　　　化日鸟图像试析》，《考古求知集》，中国社会科学出版社，
　　　1997年。

[2]　冯时：《中国天文考古学》，社会科学文献出版社，2001年，第
　　　149～151页。

图七 宁城小黑石沟出土金饰

显然，即便都是鸟日形象，表现的主题也都是太阳，但它们在不同的文化背景中的具体含义并不一定相同。

2008年我在内蒙古宁城青铜器博物馆还看到1件圆形金饰，它于1985年出自宁城县小黑石沟的一座石椁墓中[1]。金饰中央为一圆形，其外环绕16只逆时针首尾相连的小鸟。小鸟之间的三角形镂孔与中央的圆相接，恰似一个带16道齿状光芒的太阳（图七）。"太阳"和鸟都呈静态，构图并不如金沙饰件那么生动。这件金饰在1995年刊发的简报中被描述为"正面镂16只鸭形装饰"的牌饰，线图未突出那些三角形镂孔，不易看出太阳形图案，但从实物看，这也是一件"太阳神鸟"金饰。出金饰的石椁墓相当于夏家店上层文化时期，

---

[1] 赤峰市博物馆等：《宁城小黑石沟石椁墓调查清理报告》，《文物》1995年第5期。

随葬品既有周式的方鼎、方座簋、尊、壶、罍、匜、盨等，又有具当地文化特点的青铜双联罐、四联罐、六联豆、工具和动物纹饰件等，这件装饰群鸟纹的金饰本身也有北方青铜文化的典型风格。墓中不见表现太阳崇拜的其他痕迹，因此，它虽与金沙金饰有相似之处，但我们并不能过多解读。

三

太阳崇拜在青铜时代的欧洲同样普遍，尤其是在冬季漫长、寒冷而又黑暗的北欧。在北欧，太阳崇拜贯穿了整个青铜时代，从公元前1800年开始，直至公元前500年才逐渐消亡。有关太阳崇拜的观念在很多遗物上都有突出的表现。2000年我在丹麦皇家博物馆多次看到的青铜"太阳马车"，便是众多遗物中最著名的一件。

这件"太阳马车"被视为北欧青铜时代最大和最漂亮的遗物，几乎在任何一本关于欧洲青铜时代的书籍里都能找到。"太阳马车"是1902年由一名农夫在丹麦西兰岛特伦霍尔姆（Trundholm）一个干涸的沼泽里犁地时发现的，其时为若干残片，车被置于上方。经复原，"太阳马车"由两部分组成：一匹马立于有四个轮子的支架上，从马的眼睛、马鬃和马具上看，铸造工艺相当精湛；马后有一个位于两轮车之上的、直径24.4厘米的圆盘。圆盘实际是由两件略为凸出的青铜盘经一个约3毫米厚的青铜环压合而成。圆盘的其中一表面饰有一层金箔，两面都装饰有由数周圆圈纹组成的复杂图案。"太阳马车"全长59.6厘米、重3公斤，时代属于

图八 太阳马车

北欧青铜时代第二期，即公元前1400年[1]（图八）。

从马嘴上的穿洞、脖子与圆盘上的钩子判断，这里所表现的马应受过训练并适合套车。但这匹马却不在车前而是立于车轮之上，可见马拉车只是一个象征。考古学家据"太阳马车"的残破状况和出土情形分析，它在抛入沼泽之前已被故意毁坏，因此它不是一件普通的器物，而是标识着古人太阳崇拜的圣器。考古学家还一致认为，车上的圆盘代表太

---

[1] National Museum of Denmark, *Gods and Heroes of the Bronze Age: Europe at the Time of Ulysses*, 25th Council of Europe Art Exhibition, London: Thames and Hudson Ltd., 1999.

阳，饰有金箔的一面代表白天，青铜的一面代表黑夜，整件器物描绘的就是一辆六轮马车负载着太阳日夜兼程行驰于天空的形象[1]。在后来的"荷马时代"、即公元前11到前9世纪广泛流传的希腊神话体系中，太阳神赫利俄斯（Helios，公元前5世纪后逐渐被阿波罗取代）在每天星星和月亮消失在天边的时刻，都要命令时序女神套马，然后戴着光芒万丈的太阳冠，驾着由四匹双翼骏马套拉的金车行驰过天空，为世界送去光明[2]。无疑，我们能够在这件反映太阳崇拜的"太阳马车"与希腊神系中人格化的太阳神之间找到某种对应。而从崇拜、信仰的进化角度看，对某种自然力量或者天体的崇拜比之于对人格神或单一神要更为"原始-原初"。

北欧青铜时代的墓葬还出土大量妇女佩戴在腹部的青铜"腰盘"（Belt-plate）。盘呈扁圆形，中心有一个帽状突起物，四周同样有数周复杂的圆圈纹。在瑞典南部斯科纳省（Skåne）出土的一件精美的"腰盘"上，中心有一个九角的图案，如同太阳的光芒[3]（图九）。在墓葬中，"腰盘"位于女性墓主的腹部，并通常被佩戴在毛制的细腰带上。在丹麦皇家博物馆，我还看到了著名的"伊格特沃女孩（Egtved

[1] National Museum of Denmark, *Gods and Heroes of the Bronze Age: Europe at the Time of Ulysses*, 25th Council of Europe Art Exhibition, London: Thames and Hudson Ltd., 1999.
[2] 施瓦布：《希腊古典神话》，曹乃云译，凤凰传媒集团、译林出版社，1995年。
[3] Klavs Randsborg, Opening the Oak-coffins: New Dates & New Perspectives, *Acta Archaeologica*, vol. 77, p.76, Copenhagen: Blackwell Munksgaard, 2006.

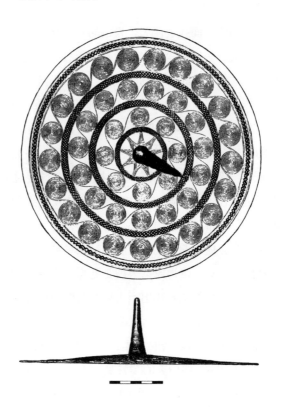

图九 瑞典出土青铜腰盘

girl)"佩戴的"腰盘",它完整置于腰饰与服饰上。这些"腰盘"并不是实用品,很可能也是反映太阳崇拜的遗物。"腰盘"的时代与"太阳马车"一样,为北欧青铜时代第二期。

"太阳马车"和"腰盘"上复杂的圆圈纹也是北欧青铜时代最为流行的纹饰,许多青铜器,甚至在斧与剑首上都普遍使用。形似太阳的纹饰,也被装饰在许多日用器物上。

四

与太阳崇拜相关的考古材料显然极其丰富，以上仅为笔者所见的有限例子。不过这已可说明，太阳崇拜在古代社会中是一种普遍的信仰。至于因这种信仰所遗留下来的遗物，一方面具有共性，比如太阳形的器物或纹饰普遍存在，用金箔表现太阳等。另一方面，这些遗物及其反映的观念也有明显差异，比如在中国，太阳是由鸟负载或从树上升降，而在西方的信仰体系中，太阳乘马车在天空循环往复。对于这些遗物和相关传说，我们并不能进行直接的联系和比较，然而透过它们，却可以发现古代人类共同的思维与智慧，探寻到文明发展的某些相似基础与轨迹。

如果说仰韶文化陶器和汉代画像石等上的金乌负日是古人对太阳运行于天空的朴素理解，那么，其他一些太阳与鸟的形象则可能与原始的历法与数学有关。冯时就认为，中国古代传说中有10个太阳，或与十进位有密切关系，十进制在天文学上的运用，可能导致了十干的产生，10个太阳轮流出没，旬的概念又应运而生；而太阳周围的两鸟或四鸟，则是以四方表示太阳在春分、秋分、冬至、夏至时的运行方位[1]。对于金沙遗址的太阳神鸟金饰，冯时还认为，中央太阳的12道芒饰象征十二月；太阳外周四方列四鸟与十二月

---

[1]　冯时：《中国天文考古学》，社会科学文献出版社，2001年，第144～149、154～160页。

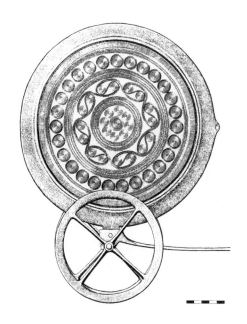

图十 太阳马车金箔面

相配，象征一年中主理分至四气的四神，这体现的正是《淮
南子·天文训》"天有四时，以制十二月"的思想。不仅如
此，中国古代神话中的天帝四子也是由这四鸟、四神演化而
来[1]。在这里，从四鸟到天帝四子，与由"太阳马车"到赫
利俄斯一样，都表现出神灵人格化的共同途径。

　　北欧青铜时代的那些遗物更令人着迷，丹麦考古学家韩
斯堡就发现，它们隐藏着很多与历法有关的数学知识。比如

<hr />

[1]　冯时：《中国古代的天文与人文》，中国社会科学出版社，2006
　　年，第100～108页。

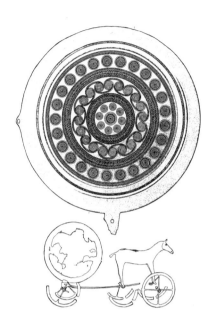

图十一 太阳马车青铜面

"太阳马车",在饰有金箔、代表白天的一面,共有大小不同的同心圆纹饰52个(图十),而代表黑夜的一面则有同心圆54个(图十一)。52是太阳历中所有周数之和,而54则是太阴历与太阳历天数相当的总周数,这两个数字恰好与天文历法吻合[1]。以同心圆作为纹饰似乎也非偶然,因为它们本身甚至就可以被看成是一个个小太阳。

再如"腰盘",现存最大、最漂亮的一件出自腓

[1] Klavs Randsborg, Opening the Oak-coffins: New Dates & New Perspectives, *Acta Archaeologica*, vol. 77, p. 68, Copenhagen: Blackwell Munksgaard, 2006.

特烈堡的朗斯楚普（Langstrup），直径28厘米。该"腰盘"上共有四组像太阳一样的同心圆纹饰，总数为"15+22+26+32=95"个。表面看来这个数字并无任何意义，但韩斯堡认为，如果考虑到乘法和纹饰为四组，那么一个新的算式便可出现："15×1+22×2+26×3+32×4=265"，这恰好相当于太阴历中的9个月（265又1/2天），并且也是妇女怀孕的天数。倘若进一步把中间的"高帽子"也当成独立的一组装饰，那么这个算式就可以写为"0×1+15×2+22×3+26×4+32×5=360"，这个数字已经接近太阳历一年的天数，与近东历法中一年的天数等同[1]。韩斯堡曾对很多"腰盘"一一进行过测算，发现那些精美"腰盘"上的纹饰显然也都蕴含着高深的历法和数学知识。精美、复杂的"腰盘"主要集中在丹麦的西兰岛，菲茵岛和日德兰半岛西北部也有少量发现，而只有一两圈纹饰、较为普通的"腰盘"则有广泛分布[2]。这一分布情况也说明，天文和数学知识并非为所有人掌握。

无论是"神鸟""马车"还是"腰盘"，它们都是一种符号、一种象征，象征是人类早期思维的方式。早期的人类很容易对太阳等天体产生崇拜，但无论是东方还是西

[1] Klavs Randsborg, Opening the Oak-coffins: New Dates & New Perspectives, *Acta Archaeologica*, vol. 77, pp. 68—69, Copenhagen: Blackwell Munksgaard, 2006.

[2] Klavs Randsborg, Opening the Oak-coffins: New Dates & New Perspectives, *Acta Archaeologica*, vol. 77, p. 75, Copenhagen: Blackwell Munksgaard, 2006.

方，古人并未停留于简单的膜拜，而是从天文观察中获得并积累了天文学和数学的知识。只不过，在古代拥有这些知识的只能是少数精英，他们因此而握有祭祀日神和制定历法的特权。在一个农业社会中，拥有这一特权便可获得统治社会的权力。以此推断，三星堆和金沙的那些遗物属于统治者，出土太阳和鸟等象征符号的也不应是平民墓。北欧的情况更为有趣。韩斯堡分析了北欧青铜时代的墓葬，认为从对奢侈品的占有和消耗情况来看，男性是握有实权的主导者；如此一来，佩戴着记载有秘传式历法和数学知识的"腰盘"的妇女，就被赋予了某种与日月星辰等自然运作相关的更高的权力[1]。历史发展到今天，天文学和数学知识早已体系化并广为人知。现今的知识已不再具神秘性，但对于知识的探索却永无止境。

（原载《纪念徐中舒先生诞辰110周年国际学术研讨会论文集》，四川出版集团、巴蜀书社，2010年）

---

[1] Klavs Randsborg, Opening the Oak—coffins: New Dates & New Perspectives, *Acta Archaeologica*, vol. 77, p. 91, Copenhagen: Blackwell Munksgaard, 2006.

金沙遗址出土石人像身份辨析

施劲松

一

　　成都金沙遗址出土大批珍贵遗物，其中有12件石人像形制独特、制作精美，是不可多得的相当于商周时期的石雕作品[1]。

　　这些石雕人像形制基本相同，即都为双手被反绑的跪坐状。头顶均呈V字形，相关报道与研究均认为这是一种奇特的发式，即头发中分并向左右分开，如同翻开的书本。头左右两侧没有头发，脑后有发辫垂至腰间。人脸方正瘦削，高鼻，大嘴，耳上有穿孔。双手在后背交叉，双膝屈跪，臀部坐于足跟上。人身上未刻纹饰，也未见有彩绘的报道，似为全身赤裸。但人像的细部有所不同。如标本2001CQJC：716，人像头顶中分的"发式"上刻有"发丝"，用阴线刻出双眼、嘴以及背后的双股发辫和捆绑双手的绳索（图一）。

---

[1]　a.成都市文物考古研究所、北京大学考古文博学院：《金沙淘珍》，文物出版社，2002年，第166～181页。b.成都市文物考古研究所：《成都金沙遗址I区"梅苑"地点发掘一期简报》，《文物》2004年第4期。c.成都文物考古研究所：《金沙——再现辉煌的古蜀王都》，四川出版集团、四川人民出版社，2005年，第110～114页。d.成都文物考古研究所：《金沙——21世纪中国考古新发现》，五洲传媒出版社，2005年，第104～108页。

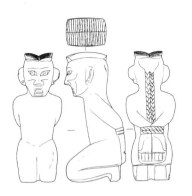

图一　金沙出土石人像
（2001CQJC：716）

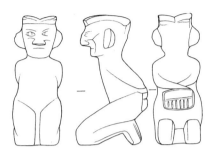

图二　金沙出土石人像
（2001CQJC：166）

2001CQJC：717，用彩绘出眼睛，嘴部涂有鲜艳的朱砂。有的人像则雕琢不细或保存不佳。如2001CQJC：159，五官、头顶"发式"和绳索仅刻出轮廓，不见发辫，也未雕出双眼，仅用红、白两色描绘眼眶和瞳孔。2001CQJC：166，眼、嘴仅用一道阴线表示，背部看不出有发辫和绳索，后绑的双手仅刻出手指（图二）。2001CQJC：212，风化严重，但眼、嘴、耳部残留有朱砂，脑后的头发由三股合为一束。人像中，所知最小者高约17厘米，最大者高约27厘米。

　　类似的石人像过去在四川地区的其他遗址中也有发现。1983年前后在成都方池街遗址出土1件青石人像[1]，高约50厘米，保存不佳。同出遗物有十二桥文化的陶尖底杯、尖底

---

[1]　徐鹏章：《我市方池街发现古文化遗址》，《成都文物》1984年第2期。

图三 芝加哥艺术学院藏石人像

罐、圜底釜，以及石斧、锛和卜骨等。以后对方池街的发现
又有进一步报道，包括石人像的出土层位，以及同层出土的
陶盘、圈足罐和石璜等物[1]。1984年在广汉三星堆遗址出土
过2件类似的石人像，其中1件上部已残，现陈列于三星堆遗
址博物馆。此外，有研究文章还介绍过美国芝加哥艺术学院
收藏的1件黑色玉石像，高约20厘米[2]（图三）。

以上这4件石像和金沙石像一样，人头顶呈奇特的V字
形，双手被绑，跪姿，裸体。目前除金沙、三星堆和方池街

---

[1] 王毅、徐鹏章：《方池街古文化遗址的出土文物》，《成都文
物》1999年第2期。

[2] 成都文物考古研究所：《再现辉煌的古蜀王都》，四川出版集
团、四川人民出版社，2005年，第21~22页。

遗址外，同类的石质人像在其他地方尚无发现，由此可以认为这类石像为三星堆文化和十二桥文化所特有。而上述石人像的特点，也使它们与其他地区、其他文化的人物雕像明显区别开来。

对于方池街出土的石人像，过去有学者认为其头发由中间分开并向左右披下，正面看上去很像甲骨文的"羌"字，羌由游牧改为定居并从事农耕后成为氐，氐进入成都平原便成为蜀人祖先，因此石像表现的是蜀族先民形象，这个奴隶形象还表明当时的蜀族已进入奴隶制社会[1]。后又通过对比甲骨文"羌"字和甘肃出土仰韶文化彩陶瓶上的有关头像等，认为方池街石人像表现的是羌人奴隶，古蜀人将羌人形象的石俑作为人祭的代用品[2]。三星堆的石人像同样被释为奴隶像，并被认为是当时进入奴隶制社会的佐证[3]。对于金沙这批石人像，学术界普遍认为表现的是奴隶或战俘，其族属与统治成都平原的古蜀族有本质区别。

根据石人像双手反缚并呈跪姿的突出特征而定其身份为奴隶或战俘，或有其合理性。但对石人像的身份还可以另作解释。新的解释不仅仅是依据对石人像的形态观察，而且立足于具体考察和分析石人像的出土状况与共出遗物，将石人

---

[1] 吴怡：《成都方池街出土的石人初探》，《成都文物》1985年第1期。

[2] 吴怡：《成都方池街出土石雕人像及相关问题》，《四川文物》1988年第6期。

[3] 赵殿增：《三星堆考古发现与巴蜀古史研究》，《四川文物》1992年三星堆古蜀文化研究专辑。

像及相关考古材料放到当时的文化背景中去认识。同时，金沙和三星堆遗址出土有丰富的人物形象，我们也有必要将金沙石人像与其他人物形象进行更为广泛的对比。

二

在1986年发掘的三星堆2号器物坑中，有1件被称为"神坛"的青铜器，其上就有与金沙石人像相似的人物形象。"神坛"大体由下部的兽形器座、中间的4个立人和上部的"方尊形"器物组成。中部的4个立人各站一方，面向外，双手合握一枝状物，背上和短裙上有太阳形纹饰，腿上饰眼形纹。人像头顶也呈V字形，与金沙石人像相同（图四）。按发掘报告，青铜人像头顶的V字形部分为敞口的方斗形帽，即帽檐前方呈V字形，帽箍上有一周几何纹，帽顶上又生出扁平的侧面人头像[1]。从照片和实物看不太清楚V字形部分与头顶的界限，但线图清楚地描绘出V字形部分与人头的明显分界，而且上有纹饰，说明那应是头冠而非发式。"神坛"上的4个立人应是巫师，整件器物表现的是进行祭祀的一个场景。三星堆2号坑中还有其他很多表现巫师的青铜人像，它们戴有不同的头冠。比如大立人像头戴莲花形冠，1件仅存上半身的人像头戴复杂的兽首形冠，1号和2号器物坑中的青铜人头像也有"回字纹冠""箍形冠""平顶冠"

---

[1] 四川省文物考古研究所：《三星堆祭祀坑》，文物出版社，1999年，第231页。

图四　三星堆2号坑出土青铜"神坛"

图五　金沙出土石人像顶部
（2001CQJC：716）

"双角形盔"等。金沙遗址出土1件青铜立人，所戴之冠为太阳形。在包括萨满教在内的许多原始宗教中，巫师所戴的帽子通常都是复杂多样的。金沙石人像与三星堆青铜人像相同的V字形部分可能也是冠而非发式。俯视石雕人像就会发现，发式不可能如此规整方正、棱角分明（图五）。若头顶的头发中分，头两侧头发又被剃光，那么仅脑后的头发也难以再编成下垂至腰的双股或三股发辫。

金沙遗址与三星堆器物坑出土的遗物有显著的共性，两个遗址紧密关联，文化一脉相承。金沙石人像与三星堆"神坛"铜人像头顶上的无论是冠还是发式，它们在极具特征的细节上所具有的相似性，或可说明两者身份相同，亦即都是巫师。

脑后编发的人像在三星堆器物坑中也有多例。至于金沙那件头戴太阳形冠的青铜立人像，其发式为三股发辫合编于脑后，这种编发更为少见，而金沙石人像的编发恰好如此。若依据发式来辨别族属与身份，那么石人像与表现巫师的青铜立人像并无区别。

在三星堆和金沙遗址都出土很多青铜人像，其中不乏跪坐者，金沙石人像与它们的最大差异在于双手被缚。双手被缚并呈跪姿的人像并不一定就是奴隶或战俘。比如在一些古代文化中，巫师在举行祭祀时，他们自身也会成为牺牲。商代甲骨文中就有祭祀时焚烧巫师的内容。古代文献中也有很多将巫作为牺牲的记录，这类祭祀多为求雨。常被引述的如《礼记·檀弓下》："岁旱，穆公召县子而问然，曰，天久不雨，吾欲暴尪而奚若？曰，天则不雨，而暴人之疾子，虐，毋乃不可与。然则吾欲暴巫而奚若？曰，天则不雨，而望之愚妇人，于求之，毋乃已疏乎。"《春秋左传》僖公二十一年："夏，大旱，公欲焚巫尪。"《春秋繁露·求雨》："春旱求雨……暴巫聚蛇八日，于邑东门之外，为四通之坛"，"秋暴巫尪……为四通之坛，于邑西门之外，方九尺。"统治者还会将自己作为"牺牲"。《吕氏春秋》卷九秋季"昔者汤克夏而正天下，天下大旱五年不收，汤乃以身祷于桑林……于是翦其发，磨其手，以身为牺牲"。这些都是古代用巫师作为牺牲的例子。因此，我们不排除这种可能性，即金沙石人像表现的也是用巫师作为牺牲的情形，或是以石像作为巫师替身进行祭祀的活动。

辨析石人像的身份，更重要的还在于考察和分析它们各自的出土状况。据报道，与成都方池街石人像共出的除石器和陶器外还有卜骨，有1件卜骨为人头盖骨，上有凿痕与灼痕。卜骨通常应是由巫师所用。三星堆石人像出土的具体情况不清楚，仅有报道说其中1件出自西泉坎一个发现大量石璧成品、半成品和石废料的房基处[1]。这一信息很有限，如果今后的材料和研究能确定这处房址是石器加工作坊，那么我们或许可以将这件石人像解释为是出自作坊的石制品。

金沙遗址的石人像均出土于遗址的祭祀区，有的与石蛇放在一起，有的置于玉璋之上，有的跪在石虎之前，有的一旁伴出石璧、铜器和陶器等。其中有几件石人像明确与其他遗物一同出自同一个遗迹单位。如第19号遗迹出土1件石人像、1件石蛇、2件石虎、3件石虎尾和大量石璧，石人像与石虎出土时并置一处，虎口正对人胸（图六）。在梅苑地点东北部发掘区的第8层中，1件石人像和1件石蛇放在一起。

石人像与石虎、石蛇共出很有意思。除石虎、石蛇外，金沙遗址还出土有铜虎，在三星堆遗址和三星堆器物坑中，更出土有多件金虎、青铜虎和青铜蛇。可见在这两个遗址中，虎和蛇一定有特殊的含义。王方曾对金沙的石虎和石蛇有很好的讨论，特别是强调从各类史书记载看，蛇同神、人有着某种特殊联系，巫师有可能因操蛇而成为时人心目中的英雄或神，蛇也成为巫师的工具或神人助手[2]。考虑到当

[1] 陈显丹：《广汉三星堆遗址发掘概况、初步分期——兼论"早蜀文化"的特征及其发展》，《南方民族考古》第二辑，四川科学技术出版社，1990年。

[2] 王方：《对成都金沙遗址出土石雕作品的几点认识》，《考古与文物》2004年第3期。

图六 金沙遗址19号遗迹出土石人与石虎

时的人在成都平原所处的生存环境，以及所面临的虎、蛇等常见动物的威胁和由之而来的恐惧，某些人的确可能因具有控制这些动物的能力而取得特殊地位，或是通过利用这些动物来让他人畏惧和敬服。张光直先生对商周时期的动物形象以及它们与巫师的关系有过很多论述，在一系列的文章中都提出巫师与动物有密切关系，表现为人与动物的转形，或人与动物为亲昵伙伴，特别是动物发挥了帮助巫觋通天地的作用[1]。在具体讨论中，还多处列举到了虎与蛇。张光直的这

[1] 张光直：《商代的巫与巫术》《商周青铜器上的动物纹样》《中国古代艺术与政治》等，《中国青铜时代》，生活·读书·新知三联书店，1999年。

些论述虽然并非针对金沙的考古发现，但毫无疑问有助于我们理解金沙石人像与石虎、石蛇的关系，以及人像的身份。在金沙，还有石人像是置于玉璋上的。三星堆和金沙大量出土的玉璋同样可能是巫师的用器，三星堆器物坑出土的手执玉璋进行祭祀的青铜跪坐人像就说明了这一点。

最后，我们还需要将这些石像放在三星堆文化、十二桥文化，以及更为宽广的背景中进行考察。无论是在三星堆还是在金沙遗址，都有很多站立或跪坐的青铜人像和人物纹饰，以及大量的青铜人头像与人面具等，但他们表现的都是巫师或部族首领，其中很多形象还出现在某种祭祀场景之中。这其中尚无一例可以认为表现的是奴隶、战俘或其他下层人物。石人像虽在不同遗址中出土多件，但它们形象一致而仅属一类，假如它们表现的是奴隶或战俘，那么这在出土众多遗物的三星堆和金沙遗址中尚属孤例，也缺乏其他考古材料的支持。

在三星堆和金沙又都有大量表现祭祀场景的器物和纹饰，在金沙遗址还有许多可能是与祭祀直接相关的遗迹，但从中并未发现用奴隶或战俘进行祭祀的迹象。这一点也让我们难以确定石人像表现的是用奴隶进行人祭。

在商周文化或其他地区的古代文化中，虽然不乏人祭，但无论是将人、虎、蛇一同作为祭品，还是将人作为牺牲供奉给虎、蛇从而完成祭祀仪式，这些类情况都很少见。因此，若认为石人像是用于人祭的奴隶，反而难以解释它们和虎、蛇等动物以及和卜骨、玉璋的共存关系。三星堆1号器物坑出土1件龙虎尊，尊腹的纹饰即为两只虎下有一人，类似的母题在长江流域出土的商代青铜器上有多例。这些青铜器上的人像虽未被缚却都位于虎口之下，但也不表明他们是被吞噬的下层人物。在四川地区较晚的考古材料中也有类似的纹饰。1963年在四川峨眉县符溪乡7座战国时期的土坑墓中出土一批青铜器，其中有一件直援长胡戈，戈援和胡上饰有一只虎，在大张的虎口下跪有一人，该人双手被反绑，头顶也有略似V字形的凸出物[1]。戈纹的拓片不很清楚，戈的时代也晚于三星堆和金沙遗址，不一定与本文讨论的人像相关。不过就商周青铜器上虎与人的关系看，戈上的跪人也不一定是奴隶。

综上所说，金沙等地出土的被缚跪坐石人像也可以解释为巫师，与石人共出的石虎、石蛇、玉璋和卜骨等是巫师的工具。与三星堆出土的青铜"神坛"等一样，金沙石人像及其共存物表现的可能也是巫师举行祭祀活动的一个场景。三星堆与金沙的出土遗物都有浓厚的神秘色彩，并明显表现出崇拜太阳的信仰。但这些石人像与石虎、石蛇具体表现的是什么祭祀场景，祭祀的目的和对象又是什么，对此目前还难有进一步的解释。

对石人像的个案分析也使我们更加深刻地认识到，对于出土遗物我们不能只看其表面现象，只有进行深入的"发掘"才可能揭示出其真实含义。要做到这一点，最重要的是将遗物放到它的出土背景和文化背景中，发现、建立它们与

---

[1] 陈黎清：《四川峨眉县出土一批战国青铜器》，《考古》1986年第11期。

其他遗物和现象的联系。很多考古材料，特别是诸如祭祀遗迹等特定考古单位出土的遗物，应当是相互关联而非支离破碎的，对它们更应有综合的考察而不宜分别进行孤立的解释。此外，对出土遗物的解释虽然不能脱离今人的视角、知识和价值观，但我们还是应当努力将遗物放回它原本的背景中，让实物自己"说话"，并尝试着去与古人的思维相"沟通"，如此我们才可能对遗物有更为合理的认识。

（原载《文物》2010年第9期）

川西石棺墓中的铁器

施劲松

一、问题的提出

2008年四川省文物考古研究院和日本九州大学考古学系等在四川炉霍县宴尔龙发掘了13座石棺墓。这批石棺墓多随葬骨器和石器，其中M7、M8、M11、M13四墓还各出1件青铜戈。发掘简报认为M8出土的戈与内蒙古朱开沟遗址和郑州商城出土的铜戈形制相似，而与西南地区的三角援无胡戈差别明显，其年代当为二里冈文化时期。墓地还测有9个碳十四年代数据，校正后年代为公元前830～前670年。据此，简报断定宴尔龙墓地的年代上限可早到殷商早期，下限不晚于西周中期[1]。

按此判定，宴尔龙石棺墓属于川西石棺墓中年代较早者。墓葬出土的4件铜戈中，M8出土的1件为直援无胡戈，有阑和长方形内（图一，1）。此类形制的戈，除简报指出的郑州商城北城墙（图一，2）和朱开沟M1052出土者外，

---

[1] 四川省文物考古研究院、日本九州大学、甘孜藏族自治州文化旅游局、炉霍县文化旅游局：《四川炉霍县宴尔龙石棺葬墓地发掘简报》，《四川文物》2012年第3期。

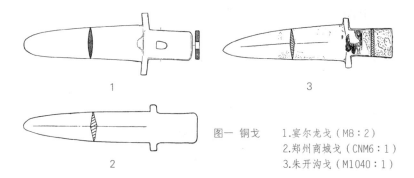

图一　铜戈　1.宴尔龙戈（M8：2）
　　　　　　2.郑州商城戈（CNM6：1）
　　　　　　3.朱开沟戈（M1040：1）

郑州商城还有其他二里冈上层时期的同形制的戈[1]。郑州商城二里冈下层和人民公园期也有直援戈，不过援略宽，阑也较短[2]。在朱开沟也还有另外三座墓出土这种戈[3]（图一，3）。在四川地区这类直援无胡戈只金沙遗址出土1件[4]，内上无穿。另外，在彭县竹瓦街1号窖藏有2件直援戈，不过援较窄，与宴尔龙戈已有差异。四川地区时代更早的铜戈，如三星堆器物坑出土铜戈，形制与此完全不同。宴尔龙墓地出土的另外3件戈略呈刀形，均无阑，有2件在近内的位置有交叉捆绑痕迹，形态似乎更原始。

[1]　河南省文物考古研究所：《郑州商城》中册，文物出版社，2001年，第714页。

[2]　河南省文物考古研究所：《郑州商城》中册，文物出版社，2001年，第621、919、946页。

[3]　内蒙古自治区文物考古研究所、鄂尔多斯博物馆：《朱开沟——青铜时代早期遗址发掘报告》，文物出版社，2000年，第233、234页。

[4]　成都市文物考古研究所：《成都金沙遗址I区“梅苑”地点发掘一期简报》，《文物》2004年第4期。

在北方地区，二里冈时期的戈主要是直援戈，宴尔龙石棺墓中的直援戈或许就是直接从北方地区传入的。

关于川西石棺葬分布区与北方地区的文化联系，童恩正先生早有论述[1]。在童先生提出的从东北到西南的半月形地带上传播的，不只是具体的器物，还包括技术、观念和习俗。就是石棺葬本身，也在这个文化传播带上广泛存在，而且也是西北早而西南晚。宴尔龙石棺墓中的青铜戈、也就是川西石棺墓中最早的青铜器如果是经半月形地带传播而来，那么川西石棺墓中的早期铁器又如何呢？

二、川西石棺墓中的早期铁器

川西石棺墓中出土的东周秦汉时期的铁器不多。在岷江流域，年代最早者是1992年茂县牟托M1出土的2件三叉格铜柄铁剑（图二，1、2），报告认为墓葬时代为战国中晚期之际[2]，但时代或为春秋晚期到战国早期，此点将在后文说明。

1978年在茂汶发掘46座石棺墓，分为三型[3]。第I型墓出土三叉格青铜短剑，时代约为春秋战国之际到战国末期；第II型墓出土半两钱，时代为战国后期至汉武帝；第III型墓

[1] 童恩正：《试论我国从东北至西南的边地半月形文化传播带》，《文物与考古论集》，文物出版社，1986年。

[2] 茂县羌族博物馆、成都文物考古研究所、阿坝藏族羌族自治州文物管理所：《茂县牟托一号石棺墓》，文物出版社，2012年。

[3] 四川省文管会、茂汶县文化馆：《四川茂汶羌族自治县石棺葬发掘报告》，《文物资料丛刊》（7），文物出版社，1983年。

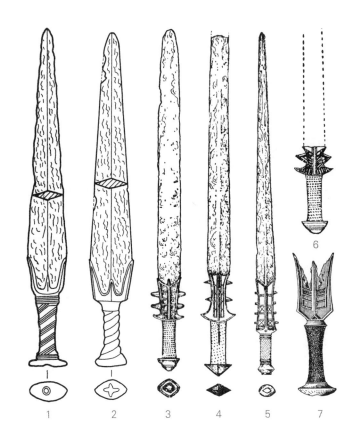

图二　川西石棺墓出土铜柄铁剑

1.牟托M1：147　　5.茂汶AM2：18
2.牟托M1：148　　6.茂汶AM11：3
3.茂汶CM1：8　　　7.理县龙袍砦采集
4.茂汶AM9：13

出五铢钱，年代相当于汉武帝至西汉末年。在II、III型墓中
出土铁器，有剑、镯、鞲、斧、刀、釜、鍪、锄、锸、斤、
凿、锥、削刀、勺、刻刀等。其中铁剑4件，或为一字格，
或柄两侧有三个尖齿。铜柄铁剑7件，柄侧有尖齿，器形晚

于牟托的三叉格剑（图二，3~6）。釜17件、鍪25件，数量较多，均出自II型墓。

1979~1980年在茂汶县别立和勒石村清理31座石棺墓，分为三期[1]。第三期墓出土铁器有剑身和削刀各2件、环首刀1件，伴出半两钱，时代定为秦汉。

1984年在理县佳山清理15座石棺墓，分为三期[2]。早期为秦至汉初，中期为西汉早期，晚期为西汉中期。早期和中期墓葬出铁器54件，有鐏、削各6件，剑、三足架各5件，釜、鍪、凿各4件，斧3件，镰、钻、小刀、镯各2件，锛、锸、铚、锥、笔帽、矛、匕各1件，还有薄铁片和小铁件。伴出秦半两和八铢半两。

1938年冯汉骥先生在岷江上游调查时，从汶川萝葡砦SLM1清理出1件铜柄铁剑，圆形首，柄上有螺旋纹。同时出土的铁器有刀2件，矛、斧、锯片各1件，另有铁器残块，伴出四铢和八铢半两。另在理县龙袍砦残墓中采集到三叉格铜柄铁剑的铜柄和铁矛各1件，剑柄为长三叉格（图二，7），与牟托剑也不相同，伴出的1枚半两接近八铢半两。墓葬年代被认为不早于文帝、不晚于武帝[3]。

1988年在理县桃坪调查清理1座项部盖有大石的石棺

---

[1] 茂汶羌族自治县文化馆蒋宣忠：《四川茂汶别立、勒石村的石棺葬》，《文物资料丛刊》（9），文物出版社，1985年。

[2] 阿坝藏族自治州文物管理所、理县文化馆：《四川理县佳山石棺葬发掘清理报告》，《南方民族考古》第一辑，四川大学出版社，1987年。

[3] 冯汉骥、童恩正：《岷江上游的石棺葬》，《考古学报》1973年第2期。

墓[1]，出土铁削、环首刀、锥、锛各1件，伴出五铢钱。推断时代为西汉晚期。

除岷江流域外，雅砻江、青衣江流域的石棺墓中也出土铁器。

1981年在雅江呷拉约为战国中晚期的石棺墓M1中出土1件铁环[2]。1983年在甘孜吉里龙一座战国至秦的石棺墓中出土1件铜柄铁刀[3]。1985年在甘孜新龙谷日一座约为西汉的墓中发现1件残铁镰[4]。2005年在甘孜炉霍城西的1座汉代石棺墓中出土1件铁镰[5]。

1979年在宝兴县城西的五龙瓦西沟发现7座两汉时期的石棺墓[6]，在其中2座东汉墓中出土铁刀2件，镰、钩各1件。在宝兴陇东清理5座东汉石棺墓[7]，出土铁带钩、铁饰各1件，簧2件。1985年又在宝兴陇东乡清理一批东汉的石棺墓、土坑墓和砖石墓[8]，石棺墓出土的铁器有小刀2件，戒

[1] 阿坝藏族羌族自治州文管所：《理县桃坪大石墓调查简报》，《中国西南地区石棺葬文化调查与发现》，四川大学出版社，2009年。

[2] 甘孜藏族自治州文化馆、雅江县文化馆：《四川雅江呷拉石棺葬清理简报》，《考古与文物》1983年第4期。

[3] 四川省文物管理委员会、甘孜藏族自治州文化馆：《四川甘孜县吉里龙古墓葬》，《考古》1986年第1期。

[4] 格勒：《新龙谷日的石棺葬及其族属问题》，《四川文物》1987年第3期。

[5] 故宫博物院、四川省文物考古研究院：《2005年度康巴地区考古调查简报》，《四川文物》2005年第6期。

[6] 宝兴县文化馆：《四川宝兴县汉代石棺墓》，《考古》1982年第4期。

[7] 宝兴县文化馆杨文成：《四川宝兴县的石棺墓》，《考古与文物》1983年第6期。

[8] 四川省文物管理委员会、宝兴县文化馆：《四川宝兴陇东东汉墓群》，《文物》1987年第10期。

指、发饰、刀、带扣、残器各1件。宝兴的这些东汉墓被认为是青衣羌的墓葬。

简要归纳，川西石棺墓中的铁器大致可以分为三类，第一类为三叉格铜柄铁剑、柄侧带齿的铁剑，以及镯、鐏等，在四川地区只见于石棺墓；第二类为除上述两类剑以外的其他兵器、工具、农具，以及带钩、三足架等，应是汉式器物；第三类如釜、鍪，与巴蜀文化的器物相近。从器类上看，第一类器物较早，或可早到春秋晚期至战国早期；从地域上看，北方岷江流域出土的铁器偏早，而南方其他流域的铁器偏晚。

三、成都平原出土的早期铁器

自新石器时代晚期至商周秦汉，成都平原都是一个区域性文化中心，同时也接收着外来文化的影响。但成都平原及其边缘山区出土的战国时期的铁器并不多。

大邑五龙M3出土1件铁削[1]，荥经曾家沟13号墓出土1件铁斧[2]。两墓的时代都被定为战国早期。成都羊子山127号墓出土1件铁三足架[3]，墓葬时代为战国。

在什邡发现的一批土坑墓中，有12座墓出土16件铁器。

---

[1] 四川省文管会、大邑县文化馆：《四川大邑五龙战国巴蜀墓葬》，《文物》1985年第5期。
[2] 四川省文管会、雅安地区文化馆、荥经县文化馆：《四川荥经曾家沟战国墓群第一、二次发掘》，《考古》1984年第12期。
[3] 四川省文物管理委员会：《成都羊子山第172号墓发掘报告》，《考古学报》1956年第4期。

墓葬时代不一，其中2座战国中期早段墓出土2件铁削，2座战国晚期早段墓出土1件铁锸和1件铁锛。有6件不辨器形者被认为是战国中期的铁器。其他还有铁鼎、鍪、犁、镰等出自秦和西汉墓中[1]。

成都金牛区M1出土2件铁斧[2]，成都北郊M3出土1件铁斧[3]，新都清镇村M1出土1件铁锸[4]，蒲江一座船棺墓中出土1件已朽的铁器[5]，更南的犍为M3出土2件铁锸[6]，这些铁器伴出半两钱，墓葬时代为战国晚期至秦。另外，荥经同心村发现25座船形棺墓和土坑墓，有17座出土铁器，包括斧9件、削6件、刀5件、铜首铁刀和铁鍪各2件、铜耳铁鍪1件，但没有这一时期常见的半两钱，简报推断墓葬时代为战国晚期[7]。

郫县发现27座战国至西汉早期墓，有14座出土铁器22件，计有铁釜、斧、镰、锸、环柄削刀和凿[8]。

---

[1] 四川省文物考古研究院、德阳市文物考古研究所、什邡市博物馆：《什邡城关战国秦汉墓地》，文物出版社，2006年。

[2] 成都市文物管理处：《成都市金牛区发现两座战国墓葬》，《文物》1985年第5期。

[3] 成都市文物考古工作队：《四川成都市北郊战国东汉及宋代墓葬发掘简报》，《考古》2001年第5期。

[4] 成都市新都区文物管理所：《成都市新都区清镇村土坑墓发掘简报》，《成都考古发现》（2005），科学出版社，2007年。

[5] 成都市文物考古工作队、蒲江县文物管理所：《成都市蒲江县船棺墓发掘简报》，《文物》2002年第4期。

[6] 四川省博物馆：《四川犍为县巴蜀土坑墓》，《考古》1983年第9期。

[7] 四川省文物考古研究所、荥经严道古城遗址博物馆：《荥经县同心村巴蜀船棺葬发掘报告》，《四川考古报告集》，文物出版社，1998年。

[8] 成都市文物考古研究所、郫县博物馆：《郫县风情园及花园别墅战国至西汉墓群发掘报告》，《成都考古发现》（2002），科学出版社，2004年。

成都平原出土的秦汉时期的铁器有所增加。如成都龙泉驿的木椁墓群，秦墓中始出铁器，西汉早期墓中铁器增加，几乎每墓都有。铁器有锸、镰、斧、凿和中原式剑等[1]。成都平原的许多两汉墓都出土铁器，器类多为刀、矛、剑、斧、凿、削、镰、锸、釜、三角架等。

除铁器外，在蒲江还有时代约为西汉并可能是目前在西南发现的最早的冶铁遗址[2]。

成都平原及其边缘地区战国秦汉时期的铁器主要有兵器、工具、农具和日用器，与川西石棺墓中的铁器相比，从器类到形制都差别不大。但成都平原不见石棺墓中的三叉格铜柄铁剑、柄侧带齿的铁剑、镯、鞲等一类铁器。另外，成都平原最早的铁器相当于战国早期，比石棺墓中的铜柄铁剑等晚。因此铜柄铁剑等很可能是从其他途径传入川西高原，川西高原或许先于成都平原接触到铁器。但在战国晚期至秦汉时期中原式和巴蜀式铁器开始进入川西高原，个别石棺墓地的巴蜀式铁器数量还较多，如茂汶II型石棺墓出土铁釜17件、鍪25件。秦汉时期川西高原石棺墓受成都平原影响的也不仅是铁器，在理县佳山和理县城西都发现有成都平原常见的独木棺[3]。

[1] 成都市文物考古研究所、龙泉驿区文物管理所：《成都龙泉驿区北干道木椁墓群发掘简报》，《文物》2000年第8期。
[2] 成都文物考古研究所、蒲江文物管理所：《2007年蒲江冶铁遗址调查试掘简报》，《成都考古发现》（2006），科学出版社，2008年。
[3] 四川省博物馆赵殿增、高英民：《四川阿坝州发现汉墓》，《文物》1976年第11期。

四、对川西石棺墓出土铁器的认识

川西石棺墓出土的铁器中，需要重点讨论的是牟托石棺墓的铜柄铁剑。

对牟托1号墓出土的这类三叉格铜柄铁剑，宋治民先生有专门研究，认为西北的宁夏和陇东是三叉格铜柄铁剑的一个分布区，出土铁剑的墓葬时代早者不晚于春秋，多为战国，晚可到西汉早期（图三）；西南地区是铜柄铁剑的另一个分布区，牟托、理县龙袍砦等出土的铜柄铁剑可能从北方分布区传播而来，时代为战国晚期至西汉前期，上限不早于战国中期[1]。罗二虎对西南地区石棺葬中的金属剑进行研究后认为，牟托墓的铜柄铁剑时代为春秋晚期至战国早期，汶川萝葡砦、理县龙袍砦、茂县城关等出土的铜柄铁剑和铁剑年代为战国中后期至西汉前期，并认为西南地区的三叉格铜柄铁剑可能来源于当地的三叉格铜剑，而后者起源于西南[2]。

学术界对石棺墓中的三叉格铜柄铁剑的时代和来源认识不一。出土铜柄铁剑的牟托1号墓随葬品非常丰富，有陶器、铜器、玉石器等170多件。69件铜器中的罍、甬钟、钮钟、杯、戈、矛、戟、剑等多具有西周中晚期的特点，杯、

---

[1] 宋治民：《三叉格铜柄铁剑及相关问题的探讨》，《考古》1997年第12期。

[2] 罗二虎：《文化与生态、社会、族群：川滇青藏民族走廊石棺葬研究》，科学出版社，2012年，第288～302页。

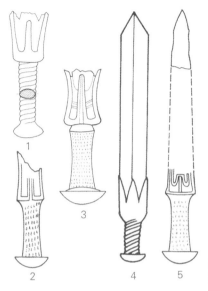

1.甘肃庆阳五里坡WLPM：01
2.宁夏西吉陈阳川村CVCM：01
3.宁夏固原杨郎马庄IM12：3
4.宁夏中卫双瘩村M3：12
5.宁夏彭阳宫台村GTCM：01

图三 宁夏、甘肃出土三叉格铜柄铁剑

剑和一些装饰品还与辽宁宁城南山根西周晚期至春秋早期石棺墓中的同类器相近。其余的鼎、敦和个别戈具有春秋晚期至战国早期的风格。1号墓附近有3个器物坑，所出青铜器和玉石器与1号墓器物大致相同。总之，在牟托1号墓和3个器物坑出土的时代特征明显的遗物中没有更晚的器物，墓葬时代可能为春秋晚期至战国早期[1]。另外，牟托1号墓也没有出土半两、五铢钱等，与较晚的石棺墓中铁器与铜钱共出的情况显然不同。牟托墓中有大量外来的高等级器物，出土

---

[1] 施劲松：《关于四川牟托一号石棺墓及器物坑的两个问题》，《考古》1996年第5期。

铜铁合铸的剑可以理解。宋治民先生还认为，铜柄铁剑的柄和身为分别制成后再接合在一起，三叉形的格是为了使身和茎接合得更牢固，三叉格铜剑的格已失去实际功用而仅为装饰，应是具有实际功用的三叉格的孑遗，所以三叉格铜剑是受北方三叉格铜柄铁剑的影响而在西南地区产生的[1]。在西南地区，三叉格铜剑在春秋晚期至战国早期已较多见，若铜剑来源于铜柄铁剑，后者的时代就不至于太晚。川西高原其他石棺墓中出土的铜柄铁剑和铁剑，一是形制晚于牟托墓的剑，二是多伴出钱币等晚期遗物，时代应为战国至汉代。

　　石棺墓中的铜柄铁剑更可能来源于北方。一是铁器的起源北方早于南方，北方的铜铁合制品也比西南地区多且时代更早。二是川西石棺葬中的诸多因素，包括石棺葬俗、双耳陶器、部分装饰品，以及前文提及的早期青铜器，都是从北方传播而来，早期的铁器也不例外。白云翔先生认为宁夏中卫县双瘩村的铜柄铁剑年代为春秋中期前后，而甘肃庆阳和宁夏发现的其他铜柄铁剑均属战国时期[2]。如此，牟托的铜柄铁剑来自于宁夏一带且时代相当于春秋晚期至战国早期是可能的。至于牟托等地的铜柄铁剑是直接来自西北，还是从西北获得冶铁技术后在当地制作的产品，还难以确定。

　　需要说明的是，牟托墓没有测年数据，学界对其年代看法不一。即使我们对牟托铜柄铁剑的年代分析有误，其时代

---

[1] 宋治民：《三叉格铜柄铁剑及相关问题的探讨》，《考古》1997年第12期。

[2] 白云翔：《先秦两汉铁器的考古学研究》，科学出版社，2005年，第27、86页。

不会早到春秋晚期或战国早期，那也不影响我们对川西石棺墓和四川地区铁器的一些基本认识：石棺墓中的铜柄铁剑等与成都平原的铁器不同而另有来源，川西高原石棺墓中的铁器北方早于南方。这一认识有以下进一步的意义。

铜柄铁剑在四川地区只见于石棺墓，它不是汉式器物，与成都平原的巴蜀式器物也不相同，很可能来自西北宁夏、甘肃一带。这说明四川地区甚至西南地区最早的铁器可能是从半月形地带传入，它的出现与中原文化或汉文化在西南地区的扩张无关。这与宴尔龙石棺墓出土铜戈的情况相同，那件沿半月形地带而来的铜器并不代表商文化已传播到了川西高原。若是这样，那我们在判定川西高原出土的金属器的年代时就不能完全用中原及成都平原的金属器来衡量。

目前我国西北地区出土的青铜器和铁器都早于中原的发现，冶金技术很可能是从西方传入的。无论是冶铜还是冶铁技术，传入我国境内后不一定是直接到中原，然后再以中原为中心向周边逐层传播。更可能的是，这些技术在传入途中为沿途的文化采用并生产出不同的器物，这些器物或冶金技术又向其他方向传播。川西石棺墓中最早的铜器和铁器或许就表明，冶金术在由西向东经过半月形地带时也向南流传。在考察川西高原及其以南地区的早期金属器的来源时，更需要注意古代技术传播路线的多样性。

（原载《南方民族考古》第十辑，科学出版社，2014年）

船棺葬、早期铜鼓和不对称形铜钺

施劲松

我国西南地区在青铜时代是一个民族迁徙的通道和文化交流的地区。这一地区存在不同类型的青铜文化，它们不仅相互影响，而且与周围其他地区，尤其是同东南亚的青铜文化也存在着联系和交流，这使得我国西南地区和东南亚的青铜文化显现出某些共同的特质。船棺葬、早期铜鼓和不对称形铜钺就是我们认识这些青铜文化和揭示这种联系与交流的考古材料。

船棺葬是一种以独木舟形的棺木为葬具的墓葬，它是我国西南地区青铜时代较为常见的葬俗。早期铜鼓则是指这样一类鼓：鼓身分三段，胴部突出而大于鼓面，束腰，足外侈，胴腰结合处有四耳，鼓面无蹲蛙，中心之芒数目不固定。其中，时代较早者纹饰简单，仅见雷纹、网纹、弦纹、蜥蜴状纹等；时代较晚者胴部最大直径上移，纹饰写实，有翔鹭、竞渡、羽人、干栏式房屋等[1]。尽管学术界对铜鼓有不同认识，但就早期铜鼓的划分而言，意见却大体相同。不对称形铜钺则是指刃部两端呈不对称状的钺。早期铜鼓和不对称形铜钺也都是西南地区常见的铜器。除我国西南地区外，船棺葬、早期铜鼓和不对称形铜钺在青铜时代的东南亚也广泛存在。

学术界曾分别对船棺葬、早期铜鼓和不对称形铜钺进

---

[1]　童恩正：《试论早期铜鼓》，《考古学报》1983年第3期。

行过长期、深入的研究。但考察西南地区及东南亚的考古材料，我们会发现这三者并不是孤立存在的，而是相互关联的。将三者结合起来考察，不仅可以使我们更好地认识它们各自的文化内涵，而且有助于进一步了解我国西南地区及东南亚青铜文化的面貌、特点，以及各地区、各文化间的关系。

一、船棺葬

在我国西南地区，船棺葬主要分布于四川盆地，在云南也有发现。在东南亚，船棺葬比较普遍。不同地区的船棺葬既有共同点，又有一定的差别。

（一）四川盆地的船棺葬

四川盆地的船棺葬发现很多，除在成都、什邡、广元、荥经和重庆巴县有集中分布外，在大邑、蒲江、彭县、绵竹、郫县等地也有零散发现。

四川盆地不同地点的船棺葬也有不同特点。比如，在什邡发现21座时代相当于战国早期至战国晚期的船棺墓，棺均为一端上翘、一端平齐的独木舟形，棺内主要随葬陶器、铜容器和兵器[1]。成都商业街的战国早期或稍早的船棺葬则是一座合葬墓，在一个620平方米的墓坑内共埋有17具船棺和独木棺，均为一棺一人的二次葬，棺下有枕木，墓上可能还有大型地面建筑（图一）。随葬品主要是陶器、铜兵器和

---

[1] 四川省文物考古研究所、什邡市文物保护管理所：《什邡市城关战国秦汉墓葬发掘报告》，《四川考古报告集》，文物出版社，1998年。

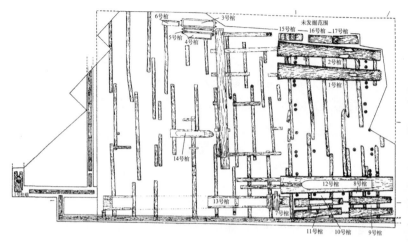

图一　成都商业街船棺墓

大批木胎漆器[1]。大邑和蒲江也有一坑三棺和一坑两棺的情况[2]。广元昭化宝轮院和重庆巴县冬笋坝是最早发现船棺葬的地方，两地的船棺葬大约相当于战国晚期，随葬陶器和青铜容器、兵器与工具等[3]。宝轮院的船棺葬在独木棺内还另置独木小棺或木板小棺，这与其他地区的船棺葬不同。荥经

[1]　成都市文物考古研究所：《成都市商业街船棺、独木棺墓葬发掘报告》，《成都考古发现》（2000），科学出版社，2002年。

[2]　a. 四川省文管会、大邑县文化馆：《四川大邑五龙战国巴蜀墓葬》，《文物》1985年第5期。b. 四川省文物管理委员会、蒲江县文物管理所：《蒲江县战国土坑墓》，《文物》1985年第5期。

[3]　a. 四川省博物馆：《四川船棺葬发掘报告》，文物出版社，1960年。b. 四川省文物考古研究所、广元市文物管理所：《广元市昭化宝轮院船棺墓葬发掘简报》，《四川考古报告集》，文物出版社，1998年。

的一批墓葬[1]在葬俗和时代上都与宝轮院和冬笋坝的船棺葬大致相同。绵竹、彭县、郫县等零散出土的战国船棺葬,棺或一端翘起,或两端齐,墓中多随葬铜兵器等。

四川盆地各地点的船棺葬存在一定差异,但也有一个重要的共同点,那就是多随葬铜钺。这一现象在时代较晚的船棺葬中更为明显。比如什邡的21座船棺墓中有6座出土铜钺,主要为束腰圆刃钺(图二,1),也有少数折腰圆刃钺(图二,2)。商业街船棺墓仅出1件长身曲刃的钺,但其他铜器也很少,可能同墓葬曾遭严重破坏有关。蒲江墓出土2件折腰圆刃钺,彭县墓出土1件折腰圆刃钺,百花潭墓出土2件直腰弧刃钺,绵竹墓出土3件束腰圆刃钺。郫县墓也出土2件钺,但不知具体形制。大邑船棺墓未出钺,但同一墓地的土坑墓中出5件折腰圆刃钺。随葬铜钺的现象在昭化宝轮院和巴县冬笋坝的船棺葬中更为突出。在冬笋坝几乎每座墓都出钺,而且往往是一墓2件,一大一小。钺有折腰圆刃式(图二,3)和长身曲刃式(图二,8)。在同一墓地中时代稍晚的长方坑墓和方坑墓中,还出土5件不对称形铜钺(图二,5~7)。长方坑墓中还随葬陶胎铜皮的明器钺。宝轮院的17座船棺墓中有13座墓出土折腰圆刃钺。

需要说明的是,除冬笋坝土坑墓中有不对称形铜钺外,四川盆地船棺墓出土铜钺的刃都是对称的,这与我们所要讨

---

[1] 四川省文物考古研究所、荥经严道古城遗址博物馆:《荥经县同心村巴蜀船棺墓发掘简报》,《四川考古报告集》,文物出版社,1998年。

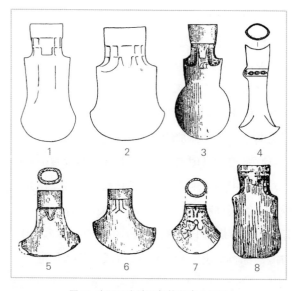

图二　我国西南地区船棺墓出土铜钺

1.什邡 M2：9　　　　　5.巴县冬笋坝 M64：14
2.什邡 M1：20　　　　　6.巴县冬笋坝 M65：2
3.巴县冬笋坝 M56：11　　7.巴县冬笋坝 M77：1
4.楚雄万家坝 M23：166　　8.巴县冬笋坝 M35：6

论的不对称形钺不同。但根据上述情况，我们也可认识到四
川盆地船棺墓普遍随葬铜钺。

（二）云南万家坝的船棺葬

云南楚雄万家坝发现79座西周至战国时期的墓葬[1]。墓
葬大多带棺，其中一类棺即是带盖的独木棺，但棺的两头齐

---

[1]　云南省文物工作队：《楚雄万家坝古墓群发掘报告》，《考古学
　　报》1983年第3期。

而不翘起，与蒲江、大邑、彭县、郫县发现的船棺，以及什邡、成都商业街的部分船棺相近。

万家坝的船棺葬随葬品丰富，有青铜农具、工具、兵器、乐器和生活用器等，其中就有铜钺和铜鼓。以出土遗物最丰富的M23为例，该墓的棺由两块圆木拼成，棺身由独木刳成（图三）。墓中出土两种钺，一种为椭圆形銎，单耳，新月状刃；另一种为单耳，长身弧形刃，刃稍有不对称（图二，4）。M23还出4件铜鼓，分两组倒置于木棺的垫木之下。M1也出1件铜鼓，但M1棺木已朽，不知是否为船棺。这5件铜鼓都是体分三段，鼓面小，胴部突出，胴径大于面径，鼓面有太阳纹而无主晕纹，胴和足部素面，具有早期铜鼓的特征（图四）。

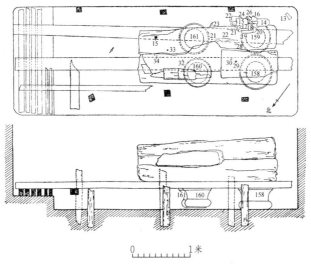

图三 楚雄万家坝M23船棺墓

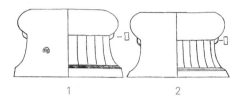

1.M23：158
2.M1：12

图四　楚雄万家坝出土早期铜鼓

在万家坝，船棺葬、早期铜鼓和铜钺共出。万家坝墓葬根据墓葬分布和随葬品组合等分为两类：第一类多数无棺，随葬品少，时代约相当于西周至春秋早期；第二类除部分小墓外，主要是随葬品较为丰富的带棺大墓，时代约相当于春秋晚期至战国。船棺葬即为第二类。

（三）东南亚的船棺葬

对东南亚的许多具体材料虽然所知不多，但可以肯定的是东南亚广泛存在青铜时代的船棺葬。

在越南北部的东山文化中，船棺葬是一类主要葬俗。较重要的发现有海防越溪出土的5座船棺墓，棺身与盖均用圆木砍削而成，中间凿空[1]。棺中还发现有一根木桨。最大的一座船棺墓出土2面铜鼓，鼓上有船纹和鸟纹。另外还出土不对称形铜钺和剑、削刀、壶、勺等。一般认为这批船棺葬的时代相当于秦汉之际[2]。

[1]　王大道：《云南青铜文化及其与越南东山文化、泰国班清文化的关系》，《考古》1990年第6期。
[2]　童恩正：《试论早期铜鼓》，《考古学报》1983年第3期。

还有不少晚于越溪墓的船棺葬[1]。如海兴省南策县的罗堆墓，棺木呈船形，棺内也有桨。再晚些的有河山平省富川县的株乾墓，出土东山型的不对称形钺和铜刀；河南宁省金榜县州山墓也有同样的棺木和埋葬方式。海兴省佳碌的船棺墓棺木较小，时代也较晚，但却与越溪墓为同一类型。更晚的还有与汉砖墓共存的太平省琼阜县安溪村的船棺墓。另外，在青铜时代至铁器时代早期的朱芹遗址和朱山遗址，以及越南南部的隆卯洛遗址也都发现过船棺葬。在越南的不少地区，船棺墓甚至一直延续到近现代。

泰国的船棺葬以瓮巴洞穴内的发现[2]最为重要。1956～1966年在瓮巴洞穴内发现早期金属时代的墓葬，其中一类就是船棺葬，共发现了近90座，大多数棺木都呈独木舟形，用整块木板作盖，有的棺还在边缘雕出羽纹或舌状物。随葬品主要是青铜器、铁器和饰珠，包括3对铜鼓，另外可能还有些小陶器。瓮巴船棺葬的碳十四测定年代为公元前3世纪。但这些船棺葬中出土遗物的具体情况不是太清楚。

在马来西亚甘榜双溪朗遗址，1964年曾发现1座船棺墓，在这座墓的木板上出土2面铜鼓。木板的碳十四测年数据为距今2435±95[3]，这可为判定船棺和铜鼓的年代提供参考。在马来西亚沙捞越西北的尼阿洞穴遗址附近，也有与

[1] 杜文宁：《发自地下的声音：四千年的文化》，《考古学参考资料》（1），文物出版社，1978年。
[2] 佩尔·索伦森：《泰国瓮巴洞穴及其出土的第五面铜鼓》，云南省博物馆编印《民族考古译文集》第1集，1985年。
[3] 童恩正：《试论早期铜鼓》，《考古学报》1983年第3期。

双溪朗大体相同的船棺葬。

在菲律宾等地还有时代更晚的船棺葬。

以上所述并非东南亚船棺葬及其相关发现的全部材料。但仅从这些零星资料中可看到，东南亚的船棺葬同我国西南地区的船棺葬类似，而且普遍伴出早期铜鼓和包括不对称形钺在内的青铜钺。

二、早期铜鼓

铜鼓在我国西南地区和东南亚分布广泛，使用铜鼓的习俗延续了约两千年，铜鼓的制作和使用反映了相关民族的历史、信仰和生产技术等。从20世纪初开始，国内外学术界就开始对铜鼓进行多方面的研究，在此我们仅就早期铜鼓讨论与本文主题相关的问题。

我国西南地区发现的早期铜鼓又有早晚之分，在不同的研究中，它们或为A、B型[1]，或为Ia、Ib式[2]，但对于早期铜鼓不同阶段的特征和年代，认识大体相同。以A、B型所归纳的特征为例，A型鼓面小，身较高，胴、腰、足三部分明显，除鼓面有星形光芒外，遍身无纹饰或仅有极简单的几何纹。B型的鼓面较A型大，胴部突出程度和腰部收缩程度不如A型显著，大多数鼓面及胴部有一较宽的主晕，面部

---

[1] 汪宁生：《试论中国古代铜鼓》，《考古学报》1978年第2期。

[2] a. 李伟卿：《中国南方铜鼓的分类和断代》，《考古》1979年第1
期。b. 童恩正：《试论早期铜鼓》，《考古学报》1983年第3期。

主晕常见飞鸟，胴部主晕常见船和羽人，腰部的方格中也有羽人和鸟等。目前所见的A型鼓都出自云南西部，除了前文万家坝船棺葬的5面铜鼓外，祥云、昌宁、弥渡等地也有出土。结合碳十四测年数据，可知其时代相当于公元前7至前4世纪。随后，这类鼓向北、东、南三个方向传播。江川李家山和晋宁石寨山大量出土的鼓，即是稍晚的B型鼓。贵州和广西西部、四川南部也有这类鼓。从出土铜鼓的墓葬看，B型鼓的时代大约相当于战国早期至东汉。就我国西南地区的材料而言，最早的铜鼓出自船棺葬。

东南亚发现的早期铜鼓也很多，以红河三角洲一带最集中。东南亚的早期铜鼓有不少出自船棺葬，前文已提及。根据墓葬中共出的遗物及碳十四数据，这些鼓大致与我国西南地区的B型鼓相近。B型鼓在我国西南地区不出自船棺葬，在东南亚却不然。

除了不少早期铜鼓出自船棺葬、从而显示出二者密切相关外，铜鼓与丧葬和船也有关联。

根据文献记载和考古材料，铜鼓的功能非常多，其中之一就是用于丧葬。楚雄万家坝、祥云大波那、江川李家山、晋宁石寨山等地墓葬都随葬铜鼓，这种情况在更晚的墓葬中仍然存在。除用作随葬品外，铜鼓还直接作为葬具。1972年在广西西林县普驮屯出土4具西汉时期的早期铜鼓，其中1具被截断，4具鼓相互套合作为棺和椁以盛骨殖[1]。1978年

---

[1] 广西壮族自治区文物工作队：《广西西林县普驮铜鼓墓葬》，《文物》1978年第9期。

在贵州赫章可乐发现一批战国至汉代的墓葬，包括19座套头葬[1]。其中有一座墓套头的容器就是1件铜鼓，另一座墓套头的釜也由铜鼓改制。其他套头的铜釜也很像倒置的铜鼓。铜鼓又是一种重要的丧葬乐器。《太平寰宇记》和许多南方地区的通志、风俗志中，都记载有许多南方民族在丧葬仪式中使用铜鼓的情形。虽然此类记载时代大都比较晚，但在秦汉及更早时期用铜鼓作为丧葬乐器是可能的。对于铜鼓在丧葬活动中的具体用途，学术界已有专门讨论[2]。

　　铜鼓与船也有联系。船纹是早期铜鼓的重要纹饰。铜鼓纹饰中的舟船及船上人物的形象都比较丰富，有研究将这些船纹分为捕鱼图、行舟图、竞渡图、祀河图等[3]。除江川李家山、晋宁石寨山、广西西林等地的早期铜鼓外，越南海防越溪和泰国瓮巴洞穴船棺葬中的铜鼓，以及越南出土的约丘鼓和玉缕鼓等上也都有船纹（图五）。

　　有意思的是，早期铜鼓的船纹中又含铜鼓形象。比如，云南广南、开化铜鼓的竞渡图中，船上就有铜鼓。早期铜鼓上还多乐舞图和祭祀图，图中的舞人执羽、盾、戚、钺、矛、弓等。从晋宁石寨山鼓及越南玉缕鼓、黄下鼓、庙门鼓等上的舞人纹饰看，有些钺应为不对称形钺（图六）。因此，从铜鼓的纹饰中也可看到鼓、船和不对称形铜钺的联系。

---

[1] 贵州省博物馆考古组等：《赫章可乐发掘报告》，《考古学报》1986年第2期。

[2] 蒋廷瑜：《铜鼓与丧葬礼仪》，《南方民族考古》第三辑，四川科学技术出版社，1991年。

[3] 中国古代铜鼓研究会：《中国古代铜鼓》，文物出版社，1988年，第175~181页。

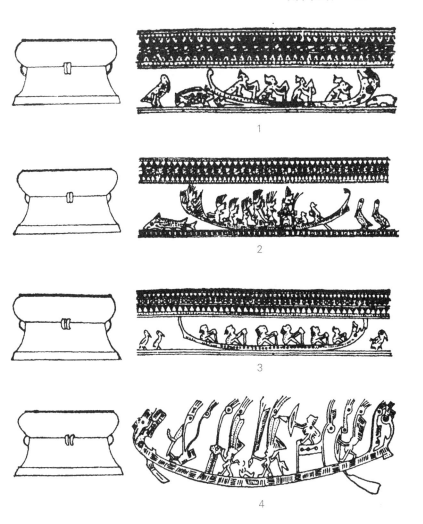

图五 我国西南地区和越南出土早期铜鼓船纹　　1.云南李家山鼓
　　　　　　　　　　　　　　　　　　　　　　2.广西西林鼓
　　　　　　　　　　　　　　　　　　　　　　3.越南约丘鼓
　　　　　　　　　　　　　　　　　　　　　　4.越南玉缕鼓

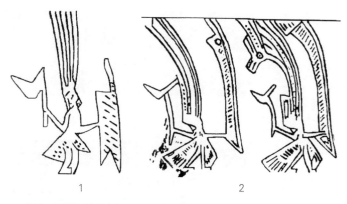

图六 早期铜鼓上的舞人与不对称形铜钺　1.云南石寨山M14：1
　　　　　　　　　　　　　　　　　　　　　2.越南玉缕鼓

三、不对称形铜钺

　　不对称形铜钺是我国西南地区青铜文化中的又一类重要铜器，但其分布远远超出西南地区，有研究认为它的分布范围大约北起长江流域上中游，南达中南半岛南端及爪哇，东到广东，西到缅甸掸邦，分布最密集处是云南和越南的北部与中部，流行时期大约相当于战国至西汉，即公元前5至前1世纪[1]。不对称形铜钺类型也很多，仅刃部就有半圆形刃、弧形刃、月形刃、斜弧刃和斜刃等，但共同点都是刃两端不对称。有的研究将不对称形钺分为三大类型：第一类是滇池类型，主要出自石寨山和李家山等地，刃口多为月形，可能是从对称的月形刃钺发展而来；第二类是红河类型，主要出

---

[1]　汪宁生：《试论不对称形铜钺》，《考古》1985年第5期。

自云南南部和越南北部，形状多为靴形，在红河流域出土的
青铜斧钺中占主导地位，仅越南越溪遗址就出土30多件；第
三类为两广类型，主要出自两广，形状如同斜刃的铲，这大
概同当地的有肩斜刃石斧有关[1]（图七）。

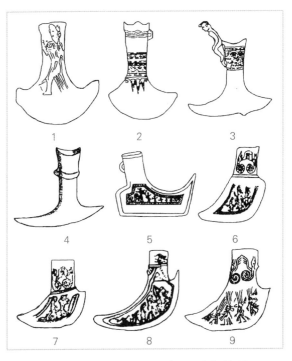

图七　我国西南地区与越南出土不对称形铜钺

1.云南李家山M17：26　　4.云南石寨山M42：4　　7.越南清化东山钺
2.云南李家山M24：25　　5.湖南采集钺　　　　　8.越南清化那山钺
3.云南石寨山M6：15　　　6.越南清化东山钺　　　9.越南出土钺

[1]　范勇：《再论不对称形铜钺》，《文物》1992年第6期。

在我国西南地区，大多数不对称形铜钺出自土坑墓，仅少数与船棺葬有关。但在越南等东南亚地区，很多不对称形铜钺直接出自船棺葬。

除与船棺葬有关外，不对称形铜钺本身也显示出与船的密切联系。有一类分布于云南、两广、湖南、越南北部的不对称形铜钺，弧形刃或平直刃，或刃两端明显不对称而形同靴子，钺上常有船纹（图八，1、2、4），时代大致为战国至西汉。在越南北部和中部地区，如东山、绍阳等地，又有一类半圆形刃钺，刃的两端与銎相连，整个器物形如舟船，銎似桅杆，刃与銎相连部分如同缆绳，钺上亦饰舟船图像（图八，3）。东山遗址的年代一般认为相当于西汉，绍阳与这类钺共出的青铜器近似于东山铜器。另外，绍阳还有一类墓葬出土汉式器物。由此分析，这类船形不对称形钺的时代或许相当于东汉[1]。越南东山文化中的一些不对称形钺有船纹，而且部分船纹还与早期铜鼓上的纹饰相同[2]。船和不对称形铜钺的图案还同时见于越南北部陶盛出土的铜缸上，在该铜缸的纹饰中，船首站立的羽人即手持靴形不对称形钺[3]。

不对称形铜钺与早期铜鼓的关系，表现为早期铜鼓上有不对称形钺的图案，以及一些钺的纹饰与铜鼓纹饰相同。比如东山文化中的一些不对称形铜钺上，羽人、舞蹈等图案的

[1] 范勇：《再论不对称形铜钺》，《文物》1992年第6期。
[2] 梶山胜：《越文化的有纹斧和东山文化的靴形斧》，云南省博物馆编印《民族考古译文集》第2集，1987年。
[3] 范勇：《再论不对称形铜钺》，《文物》1992年第6期。

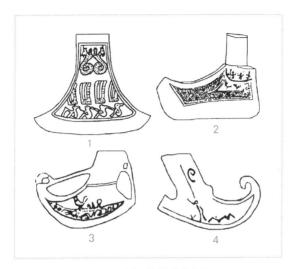

图八　不对称形铜钺上的船纹

1.浙江鄞县钺　　　3.越南清化东山钺
2.越南清化东山钺　4.越南清化东山钺

题材与风格都与河内发现的早期铜鼓上的纹饰完全一致[1]。

　　不对称形铜钺可能主要是兵器和礼仪用器，从早期铜鼓的纹饰中我们可以看到它们主要是舞人所执的舞蹈用具和船上武士所执的兵器。这类钺多出自墓葬，说明它们还是一种重要的丧葬用器。钺的刃口之所以不对称，有观点认为是为了强调某种器物的神秘性，或是有意造成一种恐怖的印象和突然的感觉；由于不对称形钺在宗教生活中起着重要作用，所以当时人们对它保持一种信仰和神秘感[2]。

[1]　V. 戈鹭波：《东京和安南北部的青铜时代》，云南省博物馆编印
　　　《民族考古译文集》第1集，1985年。
[2]　汪宁生：《试论不对称形铜钺》，《考古》1985年第5期。

四、结语

船棺葬在我国西南地区主要分布于四川盆地，其次是云南万家坝，在东南亚分布却较为广泛。早期铜鼓主要分布在云南和右江、红河水系，也见于南洋群岛。但在船棺葬最为集中的四川盆地，却没有发现早期铜鼓。不对称形铜钺最集中的分布区是云南和越南的北部与中部，但从我国长江上中游到中南半岛的南端、甚至爪哇都有出土。可见，船棺葬、早期铜鼓和不对称形铜钺虽有各自的分布区域，但也有重合的部分，那就是我国西南地区和中南半岛的北部。尤其是在云南和越南的北部，船棺葬、早期铜鼓和不对称形铜钺分布最为集中。

船棺葬和早期铜鼓最早大约出现在春秋、战国之际，并于战国秦汉时期最流行。关于不对称形铜钺最早出现的时代，可以略加讨论。云南剑川海门口和越南曾出土一类钺，似为不对称形钺的雏形，但它们的时代都早得多。有观点认为，越南的早期青铜文化遗址，如冯原、铜豆、椆丘等，并不出不对称形铜钺；这些遗址以及泰国的班清和能诺他遗址等所代表的早期青铜文化同后来的石寨山文化、东山文化等虽有某些文化继承关系，但其间也存在缺环[1]。这样看来，我国西南地区和东南亚的不对称形铜钺真正出现并流行开来

---

[1] 江宁生：《试论不对称形铜钺》，《考古》1985年第5期。

的时间仍与船棺葬和早期铜鼓相当。船棺葬、铜鼓和不对称形钺延续的时间都很长，在东南亚的一些地区甚至到近现代还存在。

船棺葬、早期铜鼓和不对称形铜钺在主要分布范围和流行时代上重合，三者经常共出，鼓和钺上的纹饰又进一步显示出三者的密切联系。这些现象至少可以说明两方面的问题。

第一，三者的关系反映了我国西南地区和东南亚的青铜文化可能有共同的文化渊源。四川盆地船棺葬的族属过去认为是巴人，但现在川西、川北和川东都有船棺葬，而且川西船棺葬的时代更早；另外，在重庆涪陵小田溪多次发现土坑墓[1]，这些被认为是巴国上层人物的墓葬却不是船棺葬。因此，四川盆地船棺葬的族属应再讨论。万家坝船棺葬的族属，有意见认为是靡莫之属[2]，或是昆明族[3]。早期铜鼓最早的制作者，或认为是滇和与滇"同姓相扶"的靡莫等[4]，

---

[1] a. 四川省博物馆、重庆市博物馆、涪陵县文化馆：《四川涪陵地区小田溪战国土坑墓清理简报》，《文物》1974年第5期。b. 四川省文物管理委员会、涪陵地区文化局：《四川涪陵小田溪四座战国墓》，《考古》1985年第1期。c. 四川省文物考古研究所、涪陵地区博物馆、涪陵市文物管理所：《涪陵市小田溪9号墓发掘简报》，《四川考古报告集》，文物出版社，1988年。

[2] 童恩正：《近年来中国西南民族地区战国秦汉时代的考古发现及其研究》，《考古学报》1980年第4期。

[3] 张增祺：《滇西青铜文化初探》，《云南青铜器论丛》，文物出版社，1981年。

[4] 汪宁生：《试论中国古代铜鼓》，《考古学报》1978年第2期。

或认为是居住在滇东高原的濮僚系统的民族[1]。关于西南地区的不对称形铜钺的制作者和使用者，有意见认为是某濮僚民族[2]。因此从族属上看，可能有一部分使用船棺、早期铜鼓和不对称形铜钺的人属濮僚系，他们有相同的葬俗并制作和使用相同的器物。

第二，三者的关系还反映了我国西南和东南亚不同类型青铜文化间的联系与交流。西南地区分布有不同类型的青铜文化，尤其是云南，既是古代民族迁移的通道，也是一个文化的交汇区。因此，云南及西南其他地区的青铜文化尽管类型多样、面貌复杂，但都出现了船棺葬、早期铜鼓和不对称形铜钺。至于具体的交流，学界也曾有过探讨。就我国的西南地区而言，一般认为早期铜鼓起源于滇东高原西部，之后向北、东、南三个方向传播。最早的不对称形铜钺在云南和越南都有发现，东南亚其他地区的铜钺可能受这两地的影响。但由于不对称形铜钺的类别较多，分布较广，因此如两广出土的铲形不对称形钺等也可能另有源头。相比之下，四川盆地的船棺葬同云南万家坝和东南亚的船棺葬似无太多的直接联系，这表现为四川的船棺葬从船棺形制到随葬器物都有自己的特点。另外，四川的船棺墓中没有铜鼓，也不直接出不对称形铜钺。但四川盆地的船棺葬中有随葬铜钺的习俗，巴县墓地出土的不对称形铜钺应是从南方流传去的。

总之，我国西南地区及东南亚发现的船棺葬、早期铜鼓

---

[1] 童恩正：《试论早期铜鼓》，《考古学报》1983年第3期。

[2] 范勇：《再论不对称形铜钺》，《文物》1992年第6期。

和不对称形铜钺，既表明青铜时代这一区域的民族可能具有共同的文化渊源和习俗，又表明各地、各民族和各文化之间存在着影响和交流。交流也会使不同的民族文化具有相同的特质。简言之，船棺葬、早期铜鼓和不对形铜钺反映出，西南地区和东南亚的一些古代民族在日常生活和重要的宗教活动中都离不开舟船，死后也以船棺为葬具。铜鼓和不对称形铜钺用于宗教活动，并常作为具有特殊含义的器物而被随葬在船棺墓或其他墓葬中。至于早期铜鼓和不对称铜钺的更为具体的用途，使用舟船、铜鼓和不对称形铜钺的各类活动的性质，以及与西南地区和东南亚青铜文化相关的更多问题，都可以在此基础上进一步讨论。

（原载《新世纪的中国考古学——王仲殊先生八十华诞纪念论文集》，科学出版社，2005年）

商周两汉的土墩墓

施劲松

  土墩墓是我国南方地区的一类墓葬，20世纪50年代即有发现，70年代后逐渐被视为是一种特殊的墓葬类型。随着资料的增多和研究的深入，学术界对土墩墓形成了一些基本认识，如土墩墓主要分布于苏南、皖南和浙江、上海等长江下游一带，利用丘陵地带的山岗或平原上的高地在地面上安葬死者，有坟丘而无墓穴，每个墩内埋一墓或几墓甚至几十座墓，随葬品一般为陶器、几何印纹陶和原始瓷器，部分墓出青铜器，在太湖和杭州湾地区还有石室土墩墓，墓葬的时代相当于商时期到战国[1]。

  近年来发现了大批土墩墓，分布地域由长江下游扩大到湖南、山东等地，时代也由商周延续到了汉代。无论是商周时期还是汉代的土墩墓，又都出现新的形制。因此，一些关于土墩墓的问题需要重新审视。本文即主要根据近年所见的新资料来认识土墩墓。

---

[1] 中国社会科学院考古研究所：《中国考古学·两周卷》，中国社会科学出版社，2004年，第142页。

一、商周时期的土墩墓

江南商周时期的土墩墓大致可以分三区，即宁镇地区，太湖和杭州湾区，皖南、浙南和闽北[1]，三区土墩墓各有特点。

宁镇地区最早发现土墩墓。该区域最重要的新发现是2005年在句容、金坛发掘的西周和春秋时期的40多个墩、233座墓[2]。这批土墩墓的营造是先平整土地后铺1～3层土形成基础并确定范围，在土层上修筑中心墓葬及相关建筑，然后再层层掩埋其他墓葬并覆盖封土。个别土墩有明显的界墙和护坡。一墩内有一墓或多墓，在有些土墩中，中心墓葬周围向心排列多座有复杂叠压关系的墓葬，以及层位不一的器物群或器物坑（图一）。墓葬有挖坑、堆坑、平地堆土掩埋等形式。个别中心墓葬有墓道和木质葬具。一些土墩墓中有基槽、两面坡的木棚和石床等。随葬品主要是原始瓷器、硬陶器和陶器，不出青铜器。

在太湖和杭州湾地区，一些土墩墓中还有石室，即用石块筑成墓室和墓道，墓顶盖石，墓底铺石片或沙砾土。一墩

---

[1] 杨楠：《商周时期江南地区土墩遗存的分区研究》，《考古学报》1999年第1期。

[2] a.南京博物院考古研究所、镇江市博物馆、常州市博物馆：《江苏句容及金坛市周代土墩墓》，《考古》2006年第7期。b.南京博物院：《江苏句容寨花头土墩墓D2、D6发掘简报》，《文物》2007年第7期。c.南京博物院：《江苏金坛裕巷土墩墓群一号墩的发掘》，《考古学报》2009年第3期。

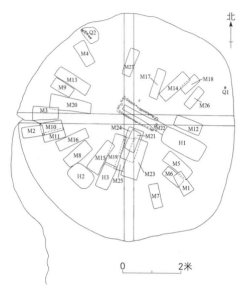

图一 江苏句容寨花头2号墩

一墓或一墩多墓，其中石室土墩墓的一墩多墓有两种情况，一是石室内存在上下叠压的两层器物，二是石室底部分布有时代不同的成组遗物[1]。主要随葬原始瓷器、硬陶器和陶器，时代大致从商代后期到战国。

这个区域的土墩墓和石室土墩墓都有不少新发现。1999～2000年在德清独仓山和南王山发掘了商末周初到春秋晚期的11座土墩、17座墓葬[2]。独仓山的10座土墩中3座在

[1] 陈元甫：《土墩墓一墩多墓问题讨论》，《华夏考古》2007年第1期。
[2] 浙江省文物考古研究所、德清县博物馆：《独仓山与南王山——土墩墓发掘报告》，科学出版社，2007年。

山顶、7座在山脊分水线上，6座为石室土墩、4座无石室。
两地有6座为一墩一墓，5座（包括4座石室土墩）为一墩多
墓。墓葬均直接建在山脊表面，用泥、石铺垫以抬高墓底，
但不见墓坑。无石室的墓还可分为石床型、石框型和无框无
床型。随葬品主要为原始瓷器、硬陶器、陶器。

　　该区域还新发现一批东周时期的越国贵族墓。如
2004～2005年发掘的战国早期的无锡鸿山土墩墓[1]，7座土
墩墓大多是在平地上堆土，然后挖浅坑埋葬死者和随葬器
物。也有的在表土上铺垫墓台，台上放置木质墓床。墓上均
筑长圆形或长方形覆斗状土墩。墓中随葬大量青瓷、硬陶的
礼乐器，以及葬玉、佩玉和剑饰。2003～2004年发掘的战国
早期晚段的长兴鼻子山M1[2]，长方形覆斗状封土用黏性强的
膏泥分层夯筑。墓坑从山体表面挖入岩层，但在地势较低处
用一层碎石、一层白膏泥分层夯筑台基，因而一半墓坑又在
熟土中。该墓带墓道，有木椁，椁外填炭和膏泥，墓外有器
物坑，主要随葬陶瓷器和玉石器。

　　一些土墩中有不同类型的墓葬共存，或墓葬具有过渡性
特点。如1989年在湖州堂子山发掘5座西周早期至战国的土
墩墓[3]，其中D202内有2座石室墓共存，D211内有1座石室墓

[1]　南京博物院、江苏省考古研究所、无锡市锡山区文物管理委员
　　　会：《鸿山越墓发掘报告》，文物出版社，2007年。
[2]　浙江省文物考古研究所、长兴县博物馆：《浙江长兴鼻子山越国
　　　贵族墓》，《文物》2007年第1期。
[3]　湖州市文物保护管理所：《浙江湖州堂子山土墩墓发掘报告》，
　　　《东方博物》第11辑，浙江大学出版社，2004年。

建在1座平地掩埋的墓葬之上。1987年在德清三合塔山发掘的春秋早中期土墩墓[1]，用20余块大石砌成，仅南端开口并用小石封闭，但墓的上部未加条石封盖，在墓北端外壁两侧用石块堆筑护坡，其形制似界于土墩墓和石室墓之间。2003年在东阳前山发现2座春秋晚期越国贵族墓[2]，其中D2M1有椭圆形封土，墓坑为浅土坑，用单层石块围出边框，两侧边用土和石块加工成熟土二层台，底部有卵石铺设的石床和垫置棺椁的枕木沟。该墓应有高大的两面坡顶的木椁，墓坑西面还有石砌的墓道与甬道。随葬器物为玉器。此墓似表现出平地掩埋的土墩石室墓向深坑木椁墓的过渡。

皖南、浙西南和福建北部也有新发现。2003年在浙南瓯海杨府山发掘1座西周中期晚段的平地掩埋的土墩墓[3]，圆形封土分上下层，葬具和人骨不存，随葬青铜器和玉石器。2005～2006年在福建浦城发掘了时代相当于夏商、西周至春秋的33座土墩[4]，以一墩多墓为主，也有一墩一墓和一墩两墓，有多墓围绕中心墓层层分布的现象。墓葬有平地掩埋、长方形浅坑和带墓道竖穴岩坑三种类型。墓底多铺卵石并挖

[1] 朱建民：《浙江德清三合塔山土墩墓》，《东南文化》2003年第3期。

[2] 浙江省文物考古研究所、东阳市博物馆：《浙江东阳前山越国贵族墓》，《文物》2008年第7期。

[3] 浙江省文物考古研究所、温州市文物保护考古所、瓯海区文博馆：《浙江瓯海杨府山西周土墩墓发掘简报》，《文物》2007年第11期。

[4] 福建博物院、福建闽越王城博物馆：《福建浦城县管九村土墩墓群》，《考古》2007年第7期。

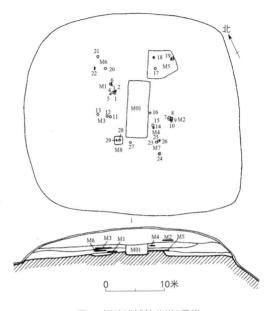

图二 福建浦城社公岗2号墩

有沟槽，有的墓坑周围有柱洞（图二）。个别墓中也平地堆放器物群。随葬品有原始青瓷器、印纹硬陶器和青铜器。浦城土墩墓的墓葬形制和随葬青铜器等与安徽屯溪西周时期的土墩墓最接近。

从各地的新发现看，商周时期的土墩墓因时因地而异。比如，宁镇地区平地掩埋或挖浅坑的情况较多，不随葬青铜器。太湖杭州湾区的土墩墓中则有石室，高等级墓中有木椁，也不随葬青铜器。浙南闽北地区的土墩墓为平地掩埋或有墓坑，随葬青铜器。即使在同一区域、同一墓地，墓葬形制也不尽相同。

但商周时期的土墩墓也有一些鲜明的共同点：在营建土

墩前先设定界限、构筑基础并确定中心墓葬的位置，在土墩内层层掩埋墓葬并存在向心分布的现象，墓葬大多为平地掩埋或有深浅不一的土坑，普遍有排水设施而无葬具，墩内有用于随葬或祭祀的器物群，随葬品以陶瓷器为主。

二、汉代的土墩墓

过去认为土墩墓是长江下游商周时期的墓葬类型，但近年来在浙江、安徽、山东、湖南等地都发现大量汉代的土墩墓，极大地拓展了土墩墓的研究领域。

1989～1990年曾在浙江安吉上马山发掘了西汉时期的2座土墩、8座墓[1]，当时将其视为一般汉墓，也未说明2座土墩与8座墓的关系及墓葬的构筑情况，这很可能是两座土墩墓。现在我们已知道湖州、嘉兴、安吉一带的许多汉墓都是土墩墓。

1986年在湖州杨家埠清理15个土墩[2]。土墩内有数量不等的西周、春秋时期及汉代的墓葬，个别土墩中还有战国时期的窑床。比如，D3内有20座墓和1座窑，最底层的Y1和周代墓葬M20位于墩中心；第2层下的6座汉墓多位于墩中部，东西排列；第1层下的13座汉墓则由东向西分成三排，布满

[1] 安吉县博物馆：《浙江安吉县上马山西汉墓的发掘》，《考古》1996年第7期。

[2] 浙江省文物考古研究所、湖州市博物馆：《浙江省湖州市杨家埠古墓发掘报告》，《浙江省文物考古研究所学刊》第7辑，杭州出版社，2005年。

全墩。杨家埠土墩内西周早期至春秋中期的墓葬有平地掩埋、平地铺垫砾石后起堆、石块垒砌石室，以及浅土坑等多种类型，有一墩一墓和一墩两墓，随葬品多为原始瓷器和印纹硬陶器。西汉中期至东汉早期的墓葬墓室均筑在熟土中，有深土坑墓、深坑木椁墓、深坑砖椁墓、土坑券顶墓等，随葬品多为陶器、小件铜器、铁器、玉器、漆器、铜钱等。2006～2007年发掘的杨家埠D28内有西汉至东汉初年的墓葬15座[1]。土墩先堆筑底部后再营建墓葬和上层封土。15墓中有13座土坑木椁墓和2座砖椁墓。M5、8、9、10、11、13分布在长轴上，均为南北向，分布在四周的M1、2、4、6、7、12、15大致为东西向。土墩最中心的M9、10、11三墓在同一层面，墓向和随葬器等基本相同（图三）。 D28的随葬器有陶器、铜兵器和少量漆器等。2007～2009年在安吉上马山又发掘57座土墩、328座墓葬[2]。较大型的土墩也是先筑墩后挖墓坑，多为一墩两墓，也有一墩多墓，如D27有19座墓。墓葬有的带墓道，葬具多为一椁一棺或双椁双棺。随葬陶器、瓷器、铜器、铁器、玉石器、漆木器等。墓葬还可分为两类：一类填青膏泥，随葬泥质陶礼器、漆木器和彩绘陶礼器，具有楚墓的特点，时代当较早；另一类填黄、红色土，随葬高温釉陶和硬陶器，为本地典型的汉墓。1987年在

[1] 浙江省文物考古研究所：《湖州市杨家埠二十八号墩汉墓》，《浙江汉六朝墓报告集》，科学出版社，2012年。
[2] 田正标、黄昊德、刘建安：《浙江安吉上马山古墓群发掘》，《中国重要考古发现》（2009），文物出版社，2010年。

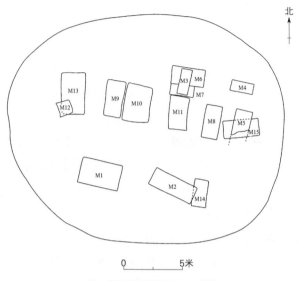

图三 浙江湖州杨家埠28号墩

杭州大观山果园也发掘了4座汉代土墩、13座墓葬[1]。其中有4座土坑木椁墓、7座券顶砖室墓。随葬器以釉陶器为主，另有铜器、铁器和石器。

有学者将浙江的汉代土墩归为三类：一是由先秦土墩墓改造而来，墓葬有石室、有坑、无坑等；二是土墩筑于汉代，底部经加工、抬高，大多数墓的底部在熟土层内；三是先在平地上堆筑一圈状土台，在平坦的台面上依预计的墓葬范围建隔墙并夯筑墓圹；另外还有在土墩上层的四周或中部筑新墓的情况。墩内的墓葬经历了从土坑木椁墓到土坑砖椁

[1] 浙江省文物考古研究所：《杭州大观山果园汉墓发掘简报》，《浙江汉六朝墓报告集》，科学出版社，2012年。

墓和砖室墓的变化[1]。

除浙江外，在湖南、安徽、山东也发现汉代土墩墓。

2010年在湖南常德发掘了3个墩[2]，D1为一墩一墓，D2有2墓，D3有12座竖穴土坑墓。D3平面为圆形，其构筑过程是先平整所选区域，在中心修建主排水暗沟，建筑高1.7米的封土，同时筑东西向10条、南北向3条的标志墙，然后选定两座主墓的位置，在墓底用卵石铺排水沟，在最晚的一座墓下葬后形成最后的封土。封堆内的12墓呈东西两列南北排列，墓口在同一平面上，多以标志墙为墓间界限，仅2座墓有打破关系。有8座墓有墓道，有的墓还用青灰砖砌筑封门墙。有8墓为一椁一棺，4墓为两椁一棺。随葬铜器、铁器、玉石器、琉璃器、骨器、陶器、青瓷器、漆木器。最早的D3M27时代约为公元前100年左右，最晚的M24和M26为新莽时期。封土外围的南部、西部和北部还有排水沟，最早的一条用板瓦、筒瓦和卵石建成。整个土墩被排水沟环绕形成封闭的墓区。

2005年在山东胶州赵家庄发掘一批汉代土墩墓[3]。赵家庄的山岭上有14座圆形或椭圆形的土墩，已发掘7座墩、73座墓。墓葬有两种构筑方式。第一种是先筑台基后在其上修

[1] 李晖达：《试论浙江汉代土墩遗存》，《东南文化》2011年第3期。

[2] 常德博物馆龙朝彬等：《湖南常德发掘西汉长沙国郎中令廖福家族土墩墓群》，《中国文物报》2011年8月26日第4版。

[3] 兰玉富、李文胜、王磊：《山东胶州赵家庄汉代墓地的发掘》，《中国重要考古发现》（2005），文物出版社，2006年。

墓和堆筑封土，再在台基一侧或周缘不断扩大台基并挖筑墓穴，形成更大的封土。如1号墩，第一期封土为水平状叠压堆筑，第二、三期封土在此基础上叠压扩建而成。台基上有13座墓打破各期封土。第二种方式是先挖墓穴，在墓上一次性堆筑较大的台基，再在台基上及其外围建新墓。赵家庄的每个墩都是一个独立墓区，1号和3号墩周围还有界沟。一墩一墓或多墓，如5号墩内有32座墓，多成排分布，仅少量墓有打破关系。葬具多为一棺，部分为一椁一棺，有的墓有头箱和边箱。1号和5号墩中还有少量砖椁。随葬原始瓷器、釉陶器、陶器、铜器、铜钱、铁器、玉石器、木器等。其中原始瓷器与江浙一带的同类器相同。墓葬的时代集中在两汉，个别为魏晋。发掘者认为一个墩可能是一个家族的墓地。据报道，这类墓在鲁东南一带大量存在。

2011年在安徽宣城广德南塘发掘西汉土墩60多个、墓葬250余座。一墩一墓或多墓，墩内墓葬成排列或围绕一座主墓分布。有的墩四周也有铺卵石的沟，形成封闭墓园。随葬铜器、铁器、玉石器、陶器、釉陶器等。

湖南、安徽、山东汉代土墩墓的形制、结构、葬俗等与浙江的汉代土墩墓基本相同。

三、土墩墓的葬俗

汉代土墩墓大多发现于长江下游，与商周时期土墩墓的主要分布区重合。如在汉代土墩墓集中的安吉，就有大量西周晚期至战国后期的土墩墓。安吉古城的龙山区现存300多座，笔架山区也有近百座[1]。这些商周时期的土墩少则10余座一组，多则几十座一组，每组以一座大土墩为主，外围排列中、小型土墩。在湖州杨家埠等，商周和汉代的土墩墓共存于一墩。在发现汉代土墩墓的安徽广德，也有西周和春秋时期的土墩墓[2]。

汉代土墩墓的构筑和形制特点与商周土墩墓相似，都是先筑一部分封土为基础，在封土中央或四周修筑排水沟，然后埋墓。也有一墩一墓与一墩多墓，多墓者有中心墓葬，外围的墓葬排列整齐。基本都有墓坑和木质葬具，有的带墓道。这些共同点表明商周和汉代的土墩墓是同一种墓葬类型。

但汉代和商周的土墩墓也有差别。一是汉墓普遍先构筑封土为基础，而商周土墩墓中有的底部垫土尚未形成明显的台基。二是汉墓封土内的墓葬多在一个平面展开，排列更为整齐而较少叠压。三是汉墓基本都有墓坑和葬具，并出现了砖椁墓、砖室墓。四是汉墓中没有商周土墩墓中的器物坑或器物组。这其中，关键的差异在于汉代墓葬为平面布局且有深坑和棺椁。先筑基础并在同一平面上掩埋墓葬，显示出汉代土墩墓的营建规划性更强。而平面布局便可有墓坑、墓道和葬具；封堆的面积可能更大，但墓葬延续的时间则不能过长。相比之下，商周土墩墓虽有向心分布的规律，但墓葬多是由下向上层层掩埋，因而只能平地掩埋或挖浅坑，不使用

---

[1] 程亦胜：《安吉古城土墩墓考古调查》，《东方博物》第6辑，浙江大学出版社，2002年。
[2] 安徽省文物考古研究所：《安徽广德县经济开发区赵联土墩墓发掘简报》，《文物研究》第16辑，黄山书社，2009年。

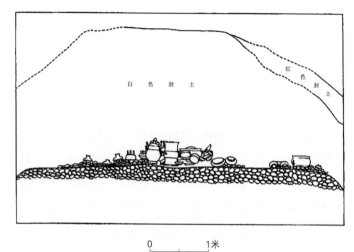

白 色 封 土

红色封土

0 _____ 1米

图四 安徽屯溪M1

葬具,土墩的面积较小但可以使用更长时间。当然情况也可能相反,即由于中原或楚地的用棺习俗传入长江下游地区,使得带葬具的深坑墓只能在一个平面上分布和扩展。无论是哪种可能性,墓葬布局都与棺椁的使用密切相关。

商周和汉代土墩墓都反映出相同的丧葬观念。

首先,构筑土墩墓应是为了防潮。南方地区潮湿且地下水水位较浅,土墩墓选址于山岗或高地、先筑基础后建墓、平地掩埋而不挖墓穴、将墓坑建在熟土中、墓上筑封土墩等,这些做法都可防潮。商周和汉代土墩墓突出的共性是有专门的防水设施。商周土墩墓中常见石床(图四),墓底普遍铺卵石、石片、陶片以及木炭层,有的墓底还有沟槽,墓坑壁和坑底经火烧等。如长兴石狮D4M6石床间有浅沟,石床外侧有卵石铺设的散水[1]。德清独仓山有4墓在底部铺垫大量陶片。句容浮山果园ⅩⅩⅣM4在坑壁和坑底抹4厘米厚的草拌泥后再用火烧，墓坑呈砖红色[2]。鸿山的万家坟土墩墓，先在表土上铺垫墓台并放置木料构筑墓床，再从封土上向下挖火道至墓床，同时在墓床上部挖一横洞，最后投入燃料焚烧，结果是形成厚达2.5米的大范围的红烧土纵向覆盖在墓床上。鸿山老虎墩的墓床上部及四周也经过同样的焚烧。这是一种非常独特的防潮措施。金坛裕巷一号墩，墩中心的M3建在一座房址上[3]；句容下蜀镇中心山也发现一座春秋早期的土墩墓建在一座废弃的房址上[4]。有学者认为房址可能是作为墓地标识或用于祭祀[5]，但利用废弃的房址建墓也可能是为了防潮。汉代土墩墓也普遍在墓底和土墩外围建有排水沟，部分汉代土坑墓中也有石床和砖地。因此，构筑土墩墓首先是为了防水而利于保护墓葬。

浙江也有一些越国王陵或高等级的贵族墓并未将墓穴建在先构筑的台基上。比如1996～1998年发掘的春秋末期的绍兴

---

[1] 浙江省文物考古研究所：《浙江长兴县石狮土墩墓发掘简报》，《浙江省文物考古研究所学刊》，科学出版社，1993年。

[2] 南京博物院：《江苏句容浮山果园土墩墓第二次发掘报告》，《文物资料丛刊》（6），文物出版社，1982年。

[3] 南京博物院：《江苏金坛裕巷土墩墓群一号墩的发掘》，《考古学报》2009年第3期。

[4] 南京博物院：《江苏句容下蜀中心山土墩墓发掘简报》，《东南文化》2011年第3期。

[5] 林留根：《江南土墩墓相关建筑遗存的发现与研究》，《东南文化》2011年第3期。

印山越王陵[1]，墓坑开凿于岩石中，可能比土坑更利于防水。坑内填筑青膏泥，膏泥之下和木构墓室之上有木炭，墓上筑高大的封土。2004~2005年发掘的战国早期的安吉龙山D141M1[2]是座带墓道的长方形土坑木椁墓，墓坑挖在生土中，墓道底部中间有一条排水明沟，两侧各有一排密集的柱洞，墓底铺木炭，椁周围填白膏泥。这也表明，如果有足够的防潮措施，并不是所有墓葬都需要在地表上构筑埋墓的台基。

其次，构筑土墩墓可能是为了聚族而葬。既然同时期的土墩墓成群分布于同一地点，死者又被分别葬入不同的墩中，那同一个土墩内的死者应有更近的关系。同一墩内的墓葬早晚、规格不一，又说明墩内的死者也不是按死亡时间或身份地位一次性集中掩埋的。在所能设想的可能性中，同一土墩内的死者更可能属于同一家族。商周时期的土墩墓已利用界墙、护坡和水沟来划定墓地范围，汉代土墩墓的范围更加明确。无论商周两汉，凡一墩多墓者，墓葬的排列都有一定规律，并有明显的中心墓葬。墓葬无论是由下向上还是从中心向四周扩展，早晚和主次都很清晰。在土墩分布密集的地区，或许还有村落墓地、家族墓地、家庭墓地等不同层级。汉代土墩墓中出土文字材料，墓主信息也更明确。常德D3M27出土滑石"长沙郎中令印"和青铜"廖福私印"，山东胶州赵家庄D5M18出"王

[1] 浙江省文物考古研究所、绍兴县文物保护管理所：《印山越王陵》，文物出版社，2002年。

[2] 浙江省文物考古研究所：《浙江越墓》，科学出版社，2009年。

何之印",可知这两座土墩墓分别属廖福和王姓家族。

土墩墓尽管形式独特、多样,但它反映的应是和北方地区家族墓相同的丧葬观念。商周和汉代各地区的土墩墓并不完全相同,随葬品也因时因地而异。土墩墓中并没有一套共同的随葬器,而且同样的器物也见于同一时期、同一区域的其他墓葬或遗址。在土墩墓集中分布的吴越地区,也并非所有墓葬都是土墩墓,比如印山王陵和安吉龙山D141M1就不同于土墩墓。可见,土墩墓是南方地区为了防潮和聚族而葬所使用的一种埋葬形式,它并不标识某种考古学文化或某个古代族属。不过,从商周到汉代,这种埋葬习俗也可能逐渐形成一种独特的墓葬类型并影响到其他地区,安徽、山东甚至朝鲜半岛和日本列岛的类似墓葬是否与长江下游的土墩墓相关,这是可以讨论的问题。

四、土墩墓的命名

土墩墓的分布地域、延续时代和墓葬形态都超出了原有的认识。商周和汉代的这些墓葬是否属于同一类型,或这类墓是否还称土墩墓,对此都有不同意见。我认为这类墓葬能否成其为一种独特的墓葬类型,取决于能否确立一定的标准以将它们与其他墓葬相区别。过去衡量土墩墓的几条主要标准,如平地掩埋、一墩多墓等并不全面,相反的形态在土墩墓中同样常见。因此,需要考虑土墩墓的其他标准和新的定义。

总结商周和两汉时期各地区土墩墓的特点或许可以将土墩墓定义为:在因丧葬目的而有意构筑的土墩内埋葬死者

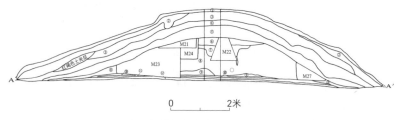

0   2米

图五　江苏句容寨花头2号墩剖面

的墓葬类型。这个定义包含了三条标准。第一是埋设墓葬的
土墩是人工有意构筑的，如果墓葬埋于自然的岗地上，即使
外观形似土墩也不是土墩墓。第二是土墩专为埋设墓葬而构
筑。有学者认为江南地区从崧泽文化到良渚文化时期都以人
工堆筑的土台作为墓地，这与吴越时期的土墩墓基本相同并
存在传承关系[1]。良渚文化的高台上有墓葬也有房址，人们
构筑高台是为了在台上生活而并非专为埋葬，所以高台上的
墓葬——不论是良渚时期还是更晚期的墓葬——并不同于
土墩墓。有些汉墓虽是利用商周时期的土墩，但对土墩进行
了加工，如湖州杨家埠D1、鸿山邱承墩等，这也是为埋葬
而修筑土台，故可归为土墩墓。但时代更晚如唐宋时期的墓
葬埋在早期的土墩墓上，并不再对土墩进行专门的修整、加
工，那就不再是土墩墓。第三是在地表上铺垫的土层或构筑
的土台与其上的封土共同构成了土墩，墓葬即埋设在土墩之
中（图五），这是土墩墓最基本的特点，也是最主要的判定

---

[1]　黄建秋：《江南土墩墓三题》，《东南文化》2011年第3期。

标准。如果墓坑开挖在地表以下而封土完全在墓坑之上，这就是封土墓而非土墩墓。也有一些汉代土墩墓、特别是墩中最早的中心墓葬，墓坑一部分在地表之上、一部分在地表之下，但墓葬的主体或其他墓葬仍在土墩之中，应属土墩墓。印山越王陵的墓坑系凿岩而成，三部分封土（上封土、下封土、墓坑与墓道连接处封土）均在墓坑之上，即不属于土墩墓。安吉龙山D141M1和2006年发掘的西汉初期的温岭塘山M1[1]的墓坑也不在土墩中，它们应为封土墓。

2008～2009年在湖州杨家埠白龙山发掘一批汉六朝墓[2]。白龙山为一座岗地，平面为椭圆形，底径65～120米，高约16米。整个墓地是在自然山体的基础上人工堆筑熟土加高而成。墓地有汉六朝墓34座、唐宋墓14座。汉六朝墓呈向心分布、分组成排埋葬（图六）。墓葬有土坑木椁墓、土坑砖椁墓和砖室墓。这些汉六朝墓都葬于经熟土堆筑的岗地上，有土墩墓的特点。各墓葬的封土已近平而难以辨认，但这些墓应当不在同一个封土堆中。白龙山汉六朝墓或许反映了土墩墓最后的形态。

总之，土墩墓是在因丧葬目的而有意构筑的土墩内埋葬死者的墓葬类型，一墩一墓或一墩多墓，墩内墓葬有平地掩埋、土坑墓、土坑木椁墓、石室墓、砖室墓等不同类型，分

---

[1] 浙江省文物考古研究所、温岭市文化广电新闻出版局：《浙江温岭市塘山西汉东瓯贵族墓》，《考古》2007年第11期。

[2] 浙江省文物考古研究所、湖州市博物馆：《湖州市白龙山汉六朝墓葬发掘报告》，《浙江汉六朝墓报告集》，科学出版社，2012年。

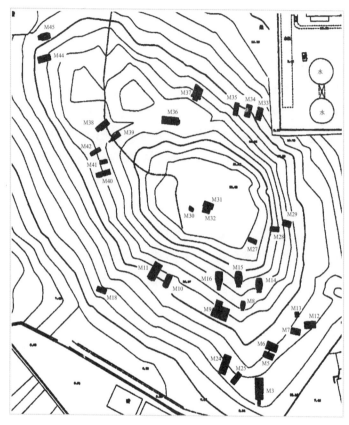

图六 浙江湖州白龙山汉六朝墓

布区域主要集中于长江下游一带，时代从商周延续至两汉。

这种墓葬类型我认为仍然宜称土墩墓，理由如下。第一，"土墩墓"的概念在考古学界已使用多年，并无另换新名的必要。第二，"土墩墓"这个名称依然可以反映这类墓葬的最主要的特征。有意见认为这类墓可称台坑墓，但有的土墩墓并没有台、坑和葬具。只有土墩才为所有这类墓葬所共有。再如有学者将汉代土墩墓称为土墩遗存，认为这是"以营建汉代墓葬为根本目的、由人工堆筑的熟土台构成的一种考古学文化遗存；它不是独立的墓葬类型，而是一种由墓葬与墓上设施相结合的综合性文化遗迹"[1]。但"土墩遗存"并不指明土墩的性质，这类土墩遗存就是墓葬。第三，新的考古工作不仅发现了商周土墩墓的一些新形态，而且揭示出这类墓葬在汉代也大量存在并有新的特点。这些墓虽有多种形态，但其基本形制、结构和所反映的丧葬观念都相同，应属同一种墓葬类型。因此，我们目前并不是发现了另外的墓葬类型，而只是对土墩墓本身有了新认识。随着新材料的出土和研究的深入，对土墩墓的认识还会更新。

（原载《秦汉土墩墓考古发现与研究——秦汉土墩墓国际学术研讨会论文集》，文物出版社，2013年）

---

[1] 李晖达：《试论浙江汉代土墩遗存》，《东南文化》2011年第3期。

文化互动视野中的西岔陶范

施劲松

2008年5月，由中国社会科学院考古研究所边疆考古研究中心、夏商周考古研究室和内蒙古自治区文物考古研究所联合组织的"中原与北方早期青铜文化的互动"学术考察，西起内蒙古鄂尔多斯，向东穿越大草原经赤峰而至辽宁朝阳。参观的遗址及出土标本，由史前至商周。在这样的时空中穿行，自然也开阔了视野。一路的考察与交流，收获良多。在此，仅就西岔遗址出土的陶范谈一点认识。

5月13日考察组参观了内蒙古自治区文物考古研究所老虎山工作站，在那里参观了清水河县西岔遗址出土的考古材料。据了解，从20世纪90年代发掘至今的西岔遗址，时代从仰韶时期一直到商周。其中，相当于商周时期的文化遗存分布广泛、内涵丰富，已发现的重要遗迹有石城墙、房址、灰坑、墓葬、窑址等。出土的陶器包含有来自西北地区和中原的文化因素，墓葬中出土的青铜斧、戈、铃、环首刀、泡、耳环等，具有北方青铜器的特征。

在西岔遗址出土的考古材料中，最值得注意的是一批铜器铸范。在工作站所见铸范，比较完整的有一块管銎斧外范和一件竖銎斧内范，此外还有短剑等兵器范和工具范的残件，以及坩埚残片等。有意义的是，西岔遗址出土的这批铸范都是陶范。与陶范一起出土的还有一批青铜器，包括管銎斧、竖銎斧、铃、戈、剑等。这些青铜器明显具有当地特色，属于北方草原文化。西岔遗址的陶范和青铜器又是大体可以对应的，尤其是管銎斧、竖銎斧和剑等，陶范和青铜器基本一致。由此可见，这些陶范也应属于当地文化。据介绍，西岔遗址的陶范和青铜器，时代可能相当于商代晚期。

在中国早期青铜文化中，陶范只见于中原，而且目前只发现于二里头、郑州商城以及殷墟等王朝的都城遗址中。在周边地区，只有铸造青铜兵器和工具的石范。比如在广大的南方地区，无论是在赣江流域、湘江流域还是在成都平原，虽然都出土了大批商时期的青铜器，但在所发现的考古材料中，仍缺少使用陶范的确凿证据。正如此，南方上述地区的许多青铜器虽然具有鲜明的地方性，但其铸造地点仍值得探索。在北方地区也同样如此。在内蒙古，过去也只发现有铸造斧、刀、铃等的石范。这类石范，我们此行也曾在内蒙古文物考古研究所标本室和内蒙古博物院等处见到多例。

根据上述铸范的出土情况，可推测在中国的青铜时代早期，陶范铸造技术由中原地区的早期国家专控。石范可以铸造兵器和工具，但不能铸造容器。刘莉、陈星灿提出中原王朝利用专控的陶范铸造技术制造青铜容器，将它们作为维系等级制度的礼器，并通过逐级分配而对都城以外的地区进行有效控制[1]。因此，陶范铸造技术的发明和技术专控，对早期国家的形成和等级制度的运行具有重要作用。对陶范铸

---

[1] Li Liu and Xingcan Chen, *State Formation in Early China*, London, Gerald Duckworth & Co.Ltd., 2003.

造技术进行的不同程度的控制，甚至可能一直延续到商代晚期。除社会意义之外，从技术的角度看，陶范铸造也被认为是中原地区早期青铜铸造技术的一大特点。

但西岔遗址却出土了陶范。如果这些范的时代可以早到商代，那么这就表明，在商时期陶范铸造技术并不只见于中原，在内蒙古的中南部也存在。

由此，我们来看一个更大的问题，即中国早期青铜冶铸技术的起源，以及中原与西方、北方的文化交流。

对于中国早期青铜冶铸技术的起源，目前学术界尚有不同看法。一种观点认为，从世界范围看，青铜冶铸技术最早在西亚一带出现，之后向东传播，经北方草原地区进入中原。考察组在鄂尔多斯进行学术座谈时也讨论到，青铜器、绵羊和小麦是中西文化交流的重要内容。目前中原发现的早期青铜器，如陶寺遗址出土的铜环、齿轮形器、铃和容器残片4件铜器，据何努介绍都用陶范铸成，而且经检测的3件都含有砷。含砷量高，这与我国西部地区出土的早期铜器的特点也相符。对于陶范铸造技术，过去一直认为只存在于中原，而且是中国早期青铜冶铸技术的特点，但现在看来，在北方草原地区也存在陶范。据梅建军介绍，在新疆和四坝文化中也发现有陶范。这样，陶范似乎并不为中原独有。

总之，对于中国早期青铜冶铸技术的起源，我认为是可以讨论的。讨论这个问题，视野当然不能只限于中原，也不能只限于北方地区，而应看得更远。内蒙古中南部作为东西文化交流与传播的通道，该地区及其出土的考古材料也就格外重要。这一地区出土的青铜器，包括数量丰富、风格独特的鄂尔多斯青铜器，其来源也可以和中原青铜器的起源结合起来考虑。西岔遗址出土的陶范，尽管数量较少、时代偏晚，但它们开阔了我们的视野，为我们讨论上述问题提供了新的信息。

（原载《三代考古》（三），科学出版社，2009年）

体验与认知

体验与认知

——中西感受文化遗产的两种方式

王　齐　施劲松

　　"文化遗产"是近年来进入公众视野的一个新名词。随着国民经济的持续发展和生活水平的日渐提高，越来越多的人把旅游休闲作为业余生活的重要内容，而那些名山大川和名胜古迹无疑成了旅游的首选地。旅行中，人们喜欢用照相机、摄像机等现代科技产品将旅途中的精彩看点"固定"下来，作为永久的留念。笔者在参观一些中外名胜和文化遗产时，曾观察到中西游客在照相时的不同的行为习惯，并由此想到了中西对待文化遗产的不同态度。毫无疑问，任何一种"普遍性"的结论都很容易受到"特例"的冲击，而任何建立在个体直接经验基础之上的观察也难免有其偏颇。尽管如此，从"特殊"到"普遍"（尽管有其局限性）却是人类思维的重要运行轨迹之一，而观察和经验也将在一定程度上帮助我们发现和认识现象背后的根源。

　　细心的人不难发现，许多中国人在"旅游景点"拍照留念时往往喜欢把自己与自然景观和文化遗迹放在一起，所拍的实际上多是人物照。除个人留影外，还喜欢集体合影，这一点在欧洲人眼中也是日本游客的一大特征。西方游客拍照留念，镜头很少对准人，而是更多对准自然和文化遗产本身，甚至把有关文化遗产的解说词和平面图也拍摄下来。上述现象看似平常，但却折射出了中西思维方式和深层文化心理上的差异。

西方游客对自然与文化遗产的态度体现出的是典型的"主客分立"的科学式的思维方式；作为西方文化重要源头之一的希腊理智主义传统即是这种思维方式的代表。所谓"主客分立"，意思是作为认知者的人是"主体"，而自然万物是"客体"；"客体"是"主体"的认知对象，"主体"的任务应当定位于"寻找－挖掘"出深藏在"客体"之内的"真相－真理"。西方游客偏爱拍摄作为"客观存在"的景物和文化遗迹，而"主体"只是作为冷静的旁观者"在场"，"主体"与"客体"在这里显然是分立的。

与之不同的是，中国游客偏爱人物照的行为则是中国式的"物我同一"的艺术式思维的鲜明写照。与强调"主客分立"的科学式思维不同，中国传统推崇的是"天地万物"（"客体"）与"我"（"主体"）相"同一"的"物我同一"的境界。在这里，"主体"的任务不是认识、把握、掌握"客体"，而是要去"体验""客体"，与"客体"一起形成"你中有我、我中有你"的和合局面。同是表现风景，西洋画法依靠科学的"定点透视"和精确比例，希望最终呈现出一幅"原来"的风景；而中国画法则仰赖"散点透视"，所画出的一草一木都离不开"主体"的视角和感受。遗憾的是，这种"物我同一"的境界在日益趋同的现代只能由照相机、摄像机这类"定点透视"的仪器来加以表现，因此那种人"叠加"于风景名胜上的"旅游照片"难以同充满灵动气韵的传统中国画相提并论。

再进一步看，中西思维方式的不同特点还决定了其感受文化遗产的不同方式，这里简要地归结为"认知"和"体验"的方式。对于许多西方游客来说，旅行是一次增长见识和扩展人生阅历的机会，与之相应，他们在旅行时往往会表现出更多"认知"的特点。如在旅行前阅读旅游手册，团队旅行者认真听讲并向导游提问，散客则不时参考自己携带的书籍或旅游手册。不同的是，很多中国游客似乎并不看重"认知"的目的，而更在乎"到此一游"的"体验"（此处的"到此一游"并无遍布名胜古迹上的那四个字所具有的贬义）。正因如此，旅行社才会提供走马观花的游览项目。比之于西方游客相对"纯粹"的"认知"目的，中国人旅游的目的似乎也要复杂些。比如，中国人讲究人事关系，喜欢团体行动，因此旅行活动尤其是团队旅行往往演变成了社交活动。导游也习惯在旅途中带领全团成员做些消磨时间、活跃气氛的游戏，以使整个团队亲如一家，旅行像是参加一场庆典、一次欢宴，它承载着诸如增进友谊和理解、扩大和加固关系网络等目的。

举出中西感受文化遗产的不同方式不是要在"认知"和"体验"之间做出评判，正如我们无意、更无法分出中西思维方式之间的高下一样。但问题在于，强调"体验"的"到此一游"式的态度是否在客观上对文化遗产的保护造成了不利影响呢？笔者认为，由于不重视旅行可能带给我们的"认知"的效果，不把文化遗产当作"认知"的对象，这就使得我们在参观名胜古迹时只看重它是否背负着"历史"的"正名"，而几乎不在乎它是否仍然保持着

"历史"的"原样"。比如，国家明文规定，在修缮、修复文物古迹时应该做到"不改变文物原状"，但违反这一规定的事例时有所闻。最近的一个典型例子来自《中国文化遗产》2005年第5期刊发的《脆弱的长城》。文章报道，一些由非国家政府部门（包括乡、村及个人）出资实施并经营的长城修复和开发完全无视相关规定，在"发展旅游"的短期利益驱使下使长城面目全非。文章所举的例子可谓触目惊心：山海关老龙头上的澄海楼在40平方米的原基址上被扩建到140平方米，高度约增加一倍；宁夏灵武长城小龙头风景区将土筑长城改为砖砌长城；山西平定县境内的固关长城在修复时新建长城石栏杆台阶150米、六角亭4个、牌坊2座……在我们对这些因无知、短视和利欲熏心所造成的破坏而感到愤怒时，是否应该同时看到与之并存的另一类现象呢？据同篇报道，对于上述违规修复的长城，参观者每日络绎不绝，似乎无人关心这些修复是否符合"历史"的"原样"。因为在很多游人的心目中，它们就是长城，不管它被扭曲成何种模样。试想，如果人们在"体验"文化遗产和名胜古迹的同时向"认知"的方向稍作倾斜，如果大家能够掌握更多的关于名胜古迹的历史知识从而能够形成自己的判断，那么上述那些对文化遗产的肆意破坏是否仍然能够拥有如是规模的市场呢？文化遗产保护是一项需要全民参与的事业，在这项事业中，公众首先能够做的或许是加强自身修养，树立真正的历史意识。以此，我们至少可以用"不合作"的态度来抵制那些破坏性的修复工程，从客观上对只知追求经济利益的破坏者施

以打击。要让公众树立历史意识，文物考古工作者也应承
担起自身的责任。

（原载《中国文物报》2006年11月10日）

　　补记：

　　10多年前尚无智能手机。今天智能手机及数码相机的
流行已在很大程度上改变了包括摄影在内的行为习惯。技术
通常会在很多方面带来预想不到的变化，它能否在改变人们
行为方式的同时也影响思维方式，这是一个有意思的问题。
另一个与技术无关的变化是，以"认知"为目的的旅行在今
天已明显增多。

寒山寺的钟声

施劲松

知道苏州寒山寺，最早是因为唐朝诗人张继的《枫桥夜泊》："月落乌啼霜满天，江枫渔火对愁眠。姑苏城外寒山寺，夜半钟声到客船"。这首家喻户晓的诗以白描的手法，写出了诗人于安史之乱避居吴地从枫江夜过寒山寺时的所见、所闻和所感，描绘了一幅幽静的江南夜景和隽永的意境。吸引我参观寒山寺的，正是想亲身感受这番境界。

据寒山寺的史料，寺院始建于南朝，几经兴废，距今已有1500年。在中国的佛教流传史中，寒山寺并不占什么特殊地位，它之所以广为人知，在很大程度上就是因为张继的诗，甚至连寺门外的江村桥也被人们视为诗中的枫桥。今天寒山寺的碑廊和院落中，除了不同时期的名人手书的《枫桥夜泊》石碑外，还可见很多关于寒山寺的其他诗作，只是这些诗文大多未能脱离"夜泊枫江""霜天乌啼"和"夜半钟声"这些意象，可见《枫桥夜泊》表达的意境和心情在人们心里产生了深远的共鸣。大约也是因为这首诗的缘故，现今寒山寺的钟似乎比别的寺院多，其中有的还来自日本。

不过除此而外，我所见的寒山寺和张继的诗作之间已经找不出更多的联系。今天参观寒山寺的人比肩接踵，人流中我们很难体会到霜满枫江时的寂寥心情。寺院中香火旺盛，但人们已少了那种思索和感悟。寺中的钟声不绝于耳，

图一 寒山寺

那是好奇或许愿的人付费排队进入钟楼后敲响的。据介绍，寺院还在每年除夕专门组织听钟活动，吸引了大批的海内外游客。除夕的钟声充满喜庆，它带给人们的是欢乐和希望，而不是月夜的宁静与空明。在《枫桥夜泊》中，枫江、寒山寺、钟声与人的所思所感融为一体，而如今的寒山寺更多的只是一个参观对象，它甚至难以引起人们更多的联想。

寒山寺因为一首诗而成为令古今人士仰慕的物质文化遗产。但是，不仅我们今天不可能直接从对寒山寺的参观中找到诗中的意境，甚至就是诗作写就的当下，在真实的寒山寺与诗人笔下的寒山寺之间很可能就存在着巨大的差距，一个是不言不语、历经风霜的古刹，另一个则是经过了诗人情思渗透的寒山寺。岁月流逝，物质遗存与艺术作品之间的差距渐渐弥合，二者交汇融合，形成了作为文化符号的寒山寺。夜泊枫桥的隽永意境，和其他古代的情思和文化的精髓一样，最终就留存在这样的文化符号之中。

（原载《中国文物报》2010年10月22日）

自贡盐井开凿技术点滴

施劲松

大庆市有一座记录大庆油田发现和发展史的大庆油田历史陈列馆。有意思的是，在讲述大庆油田的非凡成就之前，陈列馆首先介绍的却是四川地区的钻井历史，从最早的战国时期广都（今成都、双流一带）的盐井，到清代自流井的气井，还有古代用鱼尾锉、银锭锉等钻井工具凿井的模型，借以说明古代中国的钻井技术和"石油文明"曾世界领先。四川古代钻井汲取的是含盐的卤水而不是作为现代能源的石油；大庆油田开采所用的完全是现代技术，与古代四川地区的钻井汲卤技术也不相同。

在四川自贡市有一座中国盐业博物馆，讲述的就是四川地区钻井制盐的历史。

四川地区有丰富的卤水资源，也有很长的钻井汲卤的历史。《华阳国志》记载秦定蜀后曾在广都开凿盐井，在成都设盐、铁官。汉代蜀郡的临邛、蒲江、广都、什邡、郫县、南安、牛鞞、江阳、汉安、新乐，巴郡的胸忍、临江、汉髳、充国等地均有盐井，胸忍、临江等地还有盐官。有的地方盐井开凿规模很大，如《蜀都赋》刘逵注"巴西充国县有盐井数十"。四川地区还有丰富的天然气，所以在开凿盐井时往往就能钻出气井，于是人们因地制宜利用天然气来煮盐。《华阳国志》记载临邛县"有火井，夜时光映上昭。

图一　郫县出土汉画像砖

民欲其火，先以家火投之。项许，如雷声，火焰出"，又说
"井有二，一燥一水。取井火煮之，一斛水得五斗盐，家火
煮之，得无几也"。除文献记载外，在四川出土的汉代画像
砖上，也可见当时凿井、输卤、煮盐的场景（图一）。

　　四川最有名的盐井在自贡。自贡最早开凿的盐井在今天
富顺县城内，《华阳国志·蜀志》记载为富义盐井，于东汉
开采后成为著名盐井。《旧唐志》记载为富世井："富世盐
井，井深二百五十尺以达盐泉……以其井出盐最多，人获厚
利，故云富世"。明代时富义旧井枯竭，但在荣溪河畔发现
了自流井新盐泉，清初开始大量开采。自贡地区另一处著名

盐井是北周时期开凿的荣县大公井。明代大公井所产的盐因质量高而成为贡品，该盐井更名为"贡井"。后来富顺自流井与相邻的荣县贡井合并，称富荣厂。至民国初年，富荣厂有盐井千余（包括火井二百），产量占全川的十分之六。

关于自贡的盐井，最吸引人的还是凿井、取卤、煮盐等生产技术。据自贡的中国盐业博物馆介绍，早在东汉时临邛的火井已深达138米，以后钻井深度达到数百米。在自贡地区，钻井技术在北宋庆历年间取得重要突破，当时发明一种"卓筒井"，开始用顿钻凿井。此后凿井技术不断完善，形成了一整套包括定井位、开井口、下石圈、凿大口、下木柱、凿小眼等的完整工艺。仅在钻井过程中工匠们就需要制造并使用几十种名称和功能各异的统称为锉的钻头。正是凭借不断进步的钻井技术和工艺，19世纪30年代自贡开凿出了据说是世界上第一口超过千米的深井。除凿井外，盐工们还要在井口搭建被称为"天车"的井架，天车由成百上千的杉木用竹篾绳索捆扎成高大的支架，用来淘井、修井和提取卤水。天车可高达数十米甚至上百米。提取卤水使用安装有单向阀门的竹制或金属制汲卤筒，提取到地面的卤水通过楠竹或斑竹制成的竹笕输送到提卤站，最后到煮盐作坊。煮卤制盐主要用天然气。明清时期，自贡盐场的自流井气多卤少，而贡井则是卤多气少，因而天然气也需用竹笕输送。输卤、输气、煮卤等又都各自形成了一整套复杂的工艺技术。

自贡盐场采用机器产卤始于19世纪末20世纪初，此后各种现代机器开始运用于各个工序。抗日战争爆发后，为保障大后方的食盐供应并从财政上支援抗战，自贡采盐业加快了机械化和现代化的进程，传统的技术和工艺逐渐被取代。

在中国盐业博物馆中展出有大量在实现机械化以前的各类制盐工具、技术及其科学原理。其中，有关钻井、修井、取卤、煮卤的专门工具名目繁多、功能各异、制作精巧。盐井、天车、输卤输气系统、煮盐作坊等的模型，展示了复杂的工艺和生产系统（图二，图三，图四）。还有一些模型可以动手演试，以便让人更好地理解工作原理。比如如何提取卤水，如何探查出深井中井壁的坍塌部位并加以修补，以及如何从成百上千米深的井底取出脱落的钻头——这项技术至今仍被使用。这些设计之巧妙着实令人称奇。

自贡盐井采卤制盐各个工序所运用的技术，以及各类工具、装置的发明和制造，无不体现出古代工匠的聪明才智。在20世纪上半叶现代机器引入和普及以前，这套手工技术不断成熟和完善并达到了顶点。不仅如此，自贡的采卤煮盐还形成了专业分工并带动了相关行业的发展，如锻造业、输卤

图二 凿井工具

图三 天车模型

图四 输卤系统模型

输气业,乃至运输业和商业等,而自贡本身也因为产盐而发展为一座城市。不过,自贡盐井的技术发展史也表明,仅靠经验的积累和手工器具的完善,手工技术在达到顶点后并不能自行实现质的飞跃。传统的生产和流通系统经过精心组织和维护,虽然保证了在这种生产模式下的最大效益,但如果没有科学的全面发展和社会的深刻变革，一个手工行业的发展终究不会自动带来一场工业革命。

今天，采用现代技术的大庆油田和自贡盐业继续为经济和社会的发展贡献力量，而凝聚着人们智慧的自贡钻井采盐技术则作为过去时代的成就被记入了人类科技史。

（原载《中国文物报》2012年10月12日）

李庄漫笔

王　齐

李庄是一个有1500年建制史的古镇，它距离被誉为"万里长江第一城"的宜宾城区仅有19公里的水路行程，因而被美赞为"万里长江第一镇"。古镇上拥有多建于明清的号称"九宫十八庙"的古建筑，有着保存完好的青石板路、木结构青瓦民居以及带有雕花门楣和对联的大宅院。但是，与《中国国家地理》杂志两年前选出的"中国最美的古乡村古镇"相比，李庄缺少了吸引人的地域色彩和地方风情，甚至还缺少了能够反映农业社会图景的田园风光。但是当今年9月我因一个偶然的机会来到李庄时，我立刻被这个看上去了无色彩的灰青色古镇吸引住了，我找到了一种"回家"的感觉。

从步入李庄的那一刻起，我开始了解到一段过去从历史教科书中未能详知的历史。在抗日战争进入最为艰苦的1940年以后，一度迁往西南大后方昆明的中央研究院历史语言研究所、社会科学研究所、体质人类学研究所，以及中央博物院筹备处、国立同济大学、民间学术组织中国营造学社相继迁入李庄，直到抗战胜利。相对于炮火纷飞的战场和遭受狂轰滥炸的城市而言，李庄虽不是世外桃源，但却像个避风港，为一批专家学者提供了必要的生存空间，并为他们继续从事科学研究工作创造了可能。随着上述研究机构的迁入，现代中国学术史上一批声名显赫的奠基性人物，比如傅斯年、李济、董作宾、梁思永、夏鼐、梁思成、林徽因等，都曾在李庄生活和工作过。为中国学界所熟知的李约瑟、费正清，也在抗战最为艰苦的年代造访过李庄。李庄六年间，史语所、中央博物院筹备处、中国营造学社等机构联合完成了一系列重大的田野调查和发掘工作，这些工作构成了《中国大百科全书·考古学卷》中"中国考古学年表"的重要内容。其中包括1941～1942年发掘四川彭山汉代崖墓；1942～1943年发掘成都五代前蜀王建墓；同年组建西北史地考察团，在敦煌附近的额济纳河流域考察汉代长城和烽燧遗址，后转往关中地区调查史前时期遗址、传说中的周代都城和汉唐帝陵；1944～1945年史语所与中央博物院筹备处、中国地理研究所、北大文科研究所联合组建西北科学考察团，在敦煌附近发掘魏晋和唐代墓葬，考察汉代阳关、玉门关和长城、烽燧遗址，在河西走廊调查发掘史前遗址。一批中国现代学术史上不可替代的佳作，亦在简陋的物质生活和科研条件下于李庄问世，如梁思成的《中国建筑史》，董作宾的《殷历谱》。1946年，一套三卷本线装《六同别录》在李庄出版，其中收录了史语所同仁的28篇论文，内容涉及历史学、考古学、语言学、民族学、人类学等学科领域。《六同别录》的"六同"取自李庄最早的建制名"六同郡"（540年），"别录"则指该书特殊的印刷条件，它不同于抗战爆发后史语所由上海和香港的商务印书馆出版的成果，而是由李庄的石印社馆出品，所有内容均为作者手抄，它是史语所留给李庄的纪念品。

当我在李庄张家祠中央博物院筹备处旧址看到《六同

图一 板栗坳中央研究院旧址

图二 张家祠中央博物院筹备处旧址

别录》的石印稿封面及其他珍贵文物时，我猛然明白了法国哲学家德里达所说的那种绝对意义上的"馈赠"（gift）的涵义，李庄与流亡在李庄的学者之间的关系不就是对这种馈赠关系的绝佳诠释吗？从李庄人的角度说，李庄对流亡学者的接纳是无条件的，绝大多数李庄人可能并不知晓这些学者究竟是做什么的，于是才有当地人看到用于研究和教学的人体骨架和听说发掘古墓时传出的"下江人吃人"的谣言。即便如此，朴实的李庄人牺牲了原本自给自足的生活状态，无私地与这些外乡人共享狭小的生存空间，忍受着短时间内急剧增加的外来人口所加重的生活负担。尤为重要的是，李庄人从一开始就没有想到索取回报。当战争结束后，这些中央级研究机构陆续撤出，李庄再度回归为长江边的一个小镇，回归为地图上的一个点，回归为我们阅读时所遇到的一个不知其内涵的符号。而从中研院学者的角度说，他们可以心安理得地接受馈赠。他们不必说客气话，一安顿下来便开始埋首按自己的计划和节律干起事情来，不是看书爬格子，就是"动手动脚找东西"。当"下江人吃人"的谣言在李庄流传时，中研院索性于1941年6月9日庆祝建院13周年之际，在李庄举办了一个包括人体骨骼、甲骨文、玉器、青铜器、碑刻拓片等在内的文物科普展览，董作宾、梁思永等亲自解说，从根本上消除了李庄人的恐惧。所有这些都不为回报李庄人的慷慨，而是尽自己的本分和天职。

　　徜徉在张家祠陈列的史语所学术成果之间，我比以往更加明确地意识到了什么是一个学者的使命和天职。李庄的流亡者都是学者、专业人士，而不是一般意义上的读书人、文人。羊街胡家大院李济故居前的指示牌把李济定义为"文化名人"，在我看来是极不准确的，暴露出中国重"文人学士"的传统。文士与学者是两类不同的人，文人有权按照个人的喜好读书写作，他们可以直抒胸臆、张扬性情，甚至在一定意义上还可以"断章取义"。但是学者却不然，学者首先要抛开个人的恩怨喜好，走从事实出发、从学术研究的理路和规则出发的道路，既尊重学术传统，又力求做到承前启后、继往开来。如此一来，爱较真的学者注定要坐冷板凳，学者们似乎生活在大千世界里的一个"小世界"之中，虽会显得与世事格格不入，但在追求真理的道路上往往其乐无穷。说李庄的流亡者是专家学者而不是文化人，这不仅是因为史语所的绝大多数成员都在西方国家受过高等教育，而且还因为他们在接受了现代西方的科学治学方法训练后，努力把西方的理论和方法引进到国学研究中，切实地为科学的中国历史学和考古学研究奠定了基础，做出了不可磨灭的贡献。这些学者都有世界主义的情怀，他们并不狭隘地把中国的历史文化看成是祖先留给我们的遗产，而是把它们看成属于全世界和整个人类的遗产。因此，他们主动承担起向世界展示中国深厚的历史文化的重任，成为连接中国和世界的使者。在国难当头之际，他们没有走投笔从戎的道路，没有亲身投入到抗日救亡运动的大潮之中。相反，他们处乱不惊地栖身于李庄，把守护和传播中华大地上的文化遗产视为自己的使命和责任，不仅仅为中华民族，同时也是为全人类。他们固执地耕耘着科学的园地，做着与时代节奏格格不入的研究工作，因为科研工作是他们最在行的报效祖国的方式。这些学人在战争期间与所有的中国百姓一样过着颠沛流离、居无定所的生活，忍受着生离死别的痛苦。假如他们身上没有一种做文化和精神的守护者的气度和使命感的话，很难想象他们能在一个连放书桌的地方都难以找到的乱世仍然成就斐然。我本不是一个喜欢厚古薄今的人，但是面对《六同别录》等珍贵石印本，我忍不住感叹，书店里印刷精美的学术著作中，真正符合学术标准、甚至能够体现出学术精神的又有多少呢？

离开李庄后，李庄已经从一个符号变成了一段沉甸甸的历史。由于细节的缺乏，我很难构筑起一幅抗战时期李庄的完整图画，也不知能否估量出李庄的流亡学者们带给李庄的影响。但是，曾经发生过的事情总会有些许"痕迹"留下来，它们被存放在空间之中、存放在李庄这座古镇里，等待着后人的开启和阅读。回到北京，我很容易就在《夏鼐文集》所载的《夏鼐先生传略》的开篇处看到了"中央博物院筹备处由南京迁到四川省南溪县的李庄"的字句，惭愧的是以前并不知道"李庄"这两个字的分量。所幸李庄被当作历史遗迹保护下来了，它或许不再只是一段尘封的记忆，而会成为更多人的"家园"。历史的发展有时会不如人意，但是历史总是向前的，就像流经李庄镇前的长江，不舍昼夜地向前流淌……

（原载《中国文物报》2008年1月11日）

建川"红色年代瓷器陈列馆"印象记

施劲松

四川大邑的建川博物馆聚落群中有一个"红色年代瓷器陈列馆"，在那里我看到了一批1950～1980年生产的瓷器。这些瓷器，又以1966～1976年的展品为主。这些20世纪六七十年代的瓷器因为曾经是现代家庭中的寻常用品而为人熟知，不过当它们被分类集中陈列于博物馆时，却呈现出鲜明的时代特色。2010年在浙江东苕溪发现的商代原始瓷窑址群表明，商代早期即已出现原始瓷，至宋元明清，中国历代的瓷器各具特色，而这个博物馆展出的内容却使我们看到瓷器的发展在20世纪中叶还曾异峰突起。

展出瓷器大致可以分为两类，一类是作为生活日用品的壶、杯、碗、瓶、缸、罐等，一类是用于宣传或装饰的塑像、摆件、挂饰和瓷板等。

生活日用器都是常见器形，纹饰却很有特点，它们一眼看去丰富多彩、色彩鲜明，但内容基本限于一些固定的题材。大致归纳，第一类题材为毛主席语录与诗词、具时代特征的口号等。口号因不同的器物用途而有所差别，比如碗的外壁多写有"为革命种田""抓革命促生产""人民公社万岁""艰苦朴素""斗资批修"等，杯和壶上则多见语录。第二类为人物像，主要有领袖像、工农兵像、雷锋和草原小姐妹等英雄人物像，另外还有表现"毛主席与群众在一起"

图一 瓷碗

和样板戏等的复杂场景。第三类为"风景"与"花卉"图案，内容有大寨、农田、天安门，以及向日葵、青松红日等在当时具有特定象征意义的图案。

非日用品中的塑像主要为各式毛主席像、工农兵和英雄人物像、样板戏中的人物群像等。摆件大多较小，用于陈设。挂件背后有孔用以穿绳悬挂，如挂盘。瓷板多为方形，也用于悬挂，其功能大概在于平面展示和宣传。这些器类上的装饰内容主要也是毛主席像、语录、诗词、红太阳、革命圣地、大庆大寨、样板戏等。

相对于全国10年间制作的瓷器数量，展出品自然很有限，不过那个时期的绝大部分瓷器的类别和主题大致如此。

瓷器当时在人们的日常生活中占有重要地位。在生活用品短缺的年代，瓷器成为许多家庭所能拥有的贵重物品，鲜艳、明快的瓷器多少可以装点生活。因而这一时期的瓷器烧制多、用量大。那时还有另外一种更为经济耐用的产品，即搪瓷。比之于瓷器，这种将釉类物质涂在金属坯胎上烧制而成的器物更为轻便且不易破碎，因而为普通家庭广泛使用。搪瓷器上的装饰题材大多也与同时期的瓷器相同。

那时的瓷器虽然数量大，但烧制质量却不差。由于瓷

图二 瓷罐

图三 瓷塑像

器算得上是奢侈品，更由于瓷器上表现的政治主题，因而瓷器大多制作精细，胎质细腻，釉色洁白，色彩鲜艳，构图准确。一些塑像、摆件、挂件、瓷板等是为服务政治，制作时可以不计成本，甚至调集能工巧匠，因此产出了不少精品。

相对于较大的数量和较高的质量，器类就显得比较有限，组合也偏于简单。壶、杯、碗等是日常生活中必不可少的。瓷瓶本是瓷器中的传统器类，但那时并不多见，大约只有较为富裕的家庭才使用。而形体较大的瓶、缸只陈设于政府机关的办公、会议或接待场所。不过，器类也有创新，比如出现了写实的人物塑像、瓷板、挂件等新类别。尤其是塑像，与其他生活日用器相比虽然数量较少，但却在那个时期的瓷器中占有特殊地位。另外，那时的瓷器还有一种重要器类，即像章。瓷质像章和金属像章一样类别繁多，只不过在建川博物馆，瓷像章被陈列在另一个专题馆中。

此外，瓷器的器形也较为单调，装饰内容看似丰富实则主题单一。这是因为在当时的历史条件下，瓷器的题材、造型和装饰等各方面都受到限制而不能随意创作。当然也有例外，如当时瓷罐因为较为贵重而被作为结婚赠礼，所以个别罐上罕见地写有"喜"字。又如挂件中也有一些带有春花秋月、山水风光等传统气息的作品，这是在70年代专为出口创汇而烧制的。

20世纪六七十年代的瓷器除具实用功能外，还加载了表现和宣传时事的功能，从而使它们与一个时代的政治生活密切相关，这在中国瓷器史上是绝无仅有的。

历史上各时代的瓷器虽然也可以或多或少地从一个侧面反映出当时的社会生活，但恐怕没有一个时期的瓷器能够这样，不仅器类和装饰内容等被直接用来表现现实，而且瓷器的制作和使用也成为政治生活的一部分。可以说瓷器的生产和使用成为时代的需要，博物馆中有句解说词即指出了这一特征："适应当时的中心工作，及时反映时事，体现莺歌燕舞的大好形势，以高大、乐观、健康的造型和暖色，鼓舞人们的斗志。"从艺术的角度看，这类主题和表现手法也符合当时革命现实主义与浪漫主义相结合的创作要求。

除鼓舞斗志外，当时的瓷器还被赋予了更多的情感功能。不论是各种塑像，还是摆件和挂饰，一个家庭摆放它们并不仅是为了装饰，同时也是为了表达一种情感、态度或立场。这些器物通常被摆放在家中最中心或最突出的地方，并被精心保存。当时家里要买回一尊领袖像也要用"请一尊像"之类的用语。显然，这类瓷器实际上已超出了一般生活用品的范畴。甚至连瓷瓶一类原本是纯粹装饰品的器物也不例外，由于瓶上所表现的主题，当时的家庭恐怕不会用来插花。

杯、碗之类的生活用器也被赋予了政治宣传功能。人们每日都要吃饭喝水，而当那些短促有力的政治口号现身杯体、碗体时，茶杯和饭碗"转变成为一块重要的广告媒介，在人们补充物质粮食的同时，将精神粮食也一并补充了"。

过去瓷器的烧制和使用有御窑、官窑和民窑之差别，这一时期的瓷器没有这些区别，只要经济条件允许，所有家庭都能使用同样的瓷器。但另一方面，这个时期的瓷器在作为寻常生活用器的同时又具有尊崇的地位，它们的各种功能既满足人们的日常生活，同时也符合时代的需要。放眼整个中国的瓷器发展史，可以说20世纪六七十年代的这些瓷器从很多方面看可能都是空前绝后的。

（原载《中国文物报》2012年10月17日）

新农村建设中的文化遗产

施劲松

　　社会主义新农村建设是一个目标完整、任务系统、工作全面的过程，它要求农村建设要突出乡村、地域和民族特色，保存优秀文化传统。而大量存在于农村的文化遗产，在此过程中面临着如何保护的问题。因此，新农村建设也需要得到文物考古工作者的关注与支持。笔者于2006年12月随中央党校国家机关分校赴广西开展国情调研，即针对新农村建设中的文化遗产进行考察，并由此引发了一些思考。

一

　　在广西重点考察的是田阳、巴马、平果和那坡4个县的9个村，其中有1个为瑶寨，其余村寨居民以壮族为主。这些村庄的建设情况大致有三类。

　　第一类是新建村庄，包括平果县新安镇道峨下甫新村与马头镇百弄屯、田阳县田州镇东江村、巴马县燕洞乡龙田村。除20世纪70年代建成的龙田村外，其他各村的新址地理位置较好，交通便捷，建设有整体规划，砖砌楼房质量较高，配套设施较为齐备，经济以第三产业、果蔬种植业和劳力输出为主。但新村也失去了原有的风格与特色。第二类为原址改建。田阳县百育镇那藏屯地处平原，以水果种植和养殖业

图一　巴马县巴根屯

为主，统一改建后的新村虽无民族特色，但有乡村风貌。位于山区的五村乡大路村虽由砖房代替了木屋，具备水、电、路等基础设施，但经济主要依靠竹制品生产，村容村貌不如前者。第三类村庄基本保持原样，包括巴马县东山乡巴根屯（图一）、那坡县城厢镇和平村与吞力屯。村庄位于山区而交通不便，保留了自给自足的家庭经济和传统的生活方式。房屋为陈旧的干栏式木屋，人畜共处，生活条件差。

显而易见，因地理环境、开放程度和经济水平等不同，三类村庄的建设、面貌和生活环境差异明显。较为落后的村庄保持了较多的传统与特色，但生活条件艰苦。发展较快的村庄失去了地域与民族特色，但人们的生活质量大为改观。

在农村，一眼可见的物质文化遗产就是民居，民居也直接反映了一个地区的村容村貌。广西农村的传统建筑是干栏式木屋，因能适应潮湿环境、利于牲畜饲养和粮食存放而为多个民族采用。但广西的干栏式建筑已不断减少，原因除木材短缺、易腐烂、卫生条件差等外，更重要的是建筑与经济和生活习惯相一致。当专业种植、第三产业替代了传统的小农经济，现代建筑材料与技术也已解决防潮问题时，干栏式建筑便失去了原有功能而不再被需要。随着社会的开放与发展，人们的生活方式和价值观日益趋同，农村的建设也多以城市为目标。

其他文化遗产的现状与民居类似。我们只在番瑶的巴根屯和黑衣壮的吞力屯看到了穿着在身的民族服饰和具表演性质的民族音乐与舞蹈。在较为发达的地区，包括当地习俗和民族语言在内的文化遗产已逐渐消失。但另一方面，新农村建设对于改善人民生活取得了显著成效。平果县2000～2005年共有1451户农民改造了草房和危房，2925户14530人从大石山区迁出；巴马县的基础设施建设改善了农村的人居环境；甚至在那坡和平村，也仅有一个屯未通公路，各屯都有了供电和沼气。

二

广西是多民族地区，其农村问题有一定代表性。如何既改善农民的居住环境和生活条件，同时又保持地域和民族特色，并有效保护文化遗产，应是新农村建设面临的重要任务。这又可进一步归结为当今普遍存在的发展社会经济和保护文化传统之间的矛盾。

　　在考察国家级贫困县时，我目睹了山区农村的贫穷落后。面对贫困我首先意识到的并不是遗产与传统的保护，而是改善人们的生活环境，相比之下生存权显然更重要。我还想，在这样的地区是否可以为了保护传统民居和生活方式而阻碍其发展？当我们因文化遗产的消失而忧虑时，作为人文社会科学工作者是否应对困苦中的人给予更多的人文关怀？我认为，贫困的农村或边远地区不应被排除在现代化的进程外，文化遗产的价值毋庸置疑，但在保护时也应充分考虑到与此直接相关的人的利益与意愿。文化遗产价值的最终实现是为了人，如果保护文化遗产以牺牲人的利益为代价，那么这或与保护的宗旨相悖。文化遗产保护涉及的伦理问题值得关注和重视。

　　广西农村的现状还反映出，在农村、边疆和民族地区，部分文化遗产与文化多样性的逐渐消失或许在所难免。随着社会的开放、人员与信息的交流，外来影响和对外部世界的了解终将导致当地原有观念、习俗和传统的改变。关于这一点，甚至在生活的细小环节中也有体现。我在巴根屯一户人家，借助地面火塘的微光竟然看到一扇漆黑的木门上贴着一张李宇春的大幅肖像——这也是室内最为明快的一个画面。诚然，在一些边远地区传统的生活方式延续了数代，社会稳定，人与自然和谐相处，那么是否应让这些地区免受外来的影响与冲击而维持原状呢？我认为任何一个社会都需要发展，任何人也都有获得信息和了解外部世界的权利。只有当人们对另外的生活有所了解，选择才成为可能。反之，无人可以封锁信息和知识，从而使另一部分人因无知而在另一种状态下生活。我们不追求同一的价值观和生活方式，更反对以任何方式迫使他人做出改变，这里强调的只是自愿的选择。其实，只要社会发展，文化的改变便是代价之一，而传统也只有在发展和变化中才可能存在和延续。

不仅如此，对于农村的某些文化遗产，我们还可以换个角度去看待。在巴根屯和吞力屯，我们可以看到陈旧的干栏式房屋，形态保持了千年的农具及其操作方式，以及火塘边的日常生活。正如此，吞力屯被喻为研究壮族历史文化的"活化石"。造就这类"活化石"的是自然环境的闭塞和社会发展的不平衡。我们可能为拥有这份遗产而感到幸运，但也可能这份遗产存在于今天就是一种不幸。幸或不幸，我想除遗产的创造者和直接继承者外，我们无权评判。当我们每日享受着现代社会带来的便利、经历着一次次文明思想与理念的涤荡时，无人可以要求他人依然停留于过去，或是保留其"原生态"来满足现代人的生态旅游、文化猎奇与文化优越感。如果为了研究而将一个社会或一群人作为"活化石"刻意保留于现代社会中，这种做法经受不住道德的拷问。

尽管有矛盾与困惑，对于保护我们也不能无所作为。其中很重要的一点，就是地方政府对于新农村建设如何突出特色和保留传统应有主动的全局考虑。对于具体的村庄也应针对不同情况积极寻求合理的保护方案。比如对于陈旧破损并直接影响人们生活的一般建筑，应重修或改建。对于整体保存较好的村落，如巴根屯和吞力屯，保护重点应是村落的格局和整体风貌。对保存完好且具有较高价值的建筑，可对居民重新安置后实施原地或迁移保护，原居民在民居中展示其习俗和文化而不在其中真正生活。这是依靠原有实物和"记忆"的方式进行保护和展示,因而不存在"活态"保护所带来的生存和发展问题。

最后,在矛盾和冲突中我们对保护文化遗产和传统还可以有新的理解与认识。我们应意识到并承认任何物质的文化遗产都不可能永世长存。一座建筑无论在今天被保护得多么完好,若干年后它终会成为地下遗迹。因此,我们不仅要保护物质文化遗产,还要保护精神文化遗产;不仅要有具体的保护措施与行动,还要培养、树立人们的历史意识和守护文化遗产的精神;不仅要努力保护现有的文化遗产,更要将这些遗产转化为知识,并将它们以知识的形态永远加以保留和传承。

总之,在贫困地区,只有从发展与保护的对立中找到平衡点,在保护文化遗产时才能有更完善的方案与更坚决的意志。就新农村建设而言,我们应努力保护各类文化遗产,但与此同时,我们应为所有人的共同进步和新的和谐社会的构建而欣慰。

(原载《中国文物报》2007年6月1日)

从利玛窦看中西文化交流

施劲松 王 齐

一

2010年是天主教耶稣会传教士利玛窦（Matteo Ricci，1552～1610年）逝世400周年。利玛窦于明万历十年（1582年）到达澳门，后至肇庆、韶州、南昌、南京，最终于1601年来到北京定居，直到逝世为止。利玛窦来华的意义既不同于张骞为联络西域诸国抗击匈奴而西行，也不像马可·波罗作为旅行家和探险家来到中国，他是被耶稣会派到中国传播天主教义的，也就是传播一种新思想、新文化，而实际的效果却是，利玛窦成为向明代社会输送西方科学知识和技术的文化使者。围绕着利玛窦产生了中国历史上的很多"第一"。他在广东肇庆修建了中国的第一座欧式建筑，这座建筑后又成为第一座展示欧洲图书的图书馆[1]。他绘制了中国的第一张世界地图《坤舆万国全图》（Typvs Orbis Terrarvm；Map of the Myriad Countries of the

---

[1] 邓恩（George H. Dunne）：《从利玛窦到汤若望：晚明的耶稣会传教士》，余三乐、石蓉译，上海古籍出版社，2003年，第15页。下引此书，版本均同。

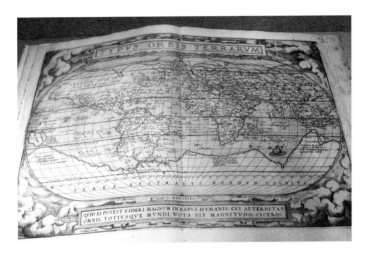

图一 《坤舆万国全图》

World），1602年首版后多次重印并广为流传[1]，目前在世界范围内仅存6幅（图一）。他与耶稣会传教士郭居静（Lazzaro Cattoneo，1560~1640年）以及最早的中国籍耶稣会士钟鸣仁（1562~1622年）合作，第一次用罗马字母为汉字注音，完成了一部按字母排序的葡萄牙语与汉语对应、有时加有意大利语的《葡汉辞典》，这很可能是中国第一部

[1] 关于这张世界地图的产生始末参见：a.《从利玛窦到汤若望：晚明的耶稣会传教士》第15页。b. 安国风（Peter M. Engelfriet）《欧几里得在中国：汉译〈几何原本〉的源流与影响》，纪志刚、郑诚、郑方磊译，凤凰出版集团、江苏人民出版社，2008年，第75页。下引此书，版本均同。

图二 利玛窦画像

图三 利玛窦和外国传教士墓地

欧汉辞典[1]。利玛窦去世后，首批加入耶稣会的中国信徒游文辉为他绘制了画像，这成为中国最早的一幅油画，目前仍悬挂在罗马杰苏（Gesù）教区的耶稣会士住所[2]（图二），而利玛窦本人亦成为第一个由皇帝下诏赐地葬在中国土地上的外国人[3]（图三）。不管是否符合其初衷，利玛窦以其行动成为中西文化交流史上第一个为人确知的文化使者，第一

[1] 《从利玛窦到汤若望：晚明的耶稣会传教士》第42、43页。

[2] 《从利玛窦到汤若望：晚明的耶稣会传教士》第37页。

[3] 即北京车公庄滕公栅栏外国传教士墓地，现在北京市委党校内。

次开启了中西文明在多层面上的对话和交流。

中国人对西方宗教以及传教士曾经心存戒备。在西方殖民扩张的时代，宗教作为文化殖民的手段的确为扩张起到了推波助澜的作用。但利玛窦与印象中的传教士形象大相径庭，他更像是一位温文尔雅的知识分子，凭借超凡的语言天分、渊博的学识和谦和的人格，他以文会友，著书立说，在明代上层官僚知识分子阶层中游走自如。而他在自然科学方面的学识以及在制作地图、地球仪、天体仪、日晷和机械钟表等方面的才干，又使他超出了一般的中国传统知识分子。除去先天素质不论，利玛窦之所以能够有如此的成就，这与天主教耶稣会于1534年成立之初所定立的方针和目标有直接的关系。耶稣会的成立原本是针对以路德、加尔文、茨温利为代表的宗教改革运动，当时宗教改革者指责天主教士愚蠢无知、贪得无厌，而耶稣会立志改变这种状况，逐渐形成了一套完整而系统的教育计划，既注重神学造诣的培养，又不忘古典学、哲学和科学知识的学习，尤其注重数学和天文学知识的传授，西塞罗、亚里士多德和欧几里得成为耶稣会信奉的学术权威[1]。除利玛窦外，其他来华的耶稣会士例如邓玉函（Johann Schreck，1576~1630年）、艾儒略（Giulio Aleni，1582~1649年）、汤若望（Johann Adam Schall von Bell，1592~1666年）、南怀仁（Ferdinand Verbiest，

---

[1] 关于耶稣会的成立背景及利玛窦所受的耶稣会教育情况可参见《欧几里得在中国：汉译〈几何原本〉的源流与影响》第12~24页。

1623～1688年）等都在自然科学领域有很深的造诣，而且都著有多部中文著作。当利玛窦终于艰难地完成了进入中国传教的"通往月球"的旅程时，他发现中国知识分子对数学、天文学的兴趣远胜过了对天主教义的兴趣，于是他调整传教方法，逐渐形成了"智性传教"的策略，积极在中国推广和传播西方的科学知识。利玛窦成小时地为地方官员上数学课，与徐光启合译了欧几里得的《几何原本》，以及部分萨克罗斯克的《天球论》（Sphaera）；与李之藻合译了他自己论述天体立体投影的著作《浑盖通宪图说》，二人还合作将利玛窦恩师、德国数学家克拉维乌斯的《实用算术概要》（Epitome Arithmeticae Practicae）编译为《同文算指》。在发现明代中国仍沿用从元朝流传下来的源于阿拉伯的有诸多错误的天文学知识后，利玛窦开始热心地介绍亚里士多德—托勒密体系的"地心说"。但是，哥白尼早在1543年就出版了《天体运行论》，提出了直接挑战托勒密体系的"日心说"；1592年布鲁诺因为宣传"日心说"和其"宇宙无限"的观点遭宗教裁判所逮捕，1600年在罗马被处以火刑，但不知何故利玛窦并没有注意到这个新学说。后来，哥白尼的著作于1616年遭到教会禁止，当汤若望进入钦天监主持中国历法变革的时候便迫于教会压力仍然恪守"地心说"，暴露了耶稣会士作为16、17世纪自然科学领域内的探索者的致命弱点，即在宗教信仰与科学发生冲突的时候，他们为维护信仰而放弃了科学。

利玛窦在中国积极传播数学和天文学知识的行动并不

为天主教会完全理解。无论是其生时还是去世后，不断有来
自教会内部的批评，认为利玛窦的举动偏离了传教的目的，
甚至有极端人士对利玛窦在觥筹交错之间和礼尚往来的理念
之下广结关系网的做法提出批评。1614年，耶稣会日本省区
会长卡尔瓦罗禁止采用利玛窦的传教方法，明令神父只许讲
授福音，不允许教授数学、哲学以及参加修订历书[1]。今天
看来，利玛窦从根本上并没有背离传播天主教义的主旨，他
之所以选择走智性沟通和上层路线的策略，只是为适应中国
社会和文化背景而采取的一种"手段"。通过与明朝上层学
者官员的交往，利玛窦深切地感受到中国文化有其独特性，
要想使中国人皈依天主教必须从其思想根源入手。他在尊重
中国文化的前提下，既充分利用西学的专长，又积极地研习
中国文化。他将"和而不同"视为交流的原则，汲取各家之
长。利玛窦扬儒贬道，激烈地批判佛教的"偶像崇拜"。
他从符合天主教义的角度出发推崇孔子的伦理学说，同时
他也看到孔子学说在自然科学知识方面的欠缺。为此他希
望为儒家学者补上自然科学这一课，希望他们通过对"自
然秩序"的认识达至对超自然的"神圣秩序"的认识。这
个思路从根本上丝毫没有脱离基督教。在基督教思想中，
人是"有限的"理智存在者，上帝是"无限的"存在，在
这种情况下，"有限"能否以及如何认识"无限"就成
了一个亟待解决的问题。"类比"原则因此而生，也就
是说，人们有可能通过认识"有限"，"上升"到认识

---

[1]　《从利玛窦到汤若望：晚明的耶稣会传教士》第56、108页。

"无限"，通过对"自然秩序"的把握"上升"到对"超自然"的神圣秩序的把握。只是在神学家的眼中，仅靠人的有限理智尚不足以把握"无限"，人们还需要接受来自上帝的启示。从历史的发展来看，为了使基督教成为一种具有普遍意义的宗教，古代的教父们大胆地应对希腊理智主义的挑战，积极地吸取其中有利于基督教信仰的成分，提出了"信仰寻求理解"（Fides Quaerens Intellectum）的观点，希望使信仰经得住理性考量，其成果便是一系列关于上帝存在的理性证明。这些证明虽然受到了启蒙哲学的严厉批判，但它们所具有的内在逻辑性却是对希腊理性主义精神的反映。从这个意义上说，利玛窦翻译、推介欧几里得的《几何原本》并不是因为该书是克拉维乌斯所译注，而是因为利玛窦相信，欧氏几何体现出的严格的逻辑证明精神对于中国人接受天主教信仰将会有所裨益。

二

利玛窦开启的是一次范围广泛的思想文化交流，其实东西文化间的交流早已出现且从未间断，只不过早期交流的范围、目的、方式、结果等有所不同。由于早期的东西文化交流留存下来的多为实物而非文字记录，因而对这段交流历史的考察需采用考古学方法。

考古发掘曾发现了许多史前及青铜时代早期东西文化交流的遗物，除用传统考古学的方法对这些遗物进行研究外，近年来科技考古也带来了许多新成果。比如,动物考古学的研究表明,羊可能在1万年前于伊朗西南部被最早驯化,而马则可能在5000年前于中亚被驯化,中国的绵羊、山羊和马都不是本土起源而可能来自西方[1]。植物考古学的研究表明,起源于西亚的小麦大约在距今4500~4000年前后传入中国,并逐渐取代粟和黍而成为中国北方旱作农业的主要农作物[2]。冶金考古学的研究则表明,冶铜业是从中亚向中国的中原地区传播的。山西陶寺遗址出土的铜器经检测有一半含砷[3],砷铜最早出现在近东地区,在我国西北地区也有很多发现。陶寺出土的铜器进一步说明了中国早期青铜冶铸技术与西方的渊源。当然,来自西方的影响可能不止如此,中原地区的冶铁技术、马车制作,乃至一些青铜器器形等,似乎也可以向西方寻找源头。

历史时期的东西交流还留下了大量直接来自西方的物品,比如中国境内出土的来自东罗马、波斯、阿拉伯的金银币、玻璃器、金银器、釉陶器、饰品、织锦,以及一些模仿西方的工艺技术和装饰题材。中国北方地区发现的一些墓葬,如近年来出土的粟特人墓等,也因含有鲜明的西方文化因素而生动地体现出东西方的交流。与此同时,中国的丝

---

[1] 傅罗文、袁靖、李水城:《论中国甘青地区新石器时代家养动物的来源及特征》,《考古》2009年第5期。

[2] 赵志军:《小麦东传与欧亚草原通道》,《三代考古》(三),科学出版社,2009年。

[3] 何驽:《中原与北方文化互动决定中国文明核心形成于黄河中游地区》,《三代考古》(三),科学出版社,2009年。

绸、瓷器、铜器等物品也传至西方。

考古学对东西文化交流的研究，可以发现文化交流留存的物品，确定它们的年代、来源、流传的途径与地域。由物可以了解文化交流的时代、内容、方式、路线，以及外来文化因素对当地政治、经济、社会生活等各个方面的深远影响，并进而探寻外来文化如何与本土文化交融而共同塑造了中国古代文明。考古学研究尽管有如此重要性，但却似乎难以说明文化交流的更为具体的过程、方式、程度，一种文化对待另一种文化的态度，以及当时的人们对外部世界的看法等。对于此类问题，在缺乏文字记录的情况下仅依靠考古学的方法难以得出直接、明确的认识。

史前的东西文化交流是通过人群迁徙来进行的，过程漫长。历史时期的交流除人群的迁徙和民族的融合外，还有很多交流是伴随着商贸活动而展开的。所有这些都与利玛窦以及耶稣会进行的有目的、有组织的文化传播有着根本的不同。尽管如此，我们还是从中可以看到一些有意义的问题。

各时期的东西文化交流差不多都反映出一个共同点，即大多数时候，中国文化对西方文化的接受似乎更多地限于技术层面，佛学的传入除外。佛学在中国的扎根盖因中国的文人学士发现了道家思想与佛学思想之间的相通性，从而滋生出了本土化的中国佛学。冶金术的发明，动物、植物的驯化，或者马车的制造，都属于技术的范畴。对这些技术的学习、革新、运用和推广推动了中国古代社会的发展。西来的货币或其他物品也都只是物而不是思想、意识。至于那些葬俗相异的墓葬，死者或是西方人，或是与西方文化存在某种联系，它们都不足以代表本土文化对异域文化的接受。从利玛窦的经历可以看到，从万历皇帝到不同层次的地方官员，他们似乎对利玛窦带来的西洋自鸣钟、水晶三棱柱等奇异物品更感兴趣，万历皇帝甚至让最好的中国工匠彻夜向利玛窦学习钟表的使用和保养技术，利玛窦也因此被安排在紫禁城的钦天监住了几日。《几何原本》虽然在18世纪70年代被收入《四库全书》，但几何学教育并没有被列入常规教育体系之中，利玛窦传播的数学知识也只被用于制造农具。利玛窦向人们展示的那些欧洲书籍所引起的似乎只是人们对其精美印刷的惊叹，大家相信书印得如此漂亮，内容一定不错。利玛窦介绍的西方文学和艺术似乎未产生更多影响，更不用说天主教思想了。

三

除传播天主教义和西方科学文化外，利玛窦还从一个西方学者的视角看待中国的文化现象，他品评中国的绘画、音乐，向西方介绍中国的诗歌、书法，开展文化的双向传播。透过利玛窦的眼，我们不难感觉到明代中国对外部世界认识的欠缺。

利玛窦观察到，中国绘画不懂得使用油彩和表现物体的阴影；中国的音乐表现没有低音、高音、抒情等音律变化，音色达不到和谐，尽管如此，人们依旧自得其乐并认为世界上没有其他音乐存在。1595年，利玛窦在南昌为回应"建安王"对欧洲人关于友谊的看法用中文写就《交友论》，其实该书只是利玛窦熟悉和喜爱的古典作家西塞罗和塞涅卡的格言集。文章一经出版即受到知识界的追捧，其原因不外是因为当时的中国人仍然视自己以外的人为"蛮夷"，他们没想到，欧洲人能够在友谊的话题上做出如此高雅的论述[1]。在见到利玛窦绘制的世界地图之前，中国人眼中的"世界地图"只是一幅李之藻年轻时绘制的包含了15个省份在内的中国地图而已[2]。明朝对外部世界的有限了解和对外来者的排斥，与同时期的西方对外部世界的极大兴趣、热情，以及在世界范围内的探险与扩张形成了鲜明对比。但是，利玛窦同样发现，即使在明代僵化的科举制度和宋明理学的重压之下，中国社会仍然不乏对外部世界充满好奇、具有强烈的求知欲和深刻洞察力的思想解放之士，正是这些人给予了利玛窦希望和信心，或许也给予了中国希望。利玛窦的《坤舆万国全图》曾经吸引了不少官员学者的浓厚兴趣，唤醒了像徐光启、李之藻等思想敏锐之士对西方科学的强烈渴望。值得玩味的是，即便是像李之藻这样的因一张地图而改变对世界的看法的人物，他仍然像当时的文人学士一样，请人将诗词题写在地图上，说明他在一定程度上仍然把代表着向外部世界的探索的地图当成了一件艺术作品。

在不同的历史背景下，人们对文化交流的看法存在着差异。2010年3月首都博物馆在利玛窦的故乡意大利马尔凯大区的协助下，在北京推出了题为"利玛窦——明末中西科学

---

[1] 《从利玛窦到汤若望：晚明的耶稣会传教士》第31、32页。
[2] 《从利玛窦到汤若望：晚明的耶稣会传教士》第82页。

技术文化交融的使者"的展览，用丰富的图片及实物资料向观众展示了16、17世纪欧洲科学技术和文化艺术的面貌，并以剪影的方式勾勒出了利玛窦在明代中国的生活侧面。人们能够抛开对利玛窦作为传教士所可能有的戒备和偏见而把他当成一个西方科学知识和文化的传播者加以缅怀，这样的展览不可能出现在100年前的中国。同样，对于早期的东西文化交流，过去考古学关注不多，并很少谈及西方的文化因素对中国本土文化的影响。但在今天，文化交流成为一个重要的研究领域，学界不仅关注中原和周边，还关注东方和西方的交流。对于中国的某些事物和技术，人们也开始从西方探索它们的起源。应该说，只有一个成熟自信的民族才能对其他文化持有更为开放的心态。

值得关注的是，在大洋彼岸，差不多与首都博物馆的展览同时，美国国会图书馆也在展出利玛窦绘制的世界地图《坤舆万国全图》。与同时期的西洋古代地图相同，利玛窦的这张地图的下方写有西塞罗的话：QVID EI POTEST VIDERI MAGNVM IN REBVS HVMANIS, CVI AETERNITAS OMNIS, TOTIVSQVE MVNDI NOTA SIT MAGNITVDO，中文意思是说："当人们理解了永恒和整个世界的广袤之时，谁还会视人类事物为伟大？"[1]正是在对永恒和无限的无尽追求的信念支撑之下，利玛窦走完了自己的人生之路。美国国会图书馆在今天展示一张17世纪的地图当然不全是为了纪念利玛窦，而是想向世人展示，过

---

[1]　此处拉丁文的翻译参考了英语翻译。

去的中国并非如人们想象的那样封闭，中国在几个世纪以来一直都是向其他文化开放的，这一点或许向西方人解释了中国重新崛起的根源。利玛窦的地图再次为中西文化的相互理解和交流发挥着他意想不到的作用。

（原载《南方文物》2010年第3期）

岩画散记

施劲松

近来我连续参观了两处有名的岩画，一处是新疆的康家石门子岩画，一处是宁夏的贺兰山岩画。

康家石门子岩画位于天山北麓的呼图壁，岩画刻在一座巨大山崖的下方距地不足10米处（图一），画面一百多平方米，主要内容为成排的大小不一的人像，也有动物和武器的形象。人像上身多呈倒三角形，不少男性突出阳具，还有些图像表现的是交媾场面（图二）。据认为这些反映生殖崇拜的岩画是三千年前塞人的作品。贺兰山贺兰口岩画距银川不远，岩画分布在一条峡谷的两侧，分散然而数量众多。常见的图案有人像、人脸、手印、动物、武器，还有一幅人面像据说是表现太阳神（图四）。这些包含有祭祀、射猎、交媾、放牧和巫术活动的岩画被认为是不同历史时期由不同的游牧民族凿刻的，最早为史前，较晚者已可见西夏文。我在瑞典南部的Skåne还参观过一处在北欧较为有名的岩画，岩画刻在森林中横卧的一块巨大岩石上，最突出的图像是马车（图三），其中一处图像还被认为是马车拉着太阳循环于天空。另外，岩画中还有突出阳具的人和武器，以及许多在天山和贺兰山岩画上所不见的舟船图像。

三处相距遥远的岩画有一些共同的图像，从中我们可以判断古人具有一些共同的信仰，如太阳崇拜和生殖崇拜。但

```
        1
  2  |  3  |  4
```

图一　康家石门子山崖

图二　康家石门子岩画

图三　瑞典Skåne岩画

图四　贺兰山岩画

除此而外，对于许多画面的具体含义就很难解了。

相对于地下出土的古迹，岩画被发现和认识的历史相对较短。现在我们已知道，在岩壁或洞穴中磨刻或彩绘的图画在有人类活动的非洲、欧洲、亚洲和南北美洲都有广泛发现，其内容多以动物、人像和神灵像等为主，表现了古人狩猎、祭祀、战争、巫术等活动的场面。岩画是人类最早的艺术作品之一，同时也是一类重要和独特的考古资料。如果未经损坏，岩画相对于地下出土的遗存会更多地保持着它们被制作时的原貌。更重要的是，岩画包含的内容非常丰富，直接表现了当时人们的生活场景、精神世界，以及对周围世界的认知。正因为如此，岩画尤其在西方考古学界很受关注。

不过，要准确理解岩画的含义并进而认识古人生活的各个方面却绝非易事。因为岩画不像地下出土的考古资料那样有明确的地层关系或各种共存关系，很多岩画时代久远，创作它们的民族尚未掌握文字，因而岩画上不会留有明确的年代信息。更重要的是，岩画是以艺术的形式表现人们的现实生活与精神生活，因而解释岩画的难度远甚于解释那些从人们实际生活中留存下的遗迹遗物。因此，对岩画的解释更多地要依靠相关理论的构建。在西方，对于岩画有"为艺术而艺术""狩猎巫术""性符号"等各种理论。但显然不可能有某种单一的理论能说明遍布各地的各时代的岩画，即使一种理论对某一地区或某一类别的岩画来说是合理的，恐怕也不能据此对其中的每一幅作品都做出具体、明确的解读。尤其是，无论我们在构建一种理论或是猜测一幅具体作品的含义时，所凭借的都是我们现有的知识体系与价值体系，而这可能与古人的相去甚远。

为了更合理地理解这些远古的遗存，学术界也在不断进行种种尝试。其中一个重要的途径就是尽可能判明岩画的时代、建立岩画与附近相关遗址和遗物的联系、推断创作岩画的民族。只有将岩画放在一个我们有所了解的文化背景中，才有可能对岩画表现的内容有较为合理的认识。比如南非山区的岩画，据说大多是由以采集狩猎为生的布须曼人创作的。布须曼人相信巫师能传递超自然的力量，通过进入梦境般的恍惚状态同神灵世界相连。岩画上许多人像正是一副神情恍惚的模样。进入恍惚状态的巫师还会体验到一系列的幻觉，如可以看到光的锯齿形、波纹形、螺旋形的形状，还可以看到他们认为重要的动物形象甚至他们自身[1]。这就可以解释岩画中大量存在的类似图形。在国内，比如针对天山地区的岩画，有学者提出居住遗址、墓葬和岩画是古代游牧文化聚落的基本要素，对这三类遗存需要进行综合研究[2]。再比如对于内蒙古阴河流域的岩画，也有学者在寻找它们和兴隆洼文化、夏家店上层文化等的关系[3]。

还有学者认为岩画是原始人凭借某种特殊的情感、运

[1] 保罗·G. 巴恩：《考古的故事——世界100次考古大发现》，山东画报出版社，2002年，第22页。
[2] 王建新等：《东天山地区早期游牧文化聚落考古研究》，《考古》2009年第1期。
[3] 田广林：《内蒙古赤峰市阴河中下游古代岩画的调查》，《考古》2004年第12期。

用原始思维镌刻出的，它们与所处的自然环境——山川、河流，甚至太阳、月亮构成统一体，因而强调对岩画进行实地考察时的体验和最初看到岩画时的感想。我在实地参观几处岩画时，心中确实都生出一些异样的感觉。比如在康家石门子，山崖在猎猎山风中是如此突兀、巍峨，让人顿感自身的渺小，也便不由得相信山体上的那些画像一定被注入了某种庄严神圣的情感。的确，关注岩画与自然环境的联系或可使我们相信很多岩画不只是对当时日常生活的简单表现，但面对岩画时的个体的体验和感受毕竟不是科学的研究方法。

如果缺乏合理的理论、科学的方法和可靠的文化背景，那么对岩画进行准确、客观的描述或许比解释或猜测更为重要。

一些远古民族相信岩画具有神秘力量。有趣的是，16世纪西班牙传教士在南美发现岩画对于土著居民所具有的宗教和祭祀意义时，便有意识地破坏了这些岩画，甚至在岩画的突出处刻上十字架，以表示基督教的优越性，或试图以此粉碎岩画形象的精神力量[1]。如此看来16世纪的西方殖民者也有几分相信岩画的精神力量。但在今天，岩画的力量却在于它吸引着我们进入古人的生活和精神世界。

（原载《中国文物报》2011年12月23日）

---

[1] 保罗·G.巴恩：《考古的故事——世界100次考古大发现》，山东画报出版社，2002年，第232页。

墙面面观

王　齐

　　墙本是一种屏障，其功能主要在于隔断空间。不过，有一些墙在历史上早已不再是单纯的屏障，而成为"纪念碑"。我参观过一些这样的墙，它们或者因曾在历史上发挥过重要功能而闻名于世，或者作为对一段历史的纪念默默矗立在城市的一隅，或者作为对城市史的展现而存在。把它们记述下来，或许会给人以些许启发。

一、长城

　　世界上最著名的墙当属长城。早在东周时期，秦、赵、燕等列国已在其北方边境修筑长城，秦汉时代在此基础上加以利用、衔接和新筑，最终形成了东起辽东、西到甘肃、长万余里的长城。长城沿线还有烽燧、城障等建筑设施。关于长城的记载也很早，比如《史记》中就记述有列国筑长城，或在长城一带相攻伐的内容。汉语"长城"的"城"有"城池"之意，这条横贯东西的长城也的确曾是中国北方重要的防线，直到明代它都帮助着中原王朝抵御北方游牧民族的侵扰。长城同时也成为一条文化分界线，将长城南北的农业文化和游牧文化分隔开来。随着战争形态的变化，特别是和平时代全球范围内的文化交融，长城已完全失去了它原有的作用。但由于长城因其宏大的规模而被视为统一大帝国的象征，还因为长城在历史上所扮演的角色，今天的长城成为人类的物质文化遗产，它吸引着世界各地的人慕名而来。长城已不再是起着阻隔和屏障作用的"墙"，而在积极发挥着促进文化交流和人类和平的作用。

二、巴黎公社墙

"巴黎公社"（La Commune de Paris）为出生、成长于20世纪五六十年代的中国人所熟知。在80年代的中学历史课本中，配合这段历史的还有一幅题名为"巴黎公社墙"的雕塑的照片。画面的正中央是一位胸膛中弹的女神般的"英雄母亲"，她在掩护身后战斗中的士兵。2000年夏天我到巴黎时，特意去寻找这面"巴黎公社墙"。几经咨询后，我来到了长眠着包括莫里哀、巴尔扎克、肖邦和德拉克洛瓦等艺术大师的"拉雪兹公墓"（Lachaise Cemetery），并在墓园的东北角找到了标号为17的Mur des Fédérés。只是，映入眼帘的并不是历史课本中的"英雄母亲"的雕塑，而是一面朴实无华的、真正意义上的墙，因为它是墓园与外界的分界线。在砖墙上嵌有一块石板，石板上刻有"为1871年5月21－28日公社死去的人们"（图一）。这面墙就是"巴黎公社"近150名社员在战斗的最后一星期内被枪杀的地点，墙上的石板就是为牺牲者竖立的墓碑。他们为理想献出了宝贵的生命，在法国革命史上留下了浓墨重彩的一

图一　巴黎公社墙

笔，最终得以在"拉雪兹公墓"与艺术大师们长眠，共同受到后世的景仰和纪念。至于那座"英雄母亲"的雕塑却不知在何方，这个困惑直到后来才得以清除。北京外国语大学的沈大力教授在1972年访问巴黎的时候就发现了这个问题，经过他的研究和查证，那座误入课本的所谓"巴黎公社墙"其实是一座题名为"历次革命的牺牲者"（Vicitimes des revolutions）的雕塑，与"巴黎公社"没有丝毫关联。雕塑于1900年完成，1909年被置于"拉雪兹公墓"西墙外的花园里，与真正的"公社墙"相对而立。可惜当时不了解这个背景，因此未能参观这座被误传的纪念碑。

三、柏林墙

柏林墙曾经是冷战时期的标志之一。1961年8月13日凌晨，当人们还在酣然沉睡的时候，一个酝酿已久的分割柏林的计划开始悄然进行。坦克和军队陆续驻扎东柏林地区，至破晓时分，95条通往西柏林的大街已被封锁，仅有13个被重兵把守的交界点开放，东柏林市民未经许可不得进入城市的西部。从这天开始，一道有形的和无形的墙将原本浑然一体的城市一分为二，多少骨肉分离的悲剧由此演生。

时光流转，今天熟知那段历史的人越来越少。虽然柏林城内仍留有三小段柏林墙遗迹供世人直接感受历史（图二），从被推倒的墙上取下来的墙块也被当作旅游纪念品出售，但是对这段历史还需要通过博物馆才能有更多了解。2000年夏天，我参观了柏林墙博物馆。

博物馆位于查理检查站（Checkpoint Charlie）旧址上。1961年10月25日，美苏坦克曾在这里对峙。从位于弗里德里希大街的地铁站出来步行不远，就能赫然看到一个高高竖立的警示牌，上面用英文、俄文、法文和德文书写着"你正离开美军领地"，一块美军警示标牌的复制品立刻就把人们带回到了那个非理性的年代。博物馆并不宽敞的展厅里集中提供了丰富的图片、影视资料以及实物，它们从各个角度向人们讲述着一幕幕悲欢离合和惊心动魄的故事。除了对历史片断的撷取和再现之外，令我感动的是，在留存下来的柏林墙的一面，我们能清楚地看到，柏林人曾经把这面起着阻隔作用的墙当成了抒发胸臆的场所，柏林墙成了一面艺术墙，虽然很多作画的人并不是职业艺术家。展览中有一幅画作令人感动：两只来自不同方向的手穿过墙洞碰在了一起，其中一只穿过荆棘送上玫瑰花，另一只准备接住玫瑰花的手上绳索缠绕，洁白的和平鸽就在它们的上方。墙可以阻隔人

图二 柏林墙

际的直接交通，但却阻隔不了心灵的沟通，更阻隔不了人们
对和平与友爱的憧憬。

四、成都井巷子"砖"历史文化景观墙

紧邻成都著名的消闲景区"宽巷子"和"窄巷子"的
"井巷子"中，有一道以砖为主题的历史文化景观墙。墙长
400米，使用了在成都出土、征集或仿制的从汉代到现代的
各种砖，在墙上砌成不同时代的台、城、墙、壁、道、碑、
门、巷，同时还有秦、汉、唐、明、清各时期的成都地图，
以及重要遗址和老建筑的介绍，参观这道墙就像浏览成都的
城市发展史（图三）。

整面墙有三个主题。第一篇章名为"历史的背

图三　井巷子文化景观墙

影"，表现最早的是4000多年前的宝墩城墙，除对宝墩城址和宝墩文化的文字说明外，墙上还嵌了一块城墙夯土。之后是金沙遗址等发现的商周时期的竹骨泥墙。有趣的是，竹骨泥建筑甚至在宽窄巷子中还有所保存。接下来是用取自羊子山周代遗址的黄土制成的砖表现羊子山土台。然后便到了秦时所筑的少城和大城，汉代的锦官城和唐代的罗城，表现宋城的是用宋砖铺成的城区道路，最后到了明代的成都。

　　第二篇章"历史的直面"，始于清代的成都，从清代成都的地图上我们已可以看到熟悉的城市布局和许多沿用至今的地名和街名。这段墙所用的砖为清代和民国时期常用的墙砖、宽窄巷子内的法式建筑用砖、1913年四川保路运动纪念碑用砖、"文化大革命"期间的毛泽东思想胜利万岁展览馆所用瓷砖等。结合老照片，这段墙重点展示了清代以来的城市格局，以及各时期的一些著名建筑及其背景。

　　第三篇章"历史的表情"，所用墙砖主要取自宽窄巷子及其他民居的现代青砖、红砖、火砖、水泥砖、七孔砖等，有的墙还直接从宽窄巷移来。这段墙不再突出成都粗线条的发展史，而主要表现宽窄巷子改造前的公馆和民居，并结合照片生动展现了2008年宽窄巷改造前的面貌，以及巷内的雨中叫卖、洗刷晾晒、斗鸟搓牌、喝茶吃饭等生活场景。

一部漫长而丰富的城市发展史和市民生活史就这样被"砌"在了一道短墙之中。从这面墙中我们"读出"的不是历史教科书告诉我们的社会发展阶段、王朝更替这样的宏观历史，而是与每个人的生活都密切相关的生活史。更有兴味的是，在我们阅读着墙上记刻的历史的同时，在墙的背后，普通的成都市民仍然继续着自己悠闲的生活。

* * *

在本文即将结束之际，我想起了成立于1966年的英国摇滚乐团平克·佛洛依德（Pink Floyd）于1979年推出的两张专辑《墙》，它们集中表达了演唱者因亲情缺失和与现实的隔阂而产生的孤独感——孤独犹如一面面墙，还有在孤独之中挣扎着拒绝做"墙上的一块砖"（"Another Brick in the Wall"）的强烈愿望。世上存在着有形的墙，更存在着形形色色的无形的墙。但愿那种阻隔心灵沟通的墙越来越少，更希望明智的人们不再人为地竖立这样的墙。

（原载《中国文物报》2011年1月14日）

时光隧道

——北九州市立自然史与历史博物馆观感

施劲松

在长满蕨类植物的幽深隧道两旁，岩洞里的禽龙小心守护着草丛中的恐龙蛋，坑洼里的小恐龙在看护下沉睡。隧道尽头豁然出现了朦胧的草原、隐约的湖泊和遥远的火山。在草木繁盛、泉水流淌的石灰岩山地上，准噶尔翼龙、蜥蜴龙和马门溪龙在四处觅食……夜幕降临，风声四起，星星依稀闪烁。继而传来雷鸣，由沉闷而尖锐，震耳欲聋。近在咫尺的闪电亮如白昼，倾盆暴雨中恐龙的叫声与雷声此起彼伏。渐渐地，雷声和雨声远去，只有风声如故。清亮的虫鸣和恐龙的叫声相交织，夜晚宁静安详。皓月当空，远远映出恐龙的身影；流星划过，落在旷野深处。天空开始泛红、变蓝，深远的蓝天在风声中神秘莫测。

这当然不是身处白垩纪，也不是观看科幻影片，而是参观日本北九州市立自然史与历史博物馆。从博物馆入口经过古生代和中生代的展示长廊，穿过一条隧道，我便进入了这个古环境展示馆白垩纪展区。通过另一端的隧道，走过大森林时代、海洋时代，便可进入人类时代。从3万年前北九州的旧石器时代到万年前的绳纹时代，人类开始采集，打猎，出现聚落。随后进入种植稻米、使用金属器的弥生时代，以及以巨大坟丘为标志的古坟时代。再往后，又经过了小仓城和

图一　北九州市立自然史与历史博物馆

反映中世纪武力争斗的场景模型、设在模拟遣明船舱内的小剧场，以及近代九州地区农户的田字形房屋，最后到了20世纪50年代北州钢铁工业兴盛时期八幡制铁所一名普通员工的公司住宅。住宅前的墙壁上放映着半世纪前的生活画面：孩子在街上玩耍，爸爸工作一天后回家，妈妈迎出门来接过东西，凝视着他走进家门……博物馆提及的最后内容已进入了21世纪。在与日本历史对应的世界大事年表中，我找到了与中国相关的1999年澳门回归和2002年杨利伟进入太空。

与其他历史博物馆不同，北九州市的这个博物馆包括了自然史与人类历史两大部分，前者展示了从地球诞生以来的自然和生命的发展历程，后者则以"路"为主题展示了北九州地区的历史发展与人类生活的变迁。这些其实就是人和人类家园的历史。除利用实物标本和文字展示历史外，博物馆还运用现代技术设置了许多场景模型和电影画面。那个白垩纪展示馆，即是通过360度体感式模型和逼真的声光效果，生动表现了一亿两千万年前的北九州。在展厅中穿行，我像沿着一条时光隧道，从洪荒时代一直到了我作为观众而存在于博物馆中的那一刻；又似乎是坐上了时间机器，任意让时光前行和倒流。

　　参观那天有很多人，包括很多孩子。人们对远古世界的好奇与生俱来，孩子们满脸的稚气和激动的神情生动地传达出了这一点。人类自从有了自我意识，也就有了了解自身历史的愿望。在时光的隧道中，我愈加感到人生的短暂，数十年的生命不可能让一个人走过历史的长河。那么，如何在有限的生命中去感知历史、认识过去呢？在博物馆的探索展区，陈列着各种岩石、古生物标本，对古环境的科学说明，以及科学家发掘和清理的场景，展现了对古生物和环境发掘、复原和研究的全过程。在从旧石器时代以来的主题馆里，陈列的是考古学家发掘出的石器、陶器、青铜器、铁器，以及由遗迹复原的聚落与城址。各种图片和文字还告诉人们，考古学家是怎样发掘和研究的。这些内容传达出的信息是，通过古地质学和古生物学，我们可以认识环境变迁和生命进化；通过考古学和历史学，我们可以清理出历史发展的脉络，把历史的"碎片"拼合成完整的图景。正是沿着由包括地质学、古生物学、考古学在内的科学的道路，我们才得以步入时光的隧道，走进过去。

　　当然，人们希望了解的并不仅仅是自己的历史，还希望认识周围的世界，因此人们还需要借助更多的学科来达到认识世界和认识自我的目的。从古代数学、天文学和医学等的最早创立，到16世纪近代科学的诞生，再到今天，不断发展成熟的科学使人们不断涉足新的领域并源源不断地获得新知识。科学不仅改善了我们的物质生活，科学技术的成就还不断地延伸着人们的认知手段。望远镜、显微镜和现代通讯技术就延伸了我们的视力与听力，航空器和网络技术使我们可以从一个空间到另一个空间。博物馆里的先进技术，则让我们看到了更为生动、直观的历史画面。从上帝造物论到进化论，从古希腊和中世纪以地球为中心的观念到今天的宇宙观，科学更是不断地改变着我们的世界观。如果说，科学的产生是为了满足人们的好奇心和内心深处的愿望，以及获得一个整体世界观的内在要求，那么科学的创立与发展极大地拓展了人类的认知能力，人类也以此克服了人自身的局限性。

我还在福冈县九州国立博物馆的环形屏幕上看到一幅感人的图景：千百万年前海陆变迁，火山喷发后又长出新的森林，人类聚落相继出现，几个赤身的人将绑着石矛的投枪掷向野鹿。月换星移，在今天的博多湾出现了高楼大厦。那个古人又出现了，只不过变成了一个银灰色的模糊身影，他仿佛从来就没有停止奔跑，他跑向海滩拾起那支投枪，与海边漫步的现代人擦肩而过……

今天的人们，不也渴望在科学的引领下，追逐着古人的足迹走向历史的深处吗？

（原载《中国文物报》2008年4月11日）

个体的生活史

——韩国国立民俗博物馆参观记

王　齐

　　像所有初到首尔的外国人一样，我参观游览的第一站便是位于首尔市中心地带、被誉为"朝鲜时代第一宫阙"的景福宫，在充分领略到该宫殿的优美环境之后，不免有一丝失望。这么说倒不是因为我的大国情结，觉得景福宫不过如导游手册上所说的紫禁城的缩小版；我亦无意比较中韩文化因历史的交往而留下的痕迹。但是，在看够了帝王将相的宫阙之后，我的确已经失去了惊叹的能力。正当我怀着失望的心情准备离开的时候，一眼看到了紧邻景福宫的"国立民俗博物馆"，看到了博物馆主建筑之外所展示的"药铺""布店"、磨盘、有轨电车等贴近日常生活的东西。我顿时来了兴致，决定去体验一下这座旨在展示"韩国传统和现代文化"的博物馆。

　　事实上，"国立民俗博物馆"所在地原本就隶属景福宫，它同样背依北岳山，主建筑的设计得自对韩国传统寺庙特色建筑的模仿。该馆创建于1945年，当时的名称为"国立民族博物馆"（The National Museum of Ethnology），第二年正式向公众开放；后几经搬迁、易主，最终于1966年落户景福宫，并于1975年易名为"民俗博物馆"（The Korean Folk Museum），直到今天。2003年该馆新增设了

图一　韩国国立民俗博物馆

　　"儿童博物馆"，一个没有"请勿动手"的标牌的博物馆，
鼓励青少年观察并亲身体验韩国民俗文化。

　　"国立民俗博物馆"共有三个常设展厅。第一展厅为
"韩民族生活史"，用图片、文字展示了韩民族从史前到当
代的生活编年史，学术性较强。名为"生产、工艺、衣食
住"的第二展厅让人耳目一新。这里没有编年体的排序，那
些标志着历史转折性的事件和实物也隐去不现，代之以日常
生活中随处可见的农具、工具、器皿，农作和狩猎的模拟场
景，色彩艳丽的韩服，各类民居的模型等。就连传统民居中
的"温突"即"炕"，也占据了不小的空间。对外国游客尤
具吸引力的是，韩国人几乎每餐不离的泡菜的制作全过程也
被完整呈现。各类时令"韩果"更以其明快的色彩和可爱的
造型引得参观者啧啧称羡。不知今天的韩国主妇是否还有时

图二 博物馆中的泡菜坛

间和心情制作这些适合不同节气、节日的花色糕点，也不知快节奏的韩国都市人在咖啡和奶油西点的冲击下是否还接受这些传统糕点，不过有一点是肯定的，这些"韩果"已经作为韩民族文化遗产的一部分留在了博物馆里，永远向今天和未来敞开。

最后一个展厅——"韩国人的一生"，一个吸引人的题目。个体的人生千差万别，怎样通过物来揭示人生的历程，这将是一个极具挑战性的课题。展览巧妙地撷取了一个韩国人心目中的理想人生模式，也就是14世纪的朝鲜王朝时期（1392～1910年）的士大夫阶层的生活样态，用文字和实物详细展示了该阶层的一个个体从出生到死亡的人生历程。朝鲜王朝以儒家性理学为建国理想，韩民族的文化事业在此期间得到了长足的发展，韩国的拼音文字即在此间问世。

展览从婚床和"胎梦"开始，告诉我们妇女对胎儿的期盼。从坐胎到生产，韩国人有布置"三神床"以及"祈手"的风俗，祈愿母子平安。随着新生儿问世，展厅里传出轻柔的催眠曲，虽然不懂歌词，但母爱的温柔能够超越语言的限制，渗透到参观者的心里。时光飞逝，很快我们来到了孩子的周岁生日。在玻璃橱窗内有庆祝周岁的欢快场景：孩子身着新衣，桌上有白色的米糕和一卷卷丝线，它们无疑代表长寿。接着是抓周的风俗。在任何时代，父母都对孩子有着深切的期望和祈盼，不过理性的家长知道，光有良好的愿望还不足以使孩子成材，士大夫阶层的子弟必须接受基础教育。于是在接下来的"学堂"展厅，我们看到了伴随着学童稚嫩读书声的学堂场景，还有汉字和韩文并存的《三字经》以及其他各类儒学基础读本。在展室角落的沙板上，参观者可以用削尖的长棍练习书写"天""地""人"三个汉字。

看到这里，我们已经可以判断，这一展览的主角是一个"他"，而且是位儒士，因为那毕竟是一个男性中心的社会。经过"成年礼"后，"他"步入婚姻的殿堂，为传宗接代做准备。由此，"他"在"家谱"中书写了重要的一笔，完成了为家族应尽的义务。但是，"他"在社会上的任务尚未完成。作为士大夫阶层的子弟，"他"必须建功立业，出人头地，光宗耀祖。于是，"他"参加科举考试，金榜题名，谋取功名，确立了在社会上的地位。有意思的是，功成名就之后，深受儒家思想洗礼的"他"显露出人生的另一面向，开始追求一种道家式的修身养性、追求与自然合一的生活方式。在家庭、事业双丰收之余，"他"没有舍弃艺术人生的乐趣，尽情享受丰富多彩的业余生活，文则吟诗、作画、弹琴，武则骑马、打猎、游戏。展厅内布置了各类韩国传统乐器，参观者还可以聆听各种乐器的演奏，其中包括2003年被联合国教科文组织"无形文化遗产"收录的"说书"（pansori）艺术的片段。

在演奏完人生的华彩乐章之后，"他"开始衰老，于是我们看到了"医病"一节。这里可以看到草药铺（观众可以拉开药柜的抽屉看到草药），"望、闻、问、切"的诊疗场景，萨满式的巫术，甚至算命先生和占卜书。古人的思路也是有逻辑性的：人吃五谷杂粮，难免生病。有病先请医问药，医治不得再请神弄仙，最终听天由命。我们的主角在度过隆重而喜庆的六十岁生日后，难逃命运之力的掌控，行进到了人生的终点。在肃穆的"丧礼"后，"他"与先祖齐聚"家族祠堂"，接受后代的纪念和礼拜。一个个体的生命终结了，但是家族的血脉将延续下去，人类的生命也将通过新的个体延续，焕发出生生不息的力量。

随着"他"的人生画上句号，我也结束了参观，重新投身到首尔熙熙攘攘的大街上，领略一个国际性大都市散发出的活力和风采。历史在前进，旧的东西总会被新的取代，在新旧更迭之间恰恰蕴育着无限的生机。但是历史不应被遗忘，所以我们才发明出多重手段为未来保存关于过去的点点滴滴。在我们从历史的长河中试图为后人撷取历史发展的片断时，我们很容易选择那些能够显示文明发展的极致的遗迹、遗物，容易将目光投向那些曾经叱咤风云或者有过辉煌人生的历史人物，而忽略日常生活中不可缺少的民俗物品以及在民间终身默默劳作的平凡人。但是人类历史并不只是一部英雄史，平凡的人同样见证、参与了历史的发展，他们的生活细节、思想情感理应成为人类文化遗产的一部分。韩国民俗学家芮庸海说过，所有的民俗物品都是"人间文化财"（"财"即汉语中的"遗产"）。韩国人对这类文化遗产的保护也十分成功，除这座专门的"民俗博物馆"外，在"国立中央博物馆"里也有来自民间的个人捐赠物室，有一个展室展出的是采自韩国各地的用来捶打衣服和给衣服上浆的石板。这些早已从现代生活中隐去的石板如今担当起讲述历史的任务，正因为它们的存在，关于过去生活的图景才变得更加立体化，同时也多了一些色彩。

（原载《中国文物报》2008年10月24日）

哈德良长城

施劲松

2014年9月18日，苏格兰举行了举世瞩目的独立公投，最终45%的人赞同独立，而55%的人反对。这场不仅事关苏格兰和英国命运，甚至将会影响全世界的独立公投，终于以苏格兰继续留在"联合王国"内的结果尘埃落定。

这场和平公投让我想到了位于苏格兰和英格兰分界线附近的"哈德良长城"（Hadrian's Wall）。今天苏格兰和英格兰的分界线，是从西边爱尔兰海的索尔韦湾向东北直达东海岸的贝里克。在这条分界线的南边不远，即是世界文化遗产哈德良长城——罗马人修筑的防御系统。公元前55至前54年，凯撒大帝两度率罗马军团入侵不列颠，只是罗马人并未在此停留，转而与法兰西的高卢人作战。公元43年，罗马皇帝克劳狄一世率军征服不列颠，此次罗马人留在不列颠，并将之归为罗马帝国的一个行省，史称Britannia。为了阻止北方的"野蛮"民族南下，罗马人于公元80年开始修建一条横贯不列颠岛的"长城"，它由不同时期的防御工程组成，全长118公里。其中，主体部分始建于公元122年，当时罗马在位的皇帝为哈德良，因而这条防线被称为哈德良长城。"长城"于公元4世纪后逐渐废弃，但这条罗马帝国最北的防线至少在那个时期导致了不列颠南北区域文化和历史发展的差异，这或许对日后苏格兰和英格兰的民族性的最终形成有所影响。

聚居在不列颠岛北部的居民，最早是凯尔特部落的皮克特人。在公元1至5世纪罗马统治不列颠时，皮克特人处在罗马帝国的疆域之外，他们经常侵扰罗马帝国的不列颠行省，但却较少受罗马文明的影响。公元5世纪末、6世纪初，凯尔特部落的斯科特人从欧洲大陆经爱尔兰进入苏格兰，于9世纪击败皮克特人后统一了苏格兰。从13世纪末，苏格兰人的民族意识在与英格兰人的战争中逐渐增强，好莱坞著名影片《勇敢的心》讲述的就是这一时期苏格兰英雄威廉·华莱士在斯特灵和福斯湾等地与英格兰作战的事迹。17世纪，英国爆发了由资产阶级和新贵族反对封建专制王权的内战，苏格兰也参与其中。在两次内战结束后不久，苏格兰被英国征服，并于1707年正式并入英国。在不列颠岛南部，公元前6至前1世纪，凯尔特部落的不列颠人和比利其人等从欧洲大陆沿海来到岛上，消灭、同化了原来的以巨石文化著称的伊比利亚人。在罗马帝国统治期间，今天的英格兰地区的政治、经济、文化等深受罗马文明的影响。在经历了日耳曼部落的盎格鲁人、撒克逊人等和北欧维京人的入侵之后，不列颠岛的南部最终形成了经济、文化统一的英格兰。罗马人修筑的哈德良长城虽非以后苏格兰与英格兰的分界线，但在罗马帝国之后，许多入侵与反入侵的残酷战争就发生在"长城"一带。

哈德良长城主要为石砌，一般厚3米、高6米，表面为平整的石条，内部为不规则石块。夯土墙底部厚6米，顶部有木板女墙。沿城墙每8公里建有城堡或要塞，也有上层瞭望、下层居住的塔楼，还有兵营和驿站。现存的建筑设施除了在山间原野上蜿蜒的墙体外，还可见石砌的浴池、储水池和粮仓等。这样一条"长城"是罗马帝国最完整、最壮观的防御工程和居住设施。

2013年夏天我在英国参观访问，有一天的行程即是从西海岸的温德米尔湖区到爱丁堡。我想由英格兰到苏格兰，总会经过哈德良长城，便向司机询问。司机对我关心"长城"大感意外，便热切地向我介绍，并说正好可以顺路参观一处著名的遗址。为此大巴车由高速公路改行乡间公路。遗憾的是部分同行人员对"长城"缺乏兴趣不愿前往，最终我只能无奈地看着指向哈德良长城遗址的路标从车窗前错过。不过司机还是设法在一个地方暂停，下车即可看到不远处的树林中卧着一段墙头（图一）。那里既非参观点，亦非遗址博物馆，所以看不出"长城"的气势，也没有显出罗马建筑的壮观。即便如此，公路边仍立有标示牌，说明哈德良长城为世界文化遗产。距离这段墙头不远，还可看见一座石桥，据说那也是罗马时期的建筑。离开"长城"继续行进在乡村公路上时，司机向大家解释说他就在这附近长大，改行的路可能需要多花些时间，但却可以让我们领略到英国最美的乡村景色。我深以为然。一路上是苍翠的森林、开阔的牧场，还有山间偶见的教堂。在旷野中我仿佛感觉到悠扬的风笛声从远处飘来。

作为战争防御设施，哈德良长城早已失去了它的功能，在它周围发生的战事也已成为历史，如今它彻底转化为一项人类共同的文化遗产。今天，哈德良长城的意义不止于体现

图一 哈德良长城

了罗马文明的成就，或是记录了不列颠岛上的一段历史。当服务于战争的设施最终成为文化遗产时，这本身就昭示了人类在艰难的进化过程中自我认识的一次提升，同时也是对人类价值的丰富和完善。

（原载《中国文物报》2014年10月14日）

毁灭与重生

——考文垂大教堂的启示

施劲松

距当今时代最近、同时也是人类历史上规模最大的战争——第二次世界大战，曾留下大量的战争遗存。这些遗存或是记录了战争的过程与结局，或是反映了战争的苦难与创伤，或是为了缅怀死者，或是为了纪念胜利。其中一些战争遗存的内涵与我们通常理解的标志着人类文明成就和社会进步的文化遗产无关，之所以仍将它们保存下来，只是为了向世人警示战争的残酷，让后人铭记历史，珍惜和平。在以弥合战争创伤和开创美好未来为直接目的而加以保存的战争遗迹中，英国的考文垂大教堂（Coventry Cathedral）堪称典型，它的毁灭与重生能够带给我们诸多启示。

一

考文垂位于英格兰中部，在中世纪时即通过纺织和钟表制造业积累了大量财富，到莎士比亚生活的时代，考文垂成为宗教神秘戏剧演出的中心。维多利亚时代以来，考文垂发展成英国的工业城市，从缝纫机和自行车的生产发展到马达和飞机的制造。1940年8月，德国对英国发动空袭，随后发展为不列颠战役，战役一直延续到第二年5月。1940年9月不列颠战役进入第二阶段后，德国空军为摧毁英国军民的意志而对伦敦和其他工业城市实施夜间的闪电式突袭。由于考文垂的很多工厂在第二次世界大战爆发后开始生产包括炸弹、坦克、侦察车在内的军工产品，因此考文垂作为英国军事重镇成为德国空袭的目标。

1940年11月14日夜，德军出动500余架轰炸机对考文垂实施了长达11小时的不间断的狂轰滥炸。考文垂这座保存最为完好的欧洲中世纪城市之一被火焰和浓烟笼罩，4330所住宅被毁，四分之三的工厂受损，554人遇难，865人受伤。在轰炸行动中，始建于中世纪的考文垂大教堂被击中，燃烧后只剩下主体框架。具有反讽意味的是，德军此次空袭的行动代号是"月光奏鸣曲行动"（Operation Moonlight Sonata）[1]。"月光奏鸣曲"原是人们对贝多芬《升C小调钢琴幻想式奏鸣曲》的雅称，因为第一乐章的浪漫、娴静令人想起了"卢塞恩湖上的月光"。这样一部人类艺术史上的杰作被德军肆意滥用于造成生命和财产严重损失的轰炸行动，正与邪、美与恶形成了强烈对比。

就在考文垂大教堂遭遇轰炸的第二天早晨，在教区长理查德·霍华德（Richard Howard）的直接感召下，教区做出了重建教堂的决定。同年圣诞日，霍华德在大教堂废墟上通过一家全国性的广播向世人宣告，当战争结束后，他将与今天的敌人合作，"共建一种更友好、更像基督的

---

[1]　关于"月光奏鸣曲行动"的细节参见www.cwn.org.uk/heritage/blitz.

儿女的世界"（to build a kinder, more Christ-child-like world）。考文垂大教堂的重建旨在使信众走出愤懑和憎恨的情绪，并在耶稣倡导的"爱你的敌人"的宽宥和谅解的基督精神感召之下，致力于建设和平与和解的未来。与之相应，重建方案也不是简单地清除断瓦残垣，然后在废墟之上复制出一座新教堂，而是在废墟一旁另建一座新的现代风格的大教堂，同时保留废墟遗迹作为新教堂的一部分。1956年，英国女王亲手为新大教堂奠基，1962年大教堂竣工，新教堂的一侧直接连接着保存完整的旧教堂遗址。

今天，当参观者绕过城中心成片的建筑来到新的大教堂建筑群面前时，会立刻为教堂废墟遗址的肃穆所震慑。昔日的中世纪教堂，如今只剩下空旷的基址和红砖砌筑的四壁，残墙上依然可见头戴荆冠、双手被束的耶稣的浮雕。高大的拱形窗空空如也，但在与视线齐平的地方，奇迹般地保留着小块的手工彩绘玻璃，查阅资料才知那是15世纪杰出的手绘玻璃大师约翰·索尔顿（John Thornton）的作品。正厅、祭坛、圣殿和各小教堂荡然无存，唯有西端的哥特式尖顶塔楼孤独地指向天空，传递着向天庭飞升的象征涵义（图一）。地面上巨大的圆形柱础石上的铭文在表达对上帝的感激之余，还提醒下一代铭记所有为二战前线做出自我牺牲的人。所有这一切明白无误地指示着被毁前教堂的庄严宏伟，而这一点也与悬挂于墙壁上的有关古教堂的历史和考古发掘的文字说明相互佐证。

遗址上还保存或设置了不少来自被毁教堂的纪念物，其中最为显著的就是置于教堂东端一个半圆形小室里的木十字

图一 考文垂大教堂
西端塔楼

图二 考文垂大教堂东端半圆形小室

架（图二），它背后的砖墙上铭刻有"Father, Forgive"
（父啊，请宽恕）两个醒目的大字。这个十字架颇具宗
教传奇色彩：在教堂遭轰炸不久，教堂石匠福比斯（Jock
Forbes）发现两根烧焦的中世纪教堂的房檩从房顶落地时恰
好呈十字状，于是便将其固定后放置在废墟上，这个木十字
架也因此被视为宗教圣物。只是我们在遗址上看到的是复制
品，原件存放于新旧大教堂的结合部。

　　另一件重要的宗教性遗物是由三根取自被毁中世纪教
堂的铁钉所组成的"铁钉十字架"（Cross of Nails），它
被放在新教堂圣坛的中央。铁钉十字架的诞生虽然没有传
奇色彩，但却具有深厚的基督教神学涵义：两根水平放置的
铁钉标志着人与上帝的和解，而垂直的铁钉则标志着个体

图三　柏林威廉皇帝纪念教堂

与团体的和解。因此，制作和摆放"铁钉十字架"源自纯粹的理性考量，其目的在于播撒和平与和解的基督精神。同样形制的取自考文垂大教堂废墟的"铁钉十字架"后来被送给了柏林的威廉皇帝纪念教堂（Kaiser Wilhelm Memorial Church）。这座初建于19世纪末的德国教堂同样在二战中毁于盟军的轰炸，如今该教堂地处柏林市中心，从很远处即可见被特意保留的被摧毁的教堂塔楼，残损的黑色尖顶在城市的天际线中显得格外醒目（图三），它与建于1959～1963年的新教堂及钟楼一起成为柏林的地标性建筑。后来，赠送"铁钉十字架"的行动延伸至世界上许多因民族、宗教和国家利益而发生冲突的地区，目前已有160个"铁钉十字架"被送出。20世纪70年代，所有接受了十字架的教区成立了"铁钉十字架共同体"（CCN，Community of Cross of Nails）。如今，这个"共同体"包括了分布在35个国家的教堂、志愿者、社会团体、和平与和解机构。他们本着耶稣"爱你的敌人"的教导，积极应对因激烈冲突而对个人、社会和经济所造成的创伤，致力于解决由宗教、种族和民族差异造成的分化和敌视。"铁钉十字架"在世界范围内成为和平与和解的象征。

二

考文垂和柏林都有其他战争遗迹和战争记忆公园，而把在战火中残存的教堂作为重点加以保护，这一点寓意深刻。基督教堂原本是信徒的圣地和家园，欧洲卷入二战的双方拥有共同的基督教文化背景，他们同是"上帝的儿女"，本应成为兄弟姐妹。但战争使他们彼此对立，正义和邪恶双方的人民在战争中都成为牺牲品。这个意义上，教堂遗址或许比其他战争遗址更能让世人铭记战争的愚蠢和残酷，敦促人们不再重蹈覆辙并懂得尊重生命、珍惜和平。

除了让人们牢记历史、珍惜和平外，考文垂大教堂遗址显然还有更深刻的含义。忘记过去意味着背叛，只是对于考文垂教堂遗址的建立者而言，牢记过去不是为了让仇恨世代相传，重建行动以毫不隐晦的方式传递着基督"爱你的敌人"的和解信息，并由此让人们重新树立面对未来的信心和希望。

"信""望""爱"是基督教的核心思想，尤其是"爱"，它被认为是基督教带给世界的"福音"。如果说人们在《旧约》中更多看到的是"上帝"的愤怒、训诫、律法和惩罚，是"以眼还眼，以牙还牙"[1]的复仇原则的话，那么到了《新约》，这种思维方式已彻底改变，"爱"成了主旨。"上帝"化身为人、并且为拯救人类而牺牲的故事为人类提供了一个爱的模本，这个榜样不仅唤起人们"尽心、尽性、尽意"地爱"上帝"[2]，也不仅仅是爱自己的亲人——这一点很容易做到，而是要求人们超越血缘亲情、超越个人利害地去"爱你的邻居"，最终达到"爱你们的仇敌"[3]的至上精神境界。"爱"跟律法的根本区别在于，"爱"是"自愿的"因而也是自由的行为，它的动力来自内心的意愿而非任何外力的驱策。正是在基督之爱的感召下，考文垂教区从教堂被毁的那一刻起就致力于缔造和平和充满希望的未来。

同样浸濡在基督教文化背景下的德国选择了与基督之爱相吻合的行为，那就是"悔悟"。"爱""和解""悔悟"这些概念在基督教教义体系中原本就是相互交织的。就基督教的核心"原罪"而言，"悔悟"是人们发自内心地、自由地去爱"上帝"的代名词，也是人们勇敢面对自己所犯"罪过"的积极态度。在今天的柏林，保存着许多与二战有关的遗迹，除前述威廉皇帝纪念教堂外，还有残存地基的盖世太保总部遗址，仍旧布满弹痕的街区建筑等。有的遗址成为博物馆。包括一些大教堂在内的众多博物馆和展览馆，如实地对世人讲述了二战时期德国和柏林的历史，没有掩盖和隐瞒，详尽的"事实"传

---

[1] 《旧约·出埃及记》第21章第24节。
[2] 《新约·马太福音》第22章第37节。
[3] 《新约·马太福音》第5章第44节。

图四　考文垂大教堂雕塑
《幸存者的合唱》

达出的正是"悔悟"和警示。正是因为这类遗迹和博物馆随处
可见，柏林才让人觉得具有真切的历史感。

　　于是，战争中邪恶的一方直面历史并发自内心地主动
"悔悟"——这是实现真正和解的前提，正义的一方则发自
内心地以基督之爱的精神包容和谅解曾经的敌人，双方的目
标都在于共同建设美好的未来。在考文垂教堂遗址上，有两
座安放在空旷基址上的雕塑作品：一座题名为《幸存者的合
唱》（Choir of Survivors），表现的无疑是战争带来的苦
难，或许还有在苦难中留存的希望（图四）。另一座雕塑
《和解》（Reconciliation）则充满温情：一对青年男女相
对跪地，双臂环抱，面孔深埋在对方的肩头，仿佛为经历了

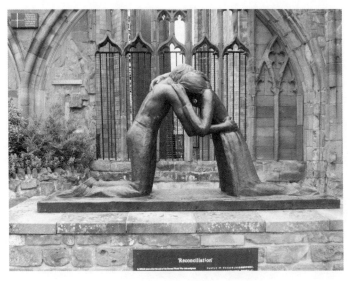

图五 考文垂大教堂雕塑《和解》

生离死别之后的重逢相拥而泣（图五）。这座雕塑是1995年
二战结束50周年之际由艺术家约瑟芬娜·德·维斯康蔡勒斯
（Josefina de Vasconcellos）创作，另一件完全相同的雕塑
矗立在日本广岛的和平公园，那是考文垂人民播撒着"信"
"望""爱"的礼物。就在刚刚过去的2014年圣诞节，伊丽
莎白女王在例行的圣诞致辞中选择了"和解"作为主题，她
在开首处即提到了考文垂大教堂的这座雕塑。据女王的致
辞，雕塑的灵感来源于战后一位妇女徒步前往欧洲大陆寻找
失散的丈夫的故事。作为圣诞致辞，女王提到了耶稣及其使
命，她视耶稣为"和解与谅解的楷模"，"耶稣所传播的爱
和治疗的福音教导着人们寻求对所有人的尊重和珍视，不论

持何种宗教信仰，甚至不论是否拥有宗教信仰"。这个意思
当是对耶稣精神的最佳诠释。

三

　　第二次世界大战结束后，欧洲交战各国最终实现了
和解，共同致力于缔造和平的未来。之所以能够实现这一
点，除了政治、经济、文化等多方面的因素外，基督教信
仰中由"爱""谅解"和"悔悟"所构建起来的思想无疑
发挥了应有的作用，基督教信仰使上帝的儿女重新团结在
一起。对于没有基督教文化背景的人而言，我们或许感受
不到考文垂大教堂所衍生的死亡与复活的故事所带来的对
信仰的冲击力，甚至会对故事所传达的宗教传奇和迷信色
彩不以为然，如信徒因烧焦的房檩落地呈十字架形的偶然
现象而受到的震动。但是，如果我们把宗教当作人类文化
的产物的话——因为我们并无宗教信仰——那么，信仰就不
仅仅是对某种组织制度性的宗教的信仰，它也可以是对某种
宗教理念的信仰，由于是理念性的，它只能是纯粹内心性的
信仰。事实上，对信仰的内心性的意义的强调在《福音书》
中就出现了。耶稣对犹太教所做的改革就是破除对犹太律法
主义的机械恪守，强调将信仰移至内心和精神的层面。耶稣
要求的不是人们"用嘴唇尊敬我"，而是要用心[1]。至16世

---

[1]　参见《新约·马太福音》第15章第8节。

纪宗教改革时，路德强调个人直接面对"上帝"，每个人都有权诠释《圣经》，每个人都有可能成为自己的牧师，但基督教徒彼此又互相成为对方的牧师，于是信仰的内心性被进一步加强[1]。人们完全可以越过对组织制度性宗教的信仰，直达基督教的理念，反思基督教思想观念可能带给当今世界的启示，就像英国女王的圣诞致辞那样，在有或者没有信仰的前提下，我们都可以从耶稣所宣扬的"和解"的理念当中受到启迪。

考文垂大教堂同时可引起我们对战争遗存这类特殊遗产的思考。我们通常理解的"遗产"（heritage）指的是国家和社会长期形成的历史、传统和特色，"文化遗产"更是指反映一个民族与社会的文化成就和创造力的遗迹、遗物，其意义在于它们所蕴含的历史、文化、科学和艺术的价值。那么，对战争遗迹尤其是近现代史上的一些战争遗迹的保存，其目的无关弘扬和赞美，只为警示世人，不忘历史。更有纳粹死亡集中营和"侵华日军第731部队旧址"这样的战争遗存，它们揭示的是战争中反人类、反文化的罪恶与暴行，因其直接记录了人类文明史上最黑暗的一页，因而只能视其为"战争遗存"或"罪证遗址"。不过，也有不少古代的战争遗存，诸如军事城堡、防御工事等，同样是战争的产物却被视为文化遗产、甚至进入世界文化遗产名录。时间淡化了这些遗存所涉及的道义问题，

---

[1] R. Dean Peterson, *The Concise History of Christianity*, pp.204-205.北京大学出版社，2002年（英文影印版）。

使它们只是作为单纯的"物质遗存"或人类的建造物而存在。但深究这些遗存的价值以及保存它们的意义，归根到底还是因为它们不仅记录了人类的历史，更可以启示当今与后世。

(原载《南方文物》2015年第2期)

"考古大发现"杂谈

施劲松

2011年1月7日的《中国文物报》介绍了美国《考古》杂志2011年第1期评选出的2010年世界10大考古发现，希望国内学术界有所借鉴。有意思的是，中国的《考古》杂志每年也会报道国内上一个年度的6项重要考古发现，国家文物局每年组织评选中国的年度10大考古新发现。中外学术杂志或机构不仅都组织这类年度评选，而且还会从一个更长的时间段内审视历史上的考古大发现。比如，著名的英国考古作家保罗·G.巴恩曾主编并约请欧美众多考古学家撰写《考古的故事——世界100次考古大发现》，该书于2002年出版了中译本。我国的《考古》杂志也曾于2001年组织全国的专家评选出20世纪中国的100项考古大发现，其后编著的《20世纪中国百项考古大发现》也于2002年出版。

中外都评选各类考古大发现，这首先是因为考古发现不断丰富着我们的知识，拓展出新的研究领域和方向。渴望了解历史奥秘或许是关心着"我是谁""我从哪里来""我往何处去"这些终极问题的人的自然倾向。不仅如此，世界各地出土的考古发现还体现了古代文明的成就，尤其那些宏伟建筑和精美艺术品更是常常引起人们的惊叹，因而人们总可以从某个角度或依据某种标准对这些发现进行评比，评比的结果又会在考古学界甚至全社会产生广泛影响。我不熟悉美国《考古》杂志的10大发现及世界100次考古大发现中的许多具体内容及学术价值。不过仅从项目类别上也可看出它们所具有的一些特点。

首先，这些发现并不只限于一国，而是分布于全世界。美国《考古》杂志评选的2010年10项发现中计有欧洲3处、北美洲3处、南美洲2处、非洲2处。世界100项发现更是遍及五大洲。其次，评选标准呈多样性，而不是仅仅根据遗迹的壮观或遗物的精美程度。以美国《考古》杂志2010年10大发现为例。土耳其公元前4世纪卡里亚王国的赫卡托穆陵墓、危地马拉玛雅城市埃尔佐茨的皇家陵墓、秘鲁哈恩的早期金字塔，内容丰富、壮观。加拿大班克斯岛的1853年英国海军"调查者号"沉船和美国弗吉尼亚的1608年教堂，可能更多反映了美国人的关注点。埃塞俄比亚距今360万年的人类化石表明这些早期人类的祖先可以直立行走；希腊克里特岛距今70万～13万年间的遗址出土的石制品与海德堡人和直立人的石工具相似，如果由此说明13万年前人们可以穿越地中海，那么就需要重新设定早期人类迁徙的种种假设；在突尼斯发现的迦太基儿童墓地，则推翻了长期以来认为的公元前8世纪至2世纪迦太基人把大量儿童作为祭品的论断。从某种程度上说，上述3项发现在带来新认识的同时还提出了更多的问题。还有2项不属于田野发掘。一是德国科学家首次完成了尼安德特人基因谱测序和与现代人的对比，认为在10万～8万年前，解剖学意义上的现代人祖先离开非洲走向世界时，尼安德特人曾与智人杂交。二是美国科学家发明了放射性碳素年代无损测定法，并将测年准确性提高了一倍。前者是一项重要的研究成果，后者是一项新技术。

对考古发现的理解和关注面的差异会使我们对考古发现的重要性产生不同的认识。宏大的古代建筑和精美的遗物集中体现了古代社会的文明程度和艺术成就，无论是出于学术的眼光还是公众的兴趣，它们往往都可以被列为重大考古发现。但若从科学研究的角度出发，一些看似寻常甚至简单枯燥的发现也有重要的学术意义，前述埃塞俄比亚的古人类化石和克里特岛的遗址便是如此。一项考古发现可能在有重要学术价值的同时也能吸引社会的关注，但也可能并非如此。具有轰动效应的考古发现能提高公众对考古科学的关注程度，但那些看似平常的考古发现、综合研究成果甚至新的研究方法和手段同样需要向社会传播，考古学家有责任将人们对考古学的热情引导至正确的方向。

面对各类考古发现，我们不能只满足于直观的感受，更需要了解它们隐含的意义，这就需要我们不断地对考古材料进行"再发掘"，不断深化我们的认识。以我国《考古》杂志组织评选的20世纪100项考古发现为例，它们之所以重要，并不仅仅因为它们是由全国的专家广泛评选出来的，更重要的是，我们是站在今天、从中国考古学发展史的立场来理解这些考古发现的意义的。因为有了一定的时间间隔，对这些发现所解决或提出的学术问题，以及它们在考古学史上的地位，也有了更多的理性反思。有很多遗址都需要经过长年的发掘或是研究，甚至需要其他相关材料补充之后，其重要性才能从多方面不断开显出来。

比较中外的考古大发现，我们最后还可以看到，美国

《考古》杂志评出的2010年10大发现中并无中国及亚洲的内容。从2006年至今5年的考古大发现中，有关中国的发现只有2项。其中一项是2008年度的北京周口店田园洞约4万年前的人类化石的脚趾特征构成了人类最早穿鞋的证据，第二项是2006年度的DNA分析得出秦始皇陵附近一座墓葬的死者可能是被强迫修陵的波斯俘虏。这两项发现在中国似乎没有引起太多关注，而它们的意义也是经过更深入的研究才被"发掘"出来的。《考古的故事——世界100次考古大发现》中涉及中国的9项发现，大多是作为远东项目与其他亚洲国家的考古发现合并介绍的。中国组织的各类评选都只限于中国的考古发现。这表明，不同的语言、不同文化背景下的学术取向与关注点、以各自文化为中心而采纳的不同立场和视角，都使中国考古学与世界考古学缺乏相互了解，要做到彼此间深入的了解恐怕还有很长的路。

（原载《中国文物报》2011年3月4日）

影像世界中的考古学

　　公众考古学是近年来一个新的学术关注点。除了考虑如何让考古学家走出学术的象牙塔从而承担起对公众的责任之外,公众应当对考古学有着怎样的认识和期待,在文化遗产保护的问题上应该承担怎样的责任,这个问题同样值得关注。由此我联想到了影像世界所表现的错位的考古学,以及这种误解对于公众的影响力,因为作为大众文化的重要组成部分,电影对公众的影响力往往超出人们的预想。无疑,在这个方面最有代表性、最有影响力的当属好莱坞系列冒险影片《印弟安纳·琼斯》(Indiana Jones)。从1981年首次推出的《抢夺丢失的法柜》开始,直到2008年的《水晶头骨的王国》,20多年来已经有四部影片问世。《印弟安纳·琼斯》拥有超强的创作阵容,故事原创者是《星球大战》的导演乔治·卢卡斯,导演则是在好莱坞呼风唤雨的斯蒂夫·斯皮尔伯格,男一号更是由人气明星哈里森·福特担纲。这样的电影不仅在票房上赚得盆满钵满,而且由于主人公琼斯博士的身份是学院派考古学家(他在一所虚构的位于麻省的马歇尔学院任教),在美国公众的眼中,印弟安纳·琼斯竟然成了考古学家的典型,他的冒险故事甚至激励了很多青年选择学习考古学。我最初接触影片也是因为一位美国哲学教授的推荐,只不过他表示那并不是考古学。这样"名利双收"

的结局恐怕是影片的原创者始料未及的。

　　事实上，根据"卢卡斯影业"的档案资料，影片原创
人员的初衷只是想讲述一个"英雄"传奇般的冒险故事。乔
治·卢卡斯在完成了其未来主义的《星球大战》之后，一心
希望推出冒险题材的系列动作片，于是自然地，与充满未
知因素和不确定性的"过去"打交道的考古学家的形象便浮
现在他的眼前。卢卡斯找到了向往拍摄007影片的斯皮尔伯
格，两人一拍即合，共同塑造了一个拥有考古学家的身份、
并且拥有对古代文明和古代语言的渊博知识的"主人公—英
雄"（hero）印弟安纳·琼斯的形象，甚至最终使他成为公
众心目中的考古学家的代言人。Hero在西文中兼有"主人
公"和"英雄"的双重涵义，但主创人员从一开始就非常明
确地要使影片的"主人公"成为一位"英雄"，而且是一
位带有20世纪30年代插图小说和系列冒险电影风格的老派的
"英雄"。为了使这位"英雄"的形象更加丰满和人性化，
他们设计情节使影片的"英雄"会且很容易受伤，会且常常
犯错误，因为"英雄"毕竟是人而不是超人。在这个思路的
引领之下，银幕上的考古学家印弟（"印弟安纳"的简称）
身着皮夹克，头戴呢软帽，手上从未携带纸笔、手铲或者
其他测绘仪器，而是握有一根长鞭，其高超的挥鞭技艺禁
不住让人联想起银幕大侠佐罗；他躲避子弹、从陷阱中逃
脱、与敌人近距离肉搏的举动更是令真实生活中的考古学家
们望尘莫及，因为这差不多已经是007的身手了。作为"英
雄"的印弟纵横世界各地所从事的"考古活动"不仅令公众
眼花缭乱，更令真实世界的考古学家瞠目结舌。印弟不仅

满世界找宝，而且所寻找的都是些具有超自然色彩的"圣器"。在他首次亮相的《抢夺丢失的法柜》中，印弟运用了从其恩师、芝加哥大学瑞文伍德教授那里秘传的知识成功地从纳粹手中抢走了《圣经》中所记载的"法柜"（Ark of the Covenant），并且目睹了"法柜"的神奇力量。"法柜"是《圣经》中的重要"宝器"之一。根据《旧约·出埃及记》的记载，摩西先是在西奈山听取了耶和华颁布的"十诫"（参第19～20章），然后正式立约，并依照耶和华的吩咐建造了圣所和各样器具，"法柜"用来放置刻有耶和华诫命的石版（参第24～25章）。《出埃及记》中对"法柜"有详细的描述：长宽高尺寸，皂荚木包金，镶金牙边，四脚装四个金环，两根皂荚木包金的杠可以穿在环内将法柜抬起（参第25章第10～16小节）。真实世界的考古学家从古埃及的王陵中发现有一种包有薄金片、可用杠抬的神龛，其时代与摩西出埃及的时代相同；而且在西奈山和巴勒斯坦南部地区发现的神庙中明显看到了埃及的影响，这表明《圣经》具有一定的"历史文献"的价值。在第三部影片《最后的十字军》中，印弟的父亲被塑造成了"圣杯"（Holy Grail）的保护人，他遭到纳粹绑架。为了解救父亲、保护"圣杯"，印弟与纳粹分子在地下和空中展开了殊死格斗，最后亲见了"圣杯"的神奇力量。"圣杯"在中世纪传说里是耶稣在"最后的晚餐"中使用的杯子，后来成为骑士追寻的对象。"圣杯"即便不像小说家丹·布朗于2003年推出的风靡全球的《达·芬奇密码》中所诠释的代表"耶稣的血脉"的话，在宗教学家和艺术史家眼中，"圣杯"也早已成为"艰难追

寻的对象"的象征了。因此，影片中所表现的"法柜"或
"圣杯"的超自然力量只能算是宗教信徒的良好愿望和艺术
家的大胆想象。

无可否认，作为一部冒险题材的动作片的主人公，印弟
的形象是有吸引力的，他能让公众暂时忘却真实世界的烦琐
平庸，让我们步入一个传奇世界，一次次感受非凡的冒险。
但是，作为考古学家的印弟的形象必定会遭到真实世界中的
考古学家的质疑。著名的考古作家保罗·巴恩在《考古的故
事——世界100次考古大发现》的序言开首处就明确指出，
考古学同《印弟安纳·琼斯》所描述的并非一回事。美国一
些大学考古系教授会给刚入门的学生播放这部影片，不过目
的却是要告诉学生，真正的考古学与影片所表现的内容截然
相反。严格地说，印弟不仅不是一个称职的考古学家，因为
他从未遵守科学的考古发掘的程序和规则；而且作为一个不
惜代价的寻宝人，他的诸多行为构成了对考古遗址的严重破
坏。在今天后殖民主义的语境之下，印弟安纳在全球范围内
猎取和抢夺宝物的行为更是违反了考古学研究的基本伦理道
德，他的行为不可避免地带有殖民色彩。更为糟糕的是，印
弟冒险行动的目的与考古学在根本上是背道而驰的。影片所
突出的印弟对于超自然的"圣器"的抢夺迎合了普通公众对
于"考古即挖宝"的假想，但是，科学的考古学接触的往
往都是古人在平凡的日常生活中所遗留下来的种种"痕迹"
（traces）。在考古学家眼中，凡是能透露给我们关于"过
去"生活的点滴信息的东西，哪怕只是块残破的瓦片，它们
都是"宝物"。问题是，印弟安纳·琼斯的塑造者从一开始

就没有把真实再现或反映考古学的面貌视为己任，好莱坞的艺术家很可能并不认同自己有此义务，对此亦无可厚非。但是，无论是乔治·卢卡斯还是斯皮尔伯格都是有着高超判断力的人物，他们知道，考古学家的身份对于普通公众来说是有魅力的，毕竟理解我们的"过去"对于理解"现在"和"将来"都是至关重要的，这一点连公众都能隐约体会到。更何况，在探索充满谜团和未知因素的"过去"的进程中，考古学家何尝不是在进行着一次次的精神冒险呢？看准了这一点，"考古学"就可以作为一个"概念"、一个"标签"贴在"英雄"的身上，而影片所表现的考古活动也就同传奇、冒险、爱情、超自然的力量一样，共同成为使一部影片畅销的元素。遗憾的是，公众很容易"上当受骗"，在影像世界的巨大诱惑力和感染力的作用之下，他们把"猎宝"误当成了考古学，错失了对作为一门科学的考古学的认识。具有反讽意味的是，"伪考古学家"印弟安纳·琼斯虽然遭到"真考古学家"的批判和谴责，但是，他的确提升了考古学在公众心目中的地位和魅力，从而成为考古学的"形象大使"。为此，其诠释者哈里森·福特于2008年当选为全北美最大的非营利性机构"美国考古研究所"（Archaeological Institute of America）的指导委员会成员，人们期待着他对真实世界的考古学研究做出贡献。

值得一提的是，很多外国片名的汉语译名往往显得过于花哨而有悖原意，而《印弟安纳·琼斯》的汉译《夺宝奇兵》却似乎比原文更加准确地触及了影片的主旨：寻宝和冒险。第一集原名Raiders of the Lost Ark中采用了一个军事色彩浓厚的词汇raider，即"抢劫者、突袭者、搜捕者"，在涉及考古活动的时候，尤其是盗墓活动屡禁不止的今天，这个词所传达出的负面涵义是显而易见的，幸运的是，《法柜奇兵》的译名将之冲淡了许多。无独有偶，另一部以女性"印弟安纳·琼斯"为主人公的好莱坞影片Lara Croft：Tomb Raider所传达出的破坏性的非道德信息也被《古墓丽影》的译名淡化了。

（原载《中国文物报》2010年4月30日）

人物影像

夏鼐的学术与他的时代

—— 写在夏鼐先生逝世30周年之际

施劲松　王　齐

1985年《考古》第8期报道了夏鼐先生逝世的消息，并全文刊发悼文和夏先生传略[1]，此时距夏先生因病在北京逝世有两个月的时间。在夏先生遗体告别仪式上，党和国家领导人胡耀邦、邓小平、赵紫阳，以及全国人大常委会和国务院等送来花圈，全国及全世界许多国家的学术机构与学人——包括世界知名学者和国内的普通考古工作者——都以各种方式表达哀悼。一位考古学家的逝世引起如此震动，这在中国现代学术史上绝无仅有。由中国社会科学院考古研究所和中国考古学会联合发布的悼文，称夏先生为"新中国考古工作的主要指导者和组织者，是现代中国考古学的奠基人之一"。悼文评述了夏先生在新中国的考古队伍建设、研究规划、文物保护、对外交流等方面的重大贡献，在甘肃阳洼湾、河南辉县、湖南长沙等地的发掘而为中国史前考古和历史时期考古奠定的基础，以及在中国科技史与中西交通史

---

[1]《我国杰出的考古学家夏鼐同志逝世　首都隆重举行向夏鼐同志遗体告别仪式》；中国社会科学院考古研究所、中国考古学会：《沉痛悼念夏鼐同志》；王仲殊：《夏鼐先生传略》。均见《考古》1985年第8期。

研究方面取得的卓越成就。在1986年出版的《中国大百科全书》中，上述评价被承袭。

2015年，科学出版社出版了《20世纪中国知名科学家学术成就概览·考古学卷》。这部书站在今天的立场，回顾和衡量20世纪考古学家的工作及成就。传文中，夏先生善于从世界范围和多学科角度考虑问题、追求国际水平和发挥固有学术传统的治学特点被进一步突显，而对夏先生在中国考古学史上的地位的总体评价，则与30年前的悼文如出一辙[1]。

30年在历史长河中只是弹指一挥间，但对于中国考古学来说，30年蕴含着发展和前进的机遇。这种发展，成为我们今天回顾和反思夏先生学术成就的契机。

一

对于专业领域意识日渐增强的当今考古学者来说，夏先生学识的渊博和研究领域的广泛几乎成为一个传奇。受因果思维习惯的影响，面对一个传奇式的人物，我们愿意回顾其成长的心路历程，尽管我们永远也找不到一个自由者成长历程中的决定性因素。

个人的成长在根本上离不开时代的影响。夏先生是在"新文化运动"的直接影响下成长起来的现代专业人士。夏先生求学的年代，中国正走在从封建帝国向现代国家转

---

[1] 王世民：《夏鼐》，《20世纪中国知名科学家学术成就概览·考古学卷·第一分册》，科学出版社，2015年。

型的艰难道路之上，以现代西方科学为核心的教育体系已初步建成，鲁迅当年"走末路"学洋务的日子已成为历史。20世纪50年代初期，夏先生自订了一份"家世与少年时代"，他从其漫长的青少年时代撷取了三个事实：1922年，高小一年级时任儿童自治会图书馆主任，阅读文学研究会的新小说及《小说月报》，开始对新文学发生兴趣[1]（卷一，第6页）；1924年，在温州十中读书，周予同先生教国文，选陈独秀《新青年·发刊词》（卷一，第7页）；1925年，请父亲在游沪时购买鲁迅的《呐喊》（卷一，第8页）。看来夏先生对自己成长于"新文化运动"的影响之下这一点是有所意识的。"新文化运动"是夏先生自我认同的成长背景，他的成长确也得益于"新文化运动"之后的自由学术风气。

那个时代文化和学术界大家云集。夏先生在上海光华大学附中学习时，就旁听胡适的"中国哲学史"和张东荪的"西洋哲学"；在燕京大学听钱穆的"国文"；后在清华听钱穆的"战国秦汉史"，陈寅恪的"晋南北朝隋史"，蒋廷黻的"中国近代外交史"。单是日记中抄录的公费留美考试成绩单上考官的名字，就足以令人倾倒："国文"朱自清，"英文"吴宓，"中国上古史"顾颉刚，"人类学"李济，"地质学"丁文江（卷一，第265页）。改革开放以来，在摒弃了非黑即白的标签式评价之后，三四十年代的文化学术形态呈现出了不一样的风采。一时间，学界大有厚"古"

---

[1] 夏鼐：《夏鼐日记》（十卷本），华东师范大学出版社，2011年。下文引自日记的内容仅注卷数和页码。

薄"今"之势，当然也有如学者葛剑雄所指出的，那个时代的学术成就被夸大了，争议似乎不小[1]。其实，对一个时代的学术成就的科学评估不可一概而论，那恐怕应该是各学科发展史的课题。当人们夸赞三四十年代的学术时，或许并不是真的看中了那时的学术水准，而是思慕陈寅恪为王国维纪念碑题写的那两句话："独立之精神，自由之思想"。夏先生1931年在燕京和清华求学时，曾阅读大量的马克思列宁主义著作，包括《哲学之贫困》《共产党宣言》《资本论》《家庭、私有制和国家起源》等经典原著，以及考茨基、河上肇、拉斯基等人的著作。如果说在"思想改造"和"文化大革命"期间，这份书单能够支撑夏先生对进步思想的追求，那么在今天，它们的存在证明的是其时相对自由的学术氛围。

作为留美预备校，清华园的美国校园文化和通识教育理想对夏先生的成长不无正面影响。夏先生在博览群书之余，经常与同学打网球、桥牌和郊游，虽然他常对自己流连于运动和牌戏深表自责，但那不过表明他是一个自律性极强的人。那时的北大可能允许学生偏科，但清华则要求新入学学生通过人文学科、社会科学和自然科学的基础课，以拓宽知识面[2]。在丰富多彩的课外活动与秩序井然的学习生活的二重奏之间，夏先生的"智识"得到了拓展，这一点正是他日

---

[1] 葛剑雄：《被高估的民国学术》，《文汇报》2014年10月17日第15版。

[2] 参见易社强（John Isreal）《战争与革命中的西南联大》，饶佳荣译，九州出版社，2012年，第102～103页。书中对清华生活的描述与夏先生清华日记中的诸多细节可相佐证。

后在考古专业领域中得以自由驰骋的坚实基础。

　　"智识"这个词出现在夏先生的早年日记中，在不同语境下涵义不完全相同。简要归纳，有三种用法。比较容易理解的是"铸铜之智识"（卷一，第382页）、"地理学的智识"（卷二，第46页）、"制陶术的智识"（卷二，第195页），这时的"智识"就是现在所说的"知识－knowledge"。但在如"智识状态"（卷一，第397页）、"受智识及品行之训练"（卷二，第143页）等处，"智识"当兼有"智性－intellect"和"知识－knowledge"之义，其内涵应大于"知识"，因为"智性"是在"认知"基础上进行逻辑思考的能力和理解力，它和"知识"水平并不必然地对等。广为诟病的中国教育，就是过于注重"知识"的传授，而忽略了对"智性"能力的培养。第三种用法为"智识分子"，其间的变化颇耐人寻味。"智识分子"首次出现在1931年夏先生阅读陶希圣《中国社会之史的分析》时所做的笔记中。在那本书中，"智识分子"或者是作为封建势力代表的士大夫阶级的依赖者，或者是作为"资本主义奴隶"；"智识分子"服务于统治阶级，不代表社会的先进力量（卷一，第32页）。在1936年的一则日记中，记有夏先生对阅读Robinson所著"Mind in Making"一书的评论，说此书"叙述吾人智识之浅陋，遗习之深染，而力主思想自由之必要。书乃欧战初毕时所写，表示当时智识分子之见解，颇可一读"（卷二，第19页）。这里的"智识分子"显然不再带有贬义，它应该就是英文intellectuals的对应词，即后来的"知识分子"。从intellectuals的本意看，"知识分

子"的用法并不尽如人意，因为它只强调了对"知识"的占
有，而忽略了对"知识"的自由追求。亚里士多德说，哲学
源起于"好奇－惊赞"，其实人文科学又何尝不是如此。
Intellectuals就是这样的群体：他们追求"知识"，但这种
追求当是摆脱、超越于实用、功利的目的，是"为知识而知
识"；只有"为知识而知识"的人，才是自由者，才能真正
从运思过程中获得快感。在这个意义上，用"知识分子"替
代"智识分子"是对这一群体的贬低。在人文领域，仅有
"知识"而缺乏"人文化成"历程的人，可以满腹经纶，但
不过是学术工匠。所幸二者的差异已为文化学术界所重视，
"智识分子"的用法已经出现在正式出版的书刊之间[1]。

在培养"智识"的目标和相对自由的学术空气下，良
性的学术批评体系正在建立。夏先生曾在《光华大学附中周
刊》上发表《吕思勉〈饮食进化之序〉的商榷》，对食物的
进化和"茹毛饮血"的理解提出自己的看法。在清华期间，
夏先生先应吴晗之邀担任《清华周刊》的文史栏主任，后与
吴晗等共同发起成立了"清华大学史学研究会"。1934年5
月，夏先生在蒋廷黻的指导下完成了毕业论文《太平天国前
后长江各省之田赋问题》，深受导师赞许，但他依然发表文
章，就蒋廷黻1931年由商务印书馆出版的《近代中国外交史
资料辑要》一书的体例进行商榷，就书中的西历年月日、西

---

[1] a. 徐复观：《论智识分子》，九州出版社，2014年。 b. 史蒂
夫·富勒：《智识生活社会学》(*Sociology of Intellectual Life*)，焦
小婷译，北京大学出版社，2011年。

文原字和标点等加以补正[1]。此类商榷和评论文章，夏先生在三四十年代还发表过多篇。

二

那个群星灿烂的年代，出现了很多文采和学问兼而有之的人，冯至、闻一多、沈从文、钱锺书、陈梦家、卞之琳，他们后来大多花落中国社会科学院。与他们相比，夏先生并无出众的文采，虽然他的文字功底非常扎实。夏先生是摆脱了传统文人气的现代专业人士，是走出金石学传统的考古学家，这个转变来之不易。

初闻考取留美考古门的一段时间内，夏先生对考古学并无兴趣，一时间怅然若失（卷一，第264、265页）。及至安阳小屯实习，夏先生更是感叹，自己更喜欢也更擅长读书，不擅长从事需要组织和管理才能的田野工作（卷一，第302、311、312、320、326页）。但在中国考古学初创时期，人才稀缺，所以夏先生之步入考古门在某种程度上是一种"国家行为"。当时清华确定由傅斯年和李济担任夏先生的导师，在安阳实习时，李济和梁思永多次与夏先生商谈未来的学业规划——那也是在规划中国考古学的远景蓝图。当时夏先生承载的心理压力之大可想而知：一方面是学界前辈

---

[1] 夏鼐：《评蒋廷黻编〈近代中国外交史资料辑要〉》，《图书评论》第1卷第6期，1933年。又见《夏鼐文集》（下），社会科学文献出版社，2000年。

的谆谆教诲和殷切期望，另一方面是在内心祈盼"在职业
以外去找一个可以安心立命的思想或信仰"（卷一，第265
页）的渴望。但夏先生最终克服了内心的彷徨，从1934年阅
读李济《西阴村史前的遗存》一书开始，历经1935年春在殷
墟西北冈的首次考古发掘，至1941年学成归国后的西北考察
团的调查和发掘，夏先生迅速成长为中国考古学的奠基者
之一。1950年夏先生任新成立的中国科学院考古研究所副所
长，从此逐步全面领导中国的考古学研究。他主持河南辉县
商周遗址、长沙战国两汉墓和明定陵等重要考古发掘，负责
考古学期刊和考古专刊的编辑出版，组织《新中国的考古发
现与研究》和《中国大百科全书·考古学》等若干重要论著
的编撰等。考古学又因存在实际的工作对象和具体的田野活
动而不同于其他学科，对遗址的发掘、规划、保护，以及相
应的人才培养等，都是学科建设的重要内容，夏先生在这些
方面也一直担负着领导职责。因此，对于"夏先生为新中国
考古学指导者、组织者和中国现代考古学奠基人之一"的认
识和评价不会因时代变化而改变。

　　但是学科初创者或许会遭遇到悖论式的命运：一方面，
奠基性工作虽艰难但易显成效，犹如平地拔起的高楼引人注
目；另一方面，随着学科向纵深方向发展，对学术问题的研
究要不断向前推进，前人的观点可能会被后人超越，奠基者
的工作有可能被颠覆、替代或降低到历史意义，如自然科学
领域中的某些成就。夏先生不仅没有遭遇这种命运，而且他
的研究即使在今天看来仍然在学术史上居领先地位。

　　夏先生的研究工作具有全局意识。过去，学界更多强调

夏先生研究领域的广阔[1]，其实，他的全局意识与责任意识
更加突出。从20世纪50年代以降直到80年代，夏先生每隔5
年、10年或30年，都要对那个时期的考古发现和研究进行全
面的总结和展望。即使在"文化大革命"这样的特殊时期，
夏先生也在《考古》复刊的首期总结了60年代后期的考古收
获[2]。80年代，夏先生更多地从宏观上思考和认识中国的文
明起源问题。如果我们充分意识到中国考古学在20世纪50年
代到80年代初的开创期与曲折发展的话，当更清楚地意识到
这些论述在当时的引领性意义。

在心怀中国考古学全局的前提下，夏先生没有忽视对
具体材料的精细研究。最能体现这一特点的案例是他对新
疆、青海、陕西、山西、河南、河北、广东等地历年出土
的佉卢文钱币、波斯萨珊银币、东罗马金币、拜占庭金币、
阿拉伯金币、威尼斯银币所做的系列研究[3]。对这些细小的
钱币，夏先生详尽地统计历次发现的时间、地点、数量、埋
藏背景，追溯国内外学者既往的研究，考察每一枚钱币的形
制、花纹、文字、标记、大小，再结合国外的相关钱币，考
证中国出土钱币的国别、铸造年代和埋藏年代、历史背景和

[1] 中国社会科学院考古研究所编辑的《夏鼐文集》（社会科学文献
出版社，2000年）即将夏先生的主要成果分为考古学通论与考古
学史、中国史前时期考古研究、中国历史时期考古研究、中国科
技史的考古研究、中外关系史的考古研究、外国考古研究、历史
学研究等。

[2] 夏鼐：《无产阶级文化大革命中的考古新发现》，《考古》1972年第1期。

[3] 相关系列研究论文参见《夏鼐文集》（下），社会科学文献出版
社，2000年。

用途，最后再由此讨论中西交通和文化交流。在这样的研究中，每一枚钱币的细节和每一批钱币所涉及的相关问题均无一遗漏。另一个突出例子是对新疆等地及古代丝绸之路沿线发现的古代丝织品的研究[1]，具体到每一件织品标本的分类、织法、经纬线的疏密度、经纬线的交织，等等，并配有详尽的结构图与组织图。这些论文讨论的问题极为专门，也极其细微，今天阅读起来都需要足够的耐性，很难想象夏先生当年是在怎样的情形下写作的。夏先生对黄道十二宫的梳理、对汉简中具体文字的释义等也莫不如此。这些研究不仅解决了相关的具体问题，更为此类研究提供了范例。

在立足大量可靠资料的基础上，夏先生尤其强调要提高考古学的理论水平和综合研究水平[2]。夏先生对考古学的认识、对考古学文化的讨论等有着深远影响。至少从20世纪50年代学科初创期开始，夏先生就在各种论著中不断论及考古学的对象、性质、研究目的与方法。至80年代，他深入、系统地阐述了什么是考古学[3]。近一二十年来，随着对西方考古学了解的深入，中国学者对于考古学的认识不断发展且

---

[1] 夏鼐：《新疆新发现的古代丝织品——绮、锦和刺绣》，《考古学报》1963年第1期；《我国古代蚕、桑、丝、绸的历史》，《考古》1972年第2期；《吐鲁番新发现的古代丝绸》，《考古》1972年第2期。

[2] 夏鼐：《中国考古学的回顾和展望》，《夏鼐文集》（上），社会科学文献出版社，2000年。

[3] a. 夏鼐：《什么是考古学》，《考古》1984年第10期。b. 夏鼐、王仲殊：《考古学》，《中国大百科全书·考古学》，中国大百科全书出版社，1996年。

趋于多元化，但夏先生对考古学的阐述在中国仍保持着百科
全书式的主导地位。针对50年代全国各地的考古新发现骤然
涌现的局面，夏先生又及时讨论了考古学文化是什么、如何
确立和命名，以及考古学文化对于考古学研究的意义等迫切
需要解决的问题[1]。时至今日，围绕考古学文化进行的深化
研究仍然是中国考古学的主要内容。夏先生对某些区域文化
也有重要认识。1959年，在长江流域规划办公室成立的文物
考古工作队队长会议上，夏先生就谈及了长江流域考古。当
时长江流域的考古发现相比于今天还非常有限，但夏先生已
论及古代长江流域对于中国物质文化的贡献，并从长江流
域的角度提出了汉民族的形成过程和古代社会性质等重大问
题[2]。在此后的50多年里，长江流域丰富的考古发现极大地
充实了夏先生立论的基础。今天，中国古代文明的多元一
体、汉民族的形成过程、不同区域间社会发展阶段的差异等
都被作为前沿问题。如果是资料的丰富、理论的发展、视角
的变换促成了今天认识的进步，那么，夏先生半个世纪前提
出的问题更突显了他认识的前瞻性和思想的先进性。在一些
专门领域，夏先生也有高屋建瓴的论述，如夏文化、商代和
汉代玉器、我国古代的丝织品与丝绸之路等。夏先生曾撰文
系统讲述田野考古方法，相信这些方法早已融入中国的田野

---

[1] 夏鼐：《关于考古学上文化的定名问题》，《考古》1959年第4
期。此文发表后，夏先生又于1961年撰写《再论考古学上文化的
定名问题》，当时曾打印若干但未正式发表，2000年收入《夏鼐
文集》（上）。

[2] 夏鼐：《长江流域考古问题》，《考古》1960年第2期。

考古实践之中，其影响难以估量。

更难能可贵的是，夏先生始终致力于促进利用多学科的理论和方法开展考古学研究。在夏先生出国学习考古学之前，即已发表近代史方面的论文。转入考古门后，他的研究涉及古文字学、数学、天文学，以及古代科技等。不通晓专门的知识是无力从事这些精深研究的。对洛阳西汉壁画墓星象图、宣化辽墓星图、敦煌星图，以及二十八宿和黄道十二宫等的研究[1]，显见夏先生通晓中国古代的星图与西洋天文学上的星座，也熟知中国、印度、巴比伦和希腊等古代天文学成就。前述夏先生对丝织品的研究，则让人叹服夏先生对中国及西亚古代纺织技术的了解——包括各类织品的纺织细节和各种织机的结构与使用。

夏先生认为，一门学科有它自身发展的具体特点，但又和其他学科相联系[2]；"当代世界科学的一个重要发展是一方面专业化而另一方面整体化"，"后者是每一学科与别的学科在理论上互相渗透，在方法上也互相渗透"[3]。夏先生尤其注重科技史和自然科学的方法，认为考古学有很多地方需要依靠科技史专家的帮助，有些问题是考古工作者

---

[1] 夏鼐：《洛阳西汉壁画墓中的星象图》，《考古》1965年第2期；《从宣化辽墓的星图论二十八宿和黄道十二宫》，《考古学报》1976年第2期；《另一件敦煌星图写本——〈敦煌星图乙本〉》，《中国科技史探索》，上海古籍出版社，1982年。

[2] 夏鼐：《五四运动和中国近代考古学的兴起》，《考古》1979年第3期。

[3] 夏鼐：《三十年来的中国考古学》，《考古》1979年第5期。

经常没有能力来自己解决的[1]。外国学者曾评论，正是由于夏先生在科技史方面的兴趣，才使得中国考古学家重视技术史研究[2]。碳十四测年方法在中国的推介、碳十四实验室的建立、碳十四测年工作的开展和数据的公布等，均与夏先生的认识与部署有关。1977年，夏先生利用已经发表的四批碳十四数据，结合考古材料，就中国各地区新石器时代文化的年代序列进行全面、系统的探讨[3]。这是一项具有开创性的研究，为中国史前考古学的研究提出了指导性意见。

三

在"五四运动"60周年之际，夏先生在《考古》上发表了题为《五四运动和中国近代考古学的兴起》一文，明确将作为科学的考古学在中国的产生与倡导"民主"和"科学"精神的"五四运动"联系在一起。夏先生指出，中国考古学的前身是"金石学"，但"只有在五四运动的影响下，中国的近代考古学才得兴起和长成"。在一个讲到"科学"二字时仍需在前面加上"西方资本主义国家"的限定语的年代，一个不便提李济的名字、而只说用英文出版过《安阳》的时代，夏先生对"五四运动"倡导的"科学"精神的解读依然深刻。他指出："提倡科学，不仅是介绍和发展各门科学的

[1] 夏鼐：《中国考古学和中国科技史》，《考古》1984年第5期。
[2] 夏鼐：《中国考古学和中国科技史》，《考古》1984年第5期。
[3] 夏鼐：《碳-14测定年代和中国史前考古学》，《考古》1977年第4期。

具体内容，更重要的是鼓吹实事求是的科学态度和结合实践的科学方法。"[1]科学的态度和科学的方法一直是夏先生在考古学研究领域中坚守的原则。

夏先生从步入考古门的那一刻起，就始终坚持实事求是的科学精神。在安阳实习的时候，法国汉学家伯希和曾来参观。梁思永担心殉葬坑被外国人看见，宣扬出去有损国誉，故提前令人用松土盖住人骨架。那时夏先生就有"这又是何必"的感叹（卷一，第325页）。1959年江苏宜兴西晋周处墓出土的金属带饰和残片，经化学分析为铝。但铝是到19世纪才被提炼出来的，遂有多个科研机构就残片重新进行了数次分析，结果发现成分有银也有铝。1964年夏先生再请中科院物理所鉴定，证实16件完整带饰都是银而非铝。夏先生撰文详述历次鉴定的始因与结果，又论证银带饰为公元3世纪之物，而墓中的铝片可能是后期混入的[2]。1972年河北藁城城台西出土的铜柄铁钺，夏先生虽亲见认定为铁制，但仍提出要对是陨铁还是人工炼铁进行鉴定。随后，冶金部的冶金研究所鉴定初步认定是炼铁，因为杂质中含有炼铁中作助熔剂的石灰，相关简报由《考古》1973年第5期发表。夏先生在审读校样时为慎重起见，在"编者附记"中指出这一发现

[1]　夏鼐：《五四运动和中国近代考古学的兴起》，《考古》1979年第3期。

[2]　夏鼐：《晋周处墓出土的金属带饰的重新鉴定》，《考古》1972年第4期。1979年收入《考古学与科技史》一书时，夏先生补记了新测得的铝片成分，以及国外考古发掘中混入现代物的事例。经最后增补的文章见《夏鼐文集》（中），社会科学文献出版社，2000年。

很重要，但仍有可能是陨铁，因为含镍量高，而石灰可能是沾污上去的。为此夏先生还被批为"打击新生力量"。最后夏先生请柯俊先生重新鉴定，最终证明是陨铁，这一结果遂为国内外学术界普遍接受[1]。

夏先生还把实事求是的原则提升到了理论的高度。他多次提出，"我们在考古工作中尊重客观事实，决不以所谓'理论'来歪曲解释事实"[2]，"真正的马克思主义尊重客观事实，'实事求是'"[3]。1985年3月夏先生在中国考古学会第五次年会开幕式的讲话中——这大约也是夏先生的最后一次公开讲话——再次提出要坚持实事求是的作风，这是马列主义的基本原则之一[4]。在那个时期，中国考古学界总体上做到了这一点。日本学者贝塚茂树在20世纪70年代末评论中国考古学虽然有民族主义和单线进化论的影响等，"然而，在野外考古学调查、发掘现场，却是尊重事实。那种以理论歪曲解释事实的倾向虽不能说绝对没有，但确实是罕见的"[5]。张光直也有类似评说："翻检过去30年的考古学书刊，就会发现政治化的倾向始终存在。不过，概因忠实于传统的史学的独立性，在我看来，中国考古学还没有受到政治

[1] 夏鼐：《中国考古学和中国科技史》，《考古》1984年第5期。

[2] 《新中国的考古发现和研究》前言，文物出版社，1984年。

[3] 夏鼐：《在中国考古学会第四次年会开幕式上的讲话》，《夏鼐文集》（上），社会科学文献出版社，2000年。

[4] 夏鼐：《考古工作者需要有献身精神》，《考古》1985年第6期。

[5] 贝塚茂树：《中国文明的再发现》，1979年日文版。夏先生曾分别在《三十年来的中国考古学》（《考古》1979年第5期）、《考古工作者需要有献身精神》（《考古》1985年第6期）中转引此评论。

化极端的影响。资料、对资料的分析和政治术语共存于大多
数考古报告和论文中，但是，在很多情况下，两者经纬分
明，相互间的影响不大也不深。"[1]之所以如此，应离不开
夏先生个人的坚持与倡导。

有了科学的实事求是精神，夏先生一开始就把中国文化
置于整个世界文化的背景之下，以世界主义的眼光审视中国
考古学。对于中国考古学的奠基者而言，世界主义已是一种
理论上的自觉。那个年代的学人差不多都是"'乡土中国'
的世界主义者"。美国汉学家易社强说，20世纪三四十年代
在东南沿海接受西式教育的学人对纽约和伦敦的思想潮流的
了解，远超过他们对本国农村生活的肤浅了解。"他们在社
会上是精英，在思想意识上是世界主义者，在政治上是民族
主义者。"[2]仅就考古学领域而言，世界主义意识无疑是科
学的、先进的。中国文明从来都不是孤立存在的，古代文化
的交互影响不仅不会损害中国文化的主体性，反而为中国文
化增添了多样性。更重要的是，站在世界文明的高度反观中
国文明，能够对中国文明有更深的认识。

1935年安阳实习前后，夏先生在日记中郑重记载了李济
的两则教诲：

> 旋往谒李济之先生，……继言及中国考古学之

---

[1] 张光直：《考古学和中国历史学》，《中国考古学论文集》，生
　　活·读书·新知三联书店，1999年。

[2] 易社强（John Isreal）：《战争与革命中的西南联大》，饶佳荣译，
　　九州出版社，2012年，第73页。

重要，在于以全人类的观点来观察中国古代文化在世界中的位置（卷一，第285页）；中国文化与西洋有关系，此为已证实之事实，惟关系深浅如何，则尚待证明耳。现今中央研究院集中精力于中原文化，欲先明了中国上古文化之主体，将来必扩充至南部及沿海（卷一，第292页）。

今天看来，李济的话不仅是对夏先生的职业启蒙，也是为未来中国考古学指明方向。夏先生在伦敦大学求学时，舍弃了简便的以中国考古学研究换学位的道路，选择了艰难的埃及学，并以《古代埃及的珠子》为博士论文题目，这是他直接从事的世界考古学的研究。回国后夏先生依然从事这方面的研究，内容涉及埃及考古的玻璃珠、蚀花肉红石髓珠、贝克汉姆岩以及瑞典的中国外销瓷等。对于很多中国境内出土的材料，比如古代纺织品、钱币、银器、瓷器和石碑等，夏先生都是把它们放在世界古代文明的背景下来认识[1]，通常涉及与西方文明的比较。

夏先生对西北地区的考古材料的重视和研究，或许可以归因为他一直力图从世界范围看待和考量中国古代文明。日本学者三上次男在悼念夏先生的文章中写道："1941年在抗日战争中归国的他的心，深深地向着国内。但是，在中央研究院历史语言研究所任职时，作为他的研究对象的地域仍然

---

[1] 在夏先生研究古代纺织品、钱币和古代交通等方面的文章中，相关的欧亚地图均未绘出国界。这一细节也许表明夏先生认为古代的文化是需要跨越国界来审视的。

是以与西亚相近的甘肃为中心的地方，这是很有意思的。"
夏先生逝世前约一个月正在研究宁夏固原北周李贤墓出土
的萨珊时期的镀金银瓶，表示今后要专心研究它，为此三上
次男感叹道："最后的研究对象和初期的研究对象结合在一
起，不能不使人感到其间有某种因缘。"[1]

身为新中国考古学的领导者，夏先生对中国文化在世
界文化整体中的定位能够形成客观的认识。1983年3月，夏
先生在应日本广播协会的邀请所做的一次公开演讲中提出：
"在商文化中，冶铜技术和艺术，甲骨文为代表的文字，用
马驾车，夯土建筑等，都出现了，都市也已兴起。但是这些
文化元素的渊源问题，仍未完全解决。"[2]在日本的另一场
演讲中，夏先生又提出，殷墟文化的都市、文字和青铜器三
个要素方面，都具有中国色彩的特殊性；中国文明的产生
"主要是由于本身的发展，但是这并不排斥在发展过程中有
时可能加上一些外来的因素、外来的影响。根据考古学上的
证据，中国虽然并不是完全同外界隔离，但是中国文明还是
在中国土地上土生土长的"；"这些外来的影响不限于今天
的中国境内各地区，还可能有来自国外的"[3]。如今我们已愈
加清楚地认识到中国境内各地区文化对中国文明的最终形成所
做出的贡献。同时，新的研究表明，中国的一些家养动植物不
是本土起源而来自于西亚与中亚；冶金术等似乎也可以从西方

---

[1] 三上次男：《悼念夏鼐先生》，《考古》1986年第7期。

[2] 夏鼐：《中国考古学的回顾和展望》，《夏鼐文集》（上），社
会科学文献出版社，2000年。

[3] 夏鼐：《中国文明的起源》，《夏鼐文集》（上），社会科学文
献出版社，2000年。

寻找源头。由此也可见，在30多年前甚至更早，夏先生对中国文明的起源与形成已有自己的判断。

在科学精神的引领下，夏先生的思想意识里有一种深刻的文化自信，这使他能够如实地看待和衡量中国的考古发现和古代文明成就。藁城台西的铁刃铜钺在柯俊先生的鉴定文章发表之前，英国的Antiquity和日本的考古学杂志刊发的文章，都说殷代中期已能炼铁，不过又都指出因有人（即指夏先生）持异议还不能定论。在晋墓中的铝片被认为是后世的混入物后，夏先生即明示，今后"不要再引用它作为晋代已知冶炼金属铝的证据"。还有一则事例是对玉璿玑的研究。这种牙璧形玉器，西汉以来的学者多认为是天文仪器，国外的汉学家也加以接受。但夏先生根据出土玉器重新审核，认为这种玉器有其自身渊源，可证明与天文仪器完全无关[1]。以上这三项认识都曾将中国古代的发明提前，或将科技水平与文明成就放大，且都已在国内外学术界产生了一定的影响，但夏先生都坚持予以更正。

没有人能离开时代的影响。但是，如何在时代潮流的涌动中坚守自己信奉的原则，在学术的园地里辛勤耕耘，从而努力使个人超越于时代之上，使学术的精神传诸久远，这是夏先生以其实践向后人展现出来的"智识分子"的任务和使命。

---

[1]　夏鼐：《商代玉器的分类、定名和用途》，《考古》1983年第5期；
　　　《所谓玉璿玑不会是天文仪器》，《考古学报》1984年第4期。

历史与小说的互读

——读《夏鼐日记》之一

夏鼐先生（1910～1985年）和钱锺书先生（1910～1998年）都是中国社会科学院的学术大师，在20世纪80年代，他们一度担任过挂名的副院长。今天，他们的肖像就挂在"社科会堂"的墙壁上，令后生晚辈景仰。钱锺书先生以其长篇小说《围城》[1]和被改编的电视剧广为人知，而夏鼐先生的影响力主要在学术界。2011年8月，《夏鼐日记》[2]十卷本出版了，为我们全方位了解这位学术大师的心路历程提供了一个绝佳的机会。如今，包括思想史、观念史、文学史等在内的历史领域的"宏大叙事"模式已渐渐被片断的、断裂的叙事所取代，这一点福柯言之凿凿，我们从"口述史"的大量涌现亦可获得切身的体会。不仅仅是名人的口述史令读者发生兴趣，就连普通人物的口述史也可以成为现当代历史的有益"增补"，因此夏先生日记无疑将成为研究中国现代学术史的必读书。

---

[1] 钱锺书：《围城》，人民文学出版社，1980年。下文引自此书的内容仅注页码。

[2] 夏鼐：《夏鼐日记》（十卷本），华东师范大学出版社，2011年。下文引自日记的内容仅注卷数和页码。

读夏先生日记前三卷之后，我有一个有趣的发现：夏先生早年经历中多有堪与钱先生《围城》所描写的细节相互印证和"注解"之处。所不同之处在于，《围城》充满了辛辣的讽刺，而夏先生日记则如实记录了自己的人生轨迹和思想历程。人生如戏，而艺术又源于生活，其间的关系盘根错节，绝非三言两语所能道尽。这里，我只想对上述"作品"——日记也是广义上的"作品"（literature）——进行"互读"，以加深对20世纪三四十年代的中国社会以及那个年代成长起来的知识分子的理解。

一

《围城》首版于1947年，但它的故事明确始于1937年夏天。根据当时的历史事件来推算，故事的发生时间大致应在1938～1940年。而夏先生日记前三卷的活动时间与之略有出入：夏先生于1931～1934年在清华读书，1935～1939年留学英伦，1941年回国先后任职于中央博物院筹备处和中央研究院史语所。不过两部作品涉及的大的社会背景相同，都是抗战期间，经济发展几乎停滞，社会尚未发生翻天覆地的变化。

《围城》的主要情节是围绕大学展开的，其中关于不同学科高下之分的议论颇耐人寻味。书中说，大学里"理科学生瞧不起文科学生"（《围城》，第78页）；还说方鸿渐"是个无用之人，学不了土木工程"，因此才从社会学系转哲学系，最后转入中国文学系毕业（《围城》，第9页）。不过，我们借助小说另一男主人公赵辛楣的言论似乎可以推测出，钱先生本人未必视学文科的人为"无用"。在离开三闾大学后，方、赵二人在香港重逢，辛楣评说自己的年轻女友，"好好的文科不念，要学时髦，去念什么电机工程"（《围城》，第293页）。方、赵与苏文纨偶遇，苏说起刚在香港的一次同学聚会，只有她一人是文科的，其余皆是理工法商的同学。辛楣含讥带讽地回敬说："你瞧，你多神气！现在只有学理工法商的人走运，学文科的人穷得都没有脸见人，不敢认同学了。"（《围城》，第302页）

夏先生在早年的日记中透露了他在对未来人生道路抉择问题上的困惑。但或许就是这些困惑和纠结，才成就了后来的夏先生。夏先生在高小念书时就对新文学发生了兴趣。读光华附中高中部时，曾在校级英文翻译竞赛和国文竞赛中获得银奖，显然适合学文科，故虽一度"欣慕工学"，想投考上海交大，但最终还是落户燕京大学法学院社会学系（卷一，第6~11页）。1931年9月，夏先生转学至清华大学历史系，一度动念想改学生物科学，因为他深感"文科、法科功课的空虚"（卷一，第72页）。不过夏先生也在担心，"突抛弃已成习惯的蠹虫生涯，再去追逐自然界的观察与叙述是否合算"（卷一，第73页）。这个动念被校方否决，夏先生继续留在史学门，立志从事中国近代史研究，目的在于剖析当前的社会。1934年秋，夏先生考取公费留美生，出乎意料地被派去治考古学，这个决定对夏先生的人生计划震动很大，一时间他感觉自己这次要"爬到古塔顶上去弄古董"，与喧闹的社会越来越远了（卷一，第265页）。及至安阳实习后，夏先生再次重审自己的习性，认为自己不适合田野工作，而更适合做一个"书呆子"（卷一，第320页）。他致信清华校长，希望改治经济史，但未获批准。最终，夏先生步入考古学的大门，成为中国考古学的开创者，一位兼现代科学视野和传统人文情怀于一身的人文科学家。夏先生在人生道路上的困惑根源不是外在的，而是纯粹内心性的。这一点决定了夏先生不是简单地为自己找一个饭碗，而是要寻找个人可以"安身立命"的东西。考古学最终成了夏先生"安身立命"的场所，同时满足了夏先生对自然科学和人文科学的"欣慕"。

中国有深厚的文人传统，故有"重文轻理"的倾向，科学技术在传统士大夫眼中不过是"雕虫小技"。洋务运动以来，国人对西方的重视更多限于对科学技术的学习和引进，其目的最终不外是"师夷长技以制夷"；对于造就了西方科学技术进步背后的"理"的探索相对较弱。于是，青年学子追捧经世致用的学科，以之作为在社会上成功进阶的保证，这个现象至今仍很明显。表面看，文科似乎真的"无用"和"空虚"，但是，这个"无用"和"空虚"恰恰契合了庄子《逍遥游》里透露出来的"大用"与"小用"的关系。理科经世致用，文科关乎安身立命之根本。一个文化若只重技术而轻视新技术得以产生的"理"，其创新之路必然行之不远。

二

《围城》里的方鸿渐因意外的好运以中国文学系毕业生的身份到欧洲留学，只是他无意攻取学位，四年中游走于伦敦、巴黎、柏林的大学，"随便听几门功课，兴趣颇广，心得全无，生活尤其懒散"（《围城》，第9页），成了所谓的"游学生"。以前读《围城》时，看到方鸿渐的境遇每况愈下，心中不禁回响起"少壮不努力，老大徒伤悲"的古训。设若他当年在欧洲混得一学位，以他之功底和见识岂能在三闾大学沦落到"无家可归，沿门托钵，同事和学生全瞧不起"的地步（《围城》，第268页）？但读了夏先生早年的日记，却发现问题并没有那么简单。那个时代的学子在对待学位的问题上不似今人这样实际，他们还有着其他的考量，此事不可简单地归因于"懒散"。

夏先生自来就是勤勉、上进的优等生，但他对学位之事并不热心，这对于今人几不可想象。夏先生初到英国时，入的是伦敦大学的大学学院，师从叶兹教授读中国艺术史的硕士学位。这个选择夏先生并不满意，因为当时的汉学家对中国的了解远不如他们，因此觉得跑到外国读中国东西有些滑稽（卷一，第360页）。当时就有一位学历史的钟道铭君劝夏先生不要读学位，其理由是，对于能够自勉的人，不读学位而以全部精神读书，收效更大。夏先生对此心有戚戚焉，不过，夏先生写道："……家庭环境似乎颇希望我能读一学位，故我颇想弄一个M．A．（文学硕士），聊以塞责"（卷一，第

372页）。后来，夏先生越来越感到这位教授的中文和考古学造诣都不甚高，心里十分懊悔未听钟君的劝告，认为"虚名误人"（卷一，第375页）。后又多次感叹，竟称学位为"毒手"（卷二，第6页）。及至夏先生下定决心改学埃及考古学，其留学延期申请幸又得清华大学批准后，他常常在日记里自嘲要"骗一学位"。1937年，李济先生到英国演讲，夏先生前往汇报自己的学习计划，结果李济先生的指示竟然也是"学位不关重要"，不如从事一项比较研究更有意义（卷二，第102页）。20世纪30年代的中国正处于从传统社会向现代社会转型的时期。社会分工的进一步专门化和现代化，使各行各业要求具备现代专业知识的人才，因此学历的重要性日益突显，《围城》中就提到教育部按学历给教员分等级的故事（《围城》，第201、208页）。尽管如此，那时仍有一些学子学人秉持不重招牌、只重真才实学的文人习性，所以夏先生才会视学位为"虚名"，钱先生则一剑刺穿了只重文凭学历而可能造成的恶果——文凭是可以伪造和买卖的（《围城》，第209、210页）。钱先生和夏先生在学位问题上都未曾"吃亏"，他们幸运地完成了从传统文人向现代专业人士的成功转型。或许正因为他们内心一直怀有对"虚名"的蔑视，才使他们毕生追求真才实学，最终成为学贯中西的大师。

三

《围城》中的方鸿渐以副教授的身份在国立三闾大学教授被学生们视为"废话"的论理学，即今天所说的"形式逻辑"，郁闷之中他思忖着自己的地位"比教党义的和教军事训练的高不了多少"（《围城》，第215页）。如果我们将时间倒推几年，可以从夏先生的学生日记中找到对方鸿渐内心困境的一则精妙注解。

夏先生在1933年9月9日的日记中记载了当时党义课学期考试的题目。考题为二选一：（1）三民主义所以（作者注：疑应为"何以"）解决次殖民地或弱小民族问题；（2）孙中山思想系统何以始于民族终于民生？如是题目在今天看来好像并不为过。但是根据夏先生记载："发卷后未到两分钟，便有人出来交卷，教师只好苦着脸说：'至少要一百字才好！'但是那学生连睬也不睬便走了……"夏先生自己也是在十几分钟后就交了卷，并且抱怨说这种课程"真是无聊"，他只在开学时为了一瞻教师风采到场听过一次课，考试时算是第二次见面（卷一，第190、191页）。不知30年代清华党义课教师是否如《围城》所披露的那样由政府机关遣派？详情不知，但从日记中推测，好像大家都顺利过关了。

方鸿渐在三闾大学的教书生涯行将结束之际，从赵辛楣手中继承了一些书，其中有一本拉斯基（Laski）所作的"时髦书《共产主义论》"，此事被人告到校方，方鸿渐被贴上"思想有问题"的标签，从而给了校长解聘他的合理理由（《围城》，第279页）。夏先生1931年在燕京大学读书的时候，曾用两天读完了这本269页的书（卷一，第82页），似乎无人告密。除了这本"时髦书"外，像《哲学之贫困》《家庭、私有制和国家起源》《共产党宣言》《资本论》等马列名著，夏先生在燕京也都读过（卷一，第63、76、81、83页），可以揣想20世纪30年代燕京大学学生所享的自由度。

四

《围城》中最贴近社会真相的一段是方鸿渐一行从上海到湖南平成的艰难旅程。这些人原本生活在最先都市化的上海，不惯劳顿，更何况是抗战时期，旅途中难免尝遍人间艰辛，览尽世间百态，以至于赵辛楣说出了这种旅行"最试验得出一个人的品性"的名言（《围城》，第193页）。夏先生学成归国后亦有三次长途旅行的经历：1941年12月14日他告假从四川南溪李庄出发返乡探亲，于次年2月抵达故乡温州；1943年4月28日他从温州起程返回李庄，6月5日到达李庄；1944年2月23日夏先生从李庄出发前往甘肃参加西北考察活动。三次真实的旅行经历中竟有颇多与《围城》情节相契合之处。

在20世纪40年代的中国旅行，所依靠的交通工具除了船之外，恐怕就要靠汽车了。读夏先生日记，发现汽车途中抛锚次数多到难以计数的程度，足见当时中国发展之迟缓。《围城》中只有一次写到一辆"古稀高寿"的汽车"罢行"，好像小说人物的运气比夏先生好，只是他们遇到了破口大骂的司机（《围城》，第158、159页），令人不快。至于车上之拥挤，人坐在货堆上以及司机私带乘客和物品之事，在小说和日记中都有表现（《围城》，第

157、175页；卷三，第105、106页）。虽然汽车旅行沿途夜宿之处多为不堪之地，但它们却都冠以恢宏的名称：像《围城》中的一处，不过是"两进中国式平屋，木板隔成五六间卧室"，兼黄泥地的饭堂，但却取名为"欧亚大旅社"（《围城》，第160页）。无独有偶，夏先生旅途中也歇宿过"新世界旅舍"（卷三，第106页）。是井底之蛙的不自量力，好大喜功的习性，还是放眼世界的胸怀和气魄？夏先生对此未曾理会，但钱先生讽刺得到位，说那地方虽然到现在还没有欧洲人来住过，"但这名称不失为一种预言，还不能断定它是夸大之词"（《围城》，第160页）。

小说和日记里对国难当头之际一票难求的情况有大量描述。想旅行，就得各显神通。《围城》中赵辛楣打听出，想买票天不亮就得到车站去抢，还未必抢得到，但是有证件的机关人员可以通融。他们一行因缺乏旅行经验而无人带证件，幸好有李梅亭招摇撞骗的名片和赵辛楣笔挺的西装兼名报编辑的经历，他们最终闯车站成功（《围城》，第154～156页）。后来一行人因旅费紧张，动了搭军车的念头，不惜到妓女家打茶围，但却未能成行（《围城》，第169～173页）。在夏先生的旅行日记中，上述小说情节竟然一一"再现"。

1942年2月，夏先生在返乡途中的日记里记下了相同的"情节"：公务员出差购车票可登记特别号，普通旅客则只能登记普通号，至少等候一周方能成行，还要预付半价。与夏先生同行的伙伴找到熟人，借了兵工厂某君的出差证，瞒天过海，至少提前三天启程（卷三，第11页）。行至浙江金华，夏先生自行购票，在希望极端渺茫的情况下（仅售28张票，前面已有14人排队，每人限购两张），夏先生执意彻夜守在车站，后又经波折，终于买到了去丽水的车票（卷三，第16、17页）。1944年夏先生参加西北考察团的时候，凭借自己国家最高级别研究机构研究员的身份，不仅可以向"资源委员会运输处""油务站"等国家机关求助，而且还能搭乘军车。夏先生虽担心行李过多——考察团有仪器、装备，但因考察团成员阎文儒君发现炮兵营装营长与自己是同乡，所以大家顺利搭上军车，到达目的地的当晚，考察团还邀装营长晚餐，以致谢意。当然，考察团是连人带行李付了费的（卷三，第186～189页），这一点与《围城》中那位长着"桔皮大鼻子"的侯营长所透露的信息倒是相吻合的。

读过《围城》的人绝不会忘记李梅亭那只硕大的百宝箱：上半箱是中国文学卡片，下半箱是从上海走私到内地的西药，李梅亭最后按自己出的价把药卖给了学校，此举引起了方鸿渐的愤愤不平（《围城》，第163～165、第202页）。1943年夏先生从温州返李庄的时候，同学徐贤修结伴同行，徐即携带一批西药，想贩到内地赚笔钱。无奈到广西后，发现"此间市价并不似预料之佳，一部分且较温州为低，颇为丧气"，只得托商行经理代销。可见当时私带药品并不是罕见之事。夏先生既没有因此鄙视自己的同学，也没有像赵辛楣那样讽刺李梅亭"中国人全病死了，李先生还可以活着"，他反而"劝慰"沮丧中的徐君（卷三，第103、104页）。

五

《围城》中方鸿渐得了假博士后"衣锦还乡",省立中学校长约他给暑期学生演讲"西洋文化在中国历史上之影响及其检讨",结果方鸿渐穿错衣服落了演讲稿,情急之下只好把在家翻看线装书时提到的"明朝吸收的两样西洋文明即鸦片和梅毒"搬出来讲,闹得他在家乡的名声岌岌可危(《围城》,第35~38页)。读小说至此,大概只会觉得世界的虚荣和方鸿渐的玩世不恭,而未曾思忖这类演讲所可能包含的正面意义。

真实生活中的夏先生1942年2月回到阔别多年的故乡温州,也曾受到当地中学的演讲邀请。对于这场演讲,夏先生轻描淡写为"略谈英国情形,如政治生活、社会生活,又谈归国时经过各处情形,最后稍谈考古学之意义"(卷三,第21页)。同年11月,夏先生在永嘉基督教青年会演讲考古学,因听众为基督教徒,夏先生还特意加上了巴勒斯坦考古发现的例子(卷三,第72页)。20世纪三四十年代,中国教育水平低下,省立中学已经是普通民众接受现代高等教育的主要场所了,倘有"海归"对这些有知识、有渴望的学子们讲述大千世界的林林总总,不啻是他们接受开放教育的有效途径。后来,夏先生在西北考察团期间,经常与当地的中小学校长接触(因其为文化人),甚至常常借宿学校。1945年,夏先生应邀先后到位于兰州的科技馆、西北师院、湟川中学、西宁师范演讲敦煌和河西考古发现经过(卷三,第

290、294、424、428页），积极向学生和当地民众传播新科学、新知识，表现出了知识分子的责任感。

六

钱先生和夏先生同庚，分别于1933年和1934年从清华毕业，后又都考取公费留学生前往英国。他们的个性迥异，生活轨迹不同，但后来都聚到了中国（社会）科学院，一度还居住在东城区干面胡同的宿舍，二人有过不少实际的和精神的交往。

1978年，几乎无书不读的夏先生从外文期刊上看到了对《围城》的评论（卷八，第251、252页），但他本人直到1981年11月1日才读到了这部小说。在日记的末尾夏先生写道："晚间阅钱锺书同志的《围城》，新儒林外史也。"（卷九，第82页）简短数字却直指《围城》的要害。钱先生才高博学，犀利尖刻。或许正因为如此，《围城》中诸细节与夏先生的生活经历之间的比照才能开显出不同的意义。

夏先生和钱先生在"文化大革命"和干校期间交往尤多（卷七）。1970年，他们一同下放到河南息县干校。当时钱先生负责从邮局为文学所同仁取信。他常常帮助邮局工作人员辨认难字，查找偏僻地名，因此常得茶水招待。夏先生写道："这真是'大才小用'，他自己却谦虚地说：'废物利用！废物利用！'"（卷七，第265页）1982年，当时的社科院院长胡乔木力劝两位先生担任挂名的副院长，两位看在院长面子上只好答应（卷九，第140、141页）。当时院方承诺："不上班""不批阅公文""不开会"，意思是不影响两位先生从事科研工作。 1984年岁末，夏先生在总结自己一年的工作时说，自己参加了当年仅有的两次院务委员会会议，但钱先生却一次会也没参加（卷九，第424页）。

七

中国社会科学院曾经拥有一批像夏先生和钱先生这样的大师，他们的学识和风范的养成一直令我着迷。尽管当代法国解构哲学家们对文字多有诟病，但对不同"作品"的阅读以及"互读"仍然不失为了解一个已逝时代和人物风貌的有效途径。任何一部"作品"，"文如其人"也好，"文过饰非"也好，都无可避免地带有一定的"视角"（perspective），但倘若各种不同的"视角"彼此交织、互为补充，那么，关于"过去"图景的一幅立体"拼图"也会趋于完整。

"作品"有个奇特的品性：一旦完成，它就脱离了作者的保护，与作者渐渐"疏远"了。"作品"仿佛具有了独立的品格，它被交付给"未来"，同时也交付给了"历史"。这恐怕也是世间作者呕心沥血从事写作的原因之一吧。

（原载《南方文物》2013年第2期）

考古门内的人生站点

——读《夏鼐日记》之二

王　齐

　　夏鼐先生成长于一个动荡的年代。他本人自求学生涯之始就表示，自己对政治问题不感兴趣[1]（卷一，第42页），在以后的风云变幻之中，夏先生也表达了类似的想法。1952年的"思想改造运动"中，有群众批评夏先生"处理问题对于政治重视不够"或者"政治思想不够明确"（卷四，第497、498页）。夏先生可能不具备敏感的政治神经，但是他成长的年代是民族危亡的关键时刻，每一位有良知的青年学子，不管政治倾向如何，都不可能不关心祖国的前途和命运，不可能不选择自己报效祖国的方式。夏先生的选择是成为一名具有现代科学精神的专业人士，走"学术建国"的道路。夏先生原本立志从事中国近代史研究，无奈1934年度清华公费留美考试的北平考生只能报考"'考古学'门"（卷一，第253页），夏先生阴差阳错地被推进了这个当时对他而言颇为生疏的学科[2]，最终在考古门内找到了个人"安身

---

[1]　夏鼐：《夏鼐日记》（十卷本），华东师范大学出版社，2011年。下文引自日记的内容仅注卷数和页码。

[2]　夏先生入考古门的经历可参见戴海滨《十字街头钻古塔——夏鼐与中国近代史研究的一段因缘》，《读书》2013年第2期。

立命"之所。如果从1935年在安阳殷墟的发掘实习算起，夏先生在考古门内耕耘了整整半个世纪，画出了自己的人生轨迹。

一、清华—伦敦

1931年，夏先生刚由燕京大学社会学系转入清华大学历史系不久即遇"九一八事变"。清华学子们在爱国热情的驱使下，停课步行到郊区向民众宣讲日军暴行，还进城向驻军司令部请愿宣战（卷一，第74、75页）；对内则开会讨论要把每周三改为军营生活（后决定施行三周时间）。对于后一个决议夏先生心情复杂：一方面觉得这是"在感情冲动下通过的"，另一方面又觉得在受压迫的情况下，感情冲动是"可嘉许的一件事"。在内心里他认定，"救国只有下死功夫来学别人的好处，以求并驾齐驱，而终于轶出其上"（卷一，第75页）。这个观点自是夏先生在救国问题上的理性考量的结果。而就在"九一八事变"发生不久，夏先生在日记中记录了他所尊敬的蒋廷黻师的清华演说"日本此次出兵之经过及背景"，其中就提到解决中日冲突的"治本之法，在于民族与个人之根本改革"（卷一，第74页）。这个观点比晚清学人"师夷长技以制夷"的主张前进了一步。

持这种观点的人在20世纪30年代的知识分子中有一定数量。1938年，现代新儒家的代表人物之一、德国哲学专家贺麟先生在"西南联大"发表了题为《抗日建国和学术建国》一文，在充分肯定抗战建国运动的伟大意义的同时，提出了"学术建国"的主张，把民族复兴的希望最终寄托在学术文化的复兴之上。专攻德国哲学和文化的贺先生所说的"学术"与德文Wissenschaft相对应，其内涵在于"知识的创造，亦即理智的活动，精神的努力，文化的陶养"，比通译的"科学"或者说比人们通常所理解的"科学"要广泛得多。在此理解的支撑下，学术活动的意义就不仅仅是知识的传递，它还承载着民族复兴的使命，因为学术志在培养自由的精神[1]。这篇文章在发表之初影响究竟有多大我们不得而知，但我相信，不论是"西南联大"的师生还是搬迁到四川宜宾南溪李庄的中研院的学者们，他们在战火纷飞的时代仍然耕耘着"学术"的园地，其动力大概就源自内心里以学术报国、以学术建国的理想。

中日战争全面爆发时夏先生远在英国伦敦大学读书。虽身在异国他乡，夏先生对祖国的前途和命运十分担忧。"八一三"之后，夏先生在日记中感叹："国事已至存亡危急之秋，自己反仍从事于此不急之务，故纸堆中弄生活，殊自惭自恨也，每天看几番报纸、听无线电，亦干着急而已"（卷二，第119页）。夏先生内心的苦痛难以言表，只好"每天咬着牙关去读死书"（卷二，第116页），并且以他一贯的刻苦和敏锐，取得了学业上的进步。

1939年9月3日，英国对德宣战。同年10月，伦敦大学考古学系停办。原本在英公费期满的夏先生在导师格兰维尔教授的筹划和帮助下，靠一笔奖学金和个人积蓄到开罗进行为期一年的研习工作（卷二，第263页）。1940年1月29日，

---

[1] 贺麟：《文化与人生》，商务印书馆，1988年，第22页。

夏先生在开罗接到了时任中央博物院筹备处主任的李济先生寄自昆明的信，李济表示愿为夏先生在中央博物院安排一个职位，并流露出让夏先生负责四川考古事业的意思（卷二，第287页），其时夏先生的博士论文尚未完成。夏先生从发展事业的角度出发，放弃了浙江大学优厚的薪金，接受了这份工作。1940年12月6日，夏先生从开罗出发（卷二，第327页），一路舟车劳顿，经耶路撒冷、伊拉克、卡拉奇、孟买、加尔各答、仰光、昆明，历时四个多月，终于在1941年3月19日到达了位于四川南溪长江边的古镇李庄，开始从事他的第一份工作。

二、南溪李庄

李庄曾经记载了一段沉甸甸的现代中国学术史[1]。1940年前后，在抗日战争最为艰苦的年代，中央研究院下属的历史语言研究所、社会科学研究所、人类体质学研究所，以及中央博物院筹备处、营造学社、同济大学等多家单位从昆明迁至李庄，"中国李庄"闻名一时。

夏先生工作的中央博物院落户于长江边的张家祠内。张家祠是李庄镇上一座清代的四合院，其上等楠木精雕而成的

---

[1] 笔者于2007年9月首次到访李庄后，惊讶与感动之余曾写就《李庄漫笔》一文（《中国文物报》，2008年1月11日）。读夏先生李庄日记时，板栗坳、张家祠、月亮田这些地名以及曾经在这里生活过的人、发生的事再次在笔者心中变得鲜活起来。这成为笔者写作本文的最初动机。

"百鹤祥云窗"曾为梁思成先生关注。夏先生在日记中以明快的手法详细记载了初到李庄的情景，今天读来依然亲切自然。"晨间民裕船由南溪开往叙府，经过李庄时少停，小划船来接客，将行李放下，轮船便开行了。小划船摇到附近的江岸沙滩旁，便停泊下来。喊了挑夫，将行李挑到上坝月亮田，询问中央博物院的地址，恰好梁思永先生在窗内听见，看见是我，便喊：'作民，你回来了。'"（卷二，第362页）[1]夏先生1935年在殷墟与梁思永初识，六年时间过去了，但听梁先生的语气仿佛六年间什么都没发生过，二人分别不久似的。

夏先生初到李庄的日子比较悠闲。他一边撰写埃及串珠研究的学位论文，初稿的一些章节曾得梁思永和李济的点评（卷二，第363、373页），一边进行大量的阅读，包括海内外的期刊和研究论著，更有一批记载四川历史和地理的古代文献，如《华阳国志》《蜀王本纪》《四川郡县志》《四川通志》以及一些县志等。后来才知道，夏先生是在为7月开始的彭山考察做前期功课。夏先生在进行田野调查和发掘工作之前，都会大量阅读方志和各种可能找到的历史文献以及国内外研究论著，这个习惯从未中断过。

1941年7月7日至12月12日，夏先生离开李庄前往彭山进行调查和发掘。同年12月14日，夏先生离开李庄，请假返回阔别多年的故乡，一去就是一年多。其时他亲历了家乡的沦陷。再次踏上李庄这块土地的时候，时间已经行进到了1943

---

[1] 夏先生字"作铭"，此处原文写为"作民"。

年的6月5日（卷三，第112页），夏先生本人的身份也变成了史语所的副研究员。他此次回李庄的重要任务是为已经开始的西北考察活动做准备，所以我们在夏先生记录的阅读书目中频频看到斯坦因、伯希和、斯文·赫定的名字和著作名称，还有诸如《甘肃通志》《西域水道记》《敦煌杂钞》《西域考古录》等书籍。这段时间内，夏先生抓紧时间将已完成的学位论文制成打字稿，并于1943年9月14日将论文修改完毕，了却一桩心愿，"殊为欣快"（卷三，第133页）。

从夏先生的李庄日记中我们几乎看不到他对艰苦生活的记述。日记中的李庄生活似乎过得很平淡：读过的书，写的文章，查找的资料，中研院各单位同仁之间的交往。由于地域有限，"李庄客"彼此间的交往似乎更容易和方便；又由于与外界交通的隔绝，"李庄客"们也更愿意聚在一起谈天说地，交流读书或治学的体验。除了李济、梁思永、曾昭燏、郭子衡、董彦堂、石璋如、吴禹铭这些中国考古学先行者的名字频频出现在日记中外，傅斯年、梁思成、林徽因、罗尔纲、巫宝三、金岳霖等大学者的名字也不时跃然纸上，大家互相走访，品茗聊天。日记虽未记下这些谈话的内容和细节，但想象的空间已足令后辈学子心神向往。

除了个人的读书、工作和交往外，夏先生的日记中还记载了梁思永的病，中国科技史专家李约瑟的到访和演讲（卷三，第113页），史语所内部的人事关系，更记录了傅斯年与李济为部门利益发生的冲突（卷三，第117、118页），当然还有和解的场面。据夏先生日记的生动记载，那一天李济一见到傅斯年便说"My old man, I am sorry for it"，而傅先生则连声说"没有什么，没有什么"，"二人相谈甚欢"，后共进午餐（卷三，第126页）。

在表面平淡、暗流不断的李庄生活中，偶有突发事件。1943年6月20日，包括夏先生在内的一些人食物中毒，估计可能吃到了毒蘑菇，请了同济大学的医师诊治（卷三，第117页）。7月连日大雨，张家祠堂离水面只有两公尺之遥（卷三，第121页）。8月，一队一百四五十人的兵士，不顾博物院职工的干涉，带着军粮、鸡、鸭，强行驻扎在张家祠，李济干涉也无济于事。后经傅斯年与部队团长交涉，团长答应另驻他所，但何时迁移待定（卷三，第130页）。在兵荒马乱的日子里，学者们不计较物质生活条件，只希望能够找到安静的一隅，放下一张书桌，延续知识和理智的创造，保持精神的充实和活跃，为民族复兴的伟业做出自己的贡献。

1944年2月23日，夏先生乘船离开李庄前往重庆，踏上了西北考察的征程（卷三，第159页）。这是夏先生与李庄的彻底告别。西北考察于1945年年底结束，差不多历时两年之久，夏先生是在西北获知日本投降的消息的。1946年2月25日，夏先生历经千辛万苦抵达重庆，当即拜见了傅斯年和李济，傅斯年告诉他已不必返回李庄，可直接到南京，夏先生随后请假探亲（卷四，第26页）。夏先生前后一共在李庄生活了13个月，后来再没回去过。

三、南京鸡鸣寺

1946年11月19日，夏先生结束了在故乡的休整，回到了位于南京鸡鸣寺路的史语所。夏先生的工作首先是整理西北考察的材料，分别用中文和英语撰写了论文《新发现的齐家期墓葬》。此外，《考古学报》稿件的审阅和修改也是夏先生的一项工作。身处南京，夏先生不可能不对时局变化有所体察，有时他也会记下傅斯年等同仁对时局的议论，但一般而论，这方面内容的记录比较简单。相比之下，夏先生对社会现象关注较多。日记中多处记载了物价飞涨的情况，包括餐馆消费、米价、金价和外文书价，夏先生数次与同仁私下感叹，此种经济状况不可能维持下去。总的说来，1947年中研院运转平稳，甚至还进行了院士选举。史语所的学术活动也比较频繁，《史语所集刊》和《考古学报》的出版兴旺。单从学术讲座看，除了费慰梅在中央图书馆用中文讲武梁祠给夏先生颇深印象外（卷四，第105页），夏先生日记中还记载了史语所的几次"晚间学术讨论会"：1947年3月22日傅斯年主讲"赵宋新儒家之来源"（卷四，第112页），4月11日徐中舒讲"十五世纪以前之火器及火药"（卷四，第116页），4月25日郭子衡讲"周代之车制"（卷四，第119页），6月6日芮逸夫讲"獠即犵狫试证"（卷四，第127页）。7月11日，夏先生自己讲"西北考察之经过"，日记称这次演讲是所中第十次（卷四，第134页），中间有五次学术讲座未被记录。此时的夏先生已受傅斯年之托，在其出国之际代理史语所所长一职。史语所1948年前半年的学术活动也还丰富，如1月5日劳贞一讲"木简与纸"，11日李济在蔡元培先生诞辰纪念日大会上讲"古器物学之新基础"（卷四，第167页），19日全汉昇讲"近代中美二国工业化之比较"（卷四，第168页），5月周法高讲"谐音"（卷四，第185页）。

夏先生在史语所期间即阅读了尹达的《中国原始社会》，这本书是以马列主义为指导的（卷四，第135页）。时任中央大学历史系主任的贺昌群教授那段时间与夏先生交往颇多，曾邀请夏先生到中央大学讲考古学。贺教授对史学界的流派比较清楚，曾跟夏先生纵论史学界的动向，议论以唯物史观为标尺的"左派历史学"，以及国民党的政治腐败（卷四，第113页）。这位贺教授因思想"左倾"被人告到总统府，但中大并未追究，"呈文皆转中大，周校长交贺君一阅，一笑置之"（卷四，第198页）。1947年10月，中研院选举院士。夏先生不是正式评委，只代表史语所列席会议，事后还被要求起草候选人评语。夏先生日记中记载了郭沫若入选候选名单时的波澜。当时的教育部长、中研院代院长朱家骅以"参加内乱，与汉奸罪"为由，不同意郭沫若入选，有人附和。巫宝三、陶孟和、胡适发表意见，认为选院士当以学术立场而非政党立场为主。陶孟和甚至提出，如果要以政府意志为标准，不如请政府指派。夏先生亦以列席身份发言，他指出"中研院"的拉丁对应语Academia Sinica，认为科学院院士"除学术贡献外，惟一条件为中国人，若汉奸则根本不能算中国人，若反对政府则与汉奸有异，不能相提并论"。最后的表决结果是14票对7票，郭沫若成功入围（卷四，第150、151页）。

在鸡鸣寺史语所工作期间，夏先生与胡适有过较多的接触。其实早在光华附中和清华的毕业典礼上，夏先生就听过胡适的贵宾致辞。当时夏先生对胡适的印象并不太好，觉得对方讲的不过是"那套陈话"，是"局外人的风凉话而已"（卷一，第245页）。1946年11月，胡适因制宪国民大会事在南京停留，夏先生不仅被邀陪胡适、傅斯年郊游，还参加了傅斯年宴请胡适和所中同仁的餐会，并在日记中记载了胡适讲的不同文化语境中的"惧内"笑话。收尾时夏先生写道："胡大使须发已斑白，而风度不减当年。"（卷四，第83、84页）这应该是夏先生与胡适的第一次近距离接触。1946年12月20日，夏先生记录晚间去胡适处闲谈，还请了胡适的墨宝（卷四，第89页）。1947年，胡适参加中研院院士评议会时住在史语所，二人见面的机会增多了。晚间夏先生或偕同伴或独自拜访胡适，有时胡适晚间无事，也会让人找夏先生去他房间聊天。宴请之事自然也增多了，只是夏先生在日记中对此一笔带过，但却对夜话时胡适的"谈天说地"非常重视，记下了胡适关于历史和考古学研究的不少学术直觉式的看法和议论。胡适认定夏朝的存在是史实，只是未能找到考古遗迹，故建议"似应从古地理入手，择定几处有为夏代城邑之可能者，加以发掘，或可对此问题加以解决"（卷四，第89页）。在1948年9月20日的夜话中，胡适又提出佛教传入中国之初，"海路或较陆路更重要，希望能由考古学方面找出证据来证明"（卷四，第204页）。胡适对《水经注》的学术价值十分推崇，曾花五年时间研究《水经注》的版本。他告诉夏先生，《水经注》对考古学有所帮助，"以其去古未远，对于故城之记载较为可靠"（卷四，第89页）。胡适甚至想在1949年的"蔡先生纪念演讲"中讲他关于《水经注》的研究，他还跟夏先生商量，这类公共演讲从哪方面入手更为恰当（卷四，第209页）。

四、东厂胡同

据夏先生日记记载，1948年12月4日，史语所开会决定迁移台湾。五天之后，夏先生在领取疏散费后返乡（卷四，第218～219页），既没有随史语所在次年年初迁台，也没有返回南京。夏先生在家乡一直住到1949年10月，才赴浙江大学人类学系任教。在故乡的日子里，除了看书，夏先生还整理了《叶水心年谱》，写作了《甘肃考古漫记》。这期间，他见证了家乡的和平解放，也通过书信和友人消息得知迁台的史语所同仁初到时的艰辛生活（卷四，第229页）。傅斯年不止一次通过信件、电报和口信催促夏先生赴台，但夏先生不打算"走死路"（卷四，第232、238页）。

1949年7月10日，友人从台湾带来史语所高去寻的书信。高去寻坦言史语所迁台给自己造成的精神"苦痛"，说自己"焦急如待决之囚，两鬓顿成斑白"。他在信中写道："考古组已垮台，中国考古之学，不绝如缕，今日继续起衰者，则舍兄其谁。"高去寻希望夏先生体会"天将降大任于斯人也"的意思，早日赴南京或北平，重振中国考古学事业（卷四，第249页）。1949年10月6日，刚到浙大的夏先生接到了梁思永早已从北京寄出的信，信中梁思永恳请夏先生北上，一来"共同支持史语所残局"，二来为在不久即将开始的中研院等研究机构改组中国科学院的过程中，"积极为将来之中国考古事业计划奋斗"（卷四，第264页）。后来，夏先生日记中又记载梁思永两次催其北上的事，一次是1950年1月27日（卷四，第283页），另一次是1950年6月21日，其时中国科学院已成立。1950年4月15日，郭沫若院长来信，约夏先生到北京"商谈考古发掘计划"（卷四，第294页）；5月25日，夏先生通过友人信件知自己已被任命为考古所副所长（卷四，第300页）。其时，夏先生不幸遭遇丧母之痛，梁思永获知此事，在表达哀痛之余，"盼勉抑感情，在工作中求得慰藉"，希望夏先生以考古所发展为重，"绝不可谦逊，更万不可言辞"（卷四，第305页）。夏先生对高去寻和梁思永的书信未做评论，但从他把信件内容抄录留存于日记之中的举动可以想见这三封信在他心目中的分量。

1950年7月10日，夏先生抵达北京文津街3号中国科学院办事处，见过郭沫若院长后，又到文物局访郑振铎先生，之后便与郑先生一同赴东厂胡同（卷五，第309页），开始了领导考古研究所和新中国考古事业的新篇章，东厂胡同成为夏先生人生站点的最后一站。

五、余绪

苍山不改，人生易老。时光流转，李庄和鸡鸣寺的旧友同仁渐渐老去，这些消息夏先生从报纸上获知，用新闻记事的笔法记在了日记中。1950年12月30日，正在琉璃阁工地的夏先生在日记中写道："晚间阅27日上海《大公报》香港通讯，知傅孟真先生已于20日以中风卒于台北，年55岁"（卷四，第353页）。1962年2月27日的日记开首处有这样的字句："上午赴所，阅《参考消息》，知胡适已于24日在台湾逝世。"（卷六，第240页）1954年开始对胡适思想展开批判——其时夏先生白描式地记下了"听某人报告""看某人批判文章"（卷五，第133、135、137页），在写作了《批判胡适派资产阶级思想在考古学中的流毒》之后（卷五，第145页），夏先生在提到这位他曾经十分熟悉和尊重的学者的时候，连"先生"二字也省去了。

　　1954年4月2日，梁思永辞世，夏先生恰好也在同一家医院治病，前几天还与梁先生同住一个病房，突然之间人去物非，夏先生以带病之身、在悲痛之余挣扎着赶写悼文，只写到2000字便觉支持不住，但悲痛和思念之情使他辗转不能入睡。在这篇日记中，夏先生还回忆起1948年惊闻考古学家吴禹铭辞世连夜赶写悼文的事（卷五，第81页）。在那篇发表于《中央日报》的悼文中，夏先生除了对吴禹铭在田野考古学领域所取得的成就进行回顾和总结外，还回忆了两人的交往，表达了对旧友的思念、对家属的告慰，文气连贯，个人情感色彩浓厚[1]。在写作梁思永悼文时，夏先生似乎颇费思量，文章经数次删改。4月11日，夏先生完成了约6千字的稿件，但又删去了几个段落，日记中对删改的动机记述得详详细细（卷五，第83页）。17日，夏先生再度删去3千字，留4千字，重抄一遍（卷五，第85页）。5月6日和7日，已出院的夏先生为《新建设》修改悼文，再一次增加2千字，删去1

---

[1]　夏鼐：《追悼考古学家吴禹铭先生》，《夏鼐文集》（上卷），
　　　社会科学文献出版社，2000年。

千字（卷五，第89页）。我们无从知晓悼文草稿的面貌，但在最终发表的《追悼考古学家梁思永先生》一文中[1]，除了依然能感受到的笔锋的流畅和真情的流露之外，总觉少了点什么，与追悼吴禹铭一文相比，多出了"封建制度下的金石学"和"现代资本主义式的考古学"等话语。

1960年4月9日，夏先生得知中国科学院副院长陶孟和去世的消息。夏先生回忆说，他与陶院长在李庄相熟，在南京也常常见面。"解放后，他因为我没有随着史语所去台湾，特别赏识我。"（卷六，第93页）此语道出了夏先生笔下的同仁亲疏的玄机。

世事变幻莫测，个人既无法抗拒时代潮流，更无法改变之，唯一可能把握住的就是自己安身立命的学问。从Academia Sinica到Chinese Academy of Social Sciences，都有像夏先生这样执着地视考古学研究为生命的学者，这代学者为考古学在中国的生根、开花、结果所付出的全部努力终将在历史的长河中留下不可磨灭的印迹。

（原载《南方文物》2014年第1期）

---

[1] 夏鼐：《追悼考古学家梁思永先生》，《夏鼐文集》（上卷），社会科学文献出版社，2000年。夏先生日记中对文章修改经过的记述可以作为正式发表文章的"增补"。

世界性与民族性的奏鸣

——读《夏鼐日记》之三

王 齐

上篇：世界性

夏鼐先生的启蒙教育大概是从背诵《三字经》和描"上大人"起步的（卷一，第4页）[1]，11岁时始接受新式教育，但进步很快。夏先生15岁"开始做白话文"（卷一，第7页），学习英文的时间未曾记录，但仅仅5年后就获得了上海私立光华大学附中校级作文竞赛和英文翻译竞赛的银质奖章（卷一，第9、10页）。

夏先生的家乡温州位于东南沿海，17世纪时就有传教士进入，城内保存有一座建于19世纪末的基督教礼拜堂，对此居于主城区街道上的夏家不会不熟悉[2]。夏先生的父亲对教会学校不感兴趣，嫌其"教法不良"（卷一，第5页），这可能对夏先生终生远离西方宗教的态度有所影响。夏先生1930年考入燕京大学社会学系，虽然燕京大

---

[1] 夏鼐：《夏鼐日记》（十卷本），华东师范大学出版社，2011年。下文引自日记的内容仅注卷数和页码。

[2] 《考古学家夏鼐影像辑》，中国社会科学出版社，2011年，第165页。

学已于1929年12月被教育部批准正式更名为"私立燕京大学"[1]，宗教课程只供学生选修（卷一，第30页），但夏先生眼中的燕京大学仍然是所教会学校。夏先生质疑社会学系主办人许仕廉的教徒身份，认为对方"连宗教的颜色眼镜也还没有脱掉"（卷一，第20页），言语中透出不信任。讲授"社会问题"课程的林东海布置的参考书涉及了美国的移民和离婚问题，但却只字未提"中国"，这种缺乏变通的教学法也令夏先生不满（卷一，第33、409页）。因此夏先生在燕京大学的时候痛恨上课，觉得浪费时间，但他抓紧一切时间埋首苦读，马列著作、政治经济学著作和辩证法的著作（中译本和英文本兼而有之）都在夏先生的阅读范围之内，可见燕京大学学术风气的开通和自由，只是这个优点未被"只缘身在此山中"的夏先生留意（这种"开通"的风气在清华未曾减损）。但夏先生笔下也记录了燕大社会风气的"开通"：喁喁私语的情侣公开出现在图书馆和校园中（卷一，第17页）。1931年秋，夏先生如愿通过考试转入国立清华大学历史系读书，在办理入学手续之后即发现清华大学办事"官僚化"和"学生洋化"的特点（卷一，第70页）。虽然"洋化"的涵义未被进一步解读，但夏先生言语间明显流露出了对"洋化"的倾慕。

"洋"原指"水"和"大海"，但这个汉字在近代中国奇妙地承载了指称来自大洋彼岸的西方国家文明和文化的功

---

[1] 陈远：《燕京大学：1919—1952》，浙江人民出版社，2013年，第73页。

能。从"洋人""洋文""洋服""洋火"这些不带情感色彩的用语，到"洋气""洋派""洋化"这类风格描述的语词，比之于古汉语中用来指称外族的"胡""夷"，多少折射出了国人文化心理的微妙变化。不管情愿承认与否，近代中国落后于西方国家都是事实，于是出现了引进西方技术、科学和文化知识的"洋务运动"，因此"洋化""洋派"当被解读为一种面对西方先进科学文化的开放态度。夏先生那一代有理想的青年学子多秉持以科学和实业救国的态度。"九一八"事变后，夏先生在日记中明确表达了自己对救国的看法，即"救国只有下死功夫来学别人的好处，以求并驾齐驱，而终于轶出其上"（卷一，第75页）。这个想法伴随夏先生终生，并支撑夏先生从爱好读书的青年学子成长为一名现代的知识型、专业型人士。

夏先生参加公费留美考试时被指定学习他当时既不了解、又无兴趣的考古学，为换专业他多次与校方沟通未果，但为了留洋，夏先生接受了考古学。1935年9月夏先生到达伦敦大学时，在学什么样的考古学的问题上产生了不小的困惑：容易的道路是入艺术研究所学中国考古学，艰险的道路是进大学学院攻读埃及学、古典学和英国考古学。以夏先生的国学基础，前者易如反掌，且与未来的工作直接相关；后者则要从零开始，掌握希腊语、拉丁语或埃及语，前途未卜，且不知是否在未来于中国考古学研究有益。虽然先于夏先生留学英国的曾昭燏力劝夏先生学习中国考古学（卷一，第363、365页），但夏先生似乎仍有意选择后者，想借此"欲得训练，且作小规模之研究工作"（卷一，第364

页）。无奈他所咨询的大学学院资深指导老师所罗门和负责考古学的阿什莫尔教授都不建议他学习希腊罗马考古学或埃及学（卷一，第364、373页），夏先生不得已只好师从叶兹教授攻读中国考古学（卷一，第374页）。可是，仅在夏先生向李济、傅斯年、梁思永诸先生汇报自己的选择的第二天，在与叶兹接洽功课后，夏先生就对这个决定懊悔万分（卷一，第375页），随后更因对功课水准的不满深感"到英国来读中国东西，殊堪痛心"（卷一，第378页）。夏先生深切地感到，当时欧洲汉学家的造诣未见高明，"惟以其较富实验精神及文字方面之便利（此指其易参考西洋各国之著作而言，非指对于中国文字而言），有时所得较富"（卷一，第380页）。夏先生对自己不用准备便能在作业和考试中轻松获优倍感无聊，暗下转系之心，最终如愿以偿，于1936年7月脱离艺术研究所，转入格兰维尔教授门下学习埃及学。虽然要从枯燥的音素学和埃及文法开始学起，但夏先生因在知识上有所收获而停止了在日记中的"抱怨"。

在艺术研究所学习的无聊日子里，夏先生坚持到伦敦博物馆、伦敦大学学院、工艺美术中心学校等地学习阿什莫尔所说的"无所谓中西"的考古技术（卷一，第373页）。夏先生选修了"岩石与矿物""普通测量学""博物馆考古学""青铜铸造"等课程，不仅学习修理陶器和考古绘图方法，还亲自烧制泥范、熔铜铸像，自觉有趣，收获颇丰。听这些考古技术课程一方面是对阿什莫尔建议

的遵从，另一方面也是对国内考古学界的迫切需求的一种
自觉回应。20世纪30年代，建立在科学的田野发掘基础上
的考古学在中国仍属起步阶段。夏先生出国前曾在安阳实
习，当时虽然尚未做好投身考古事业的心理准备，甚至觉
得田野工作"单调，不生兴味"（卷一，第326页），但
那时的他已经意识到，科学的田野工作方法体系是中国考
古界的必修课，中国的考古材料并不少，少的是科学的发
掘，"故常失了重要的枢纽"（卷一，第328页）。在安
阳时，梁思永对提取花土束手无策，大呼"出丑"，当即
指示夏先生到英国后"一定要问清楚洋鬼子是否有办法"
（卷一，第327页）。梁思永幽默的话语透露出了埋藏在国
人内心深处的矛盾心态：一方面觉得"洋人"是"鬼"，
可另一方面遇到难题首先又想着向对方请教。夏先生未敢
忘记梁思永的嘱托。1935年10月30日，夏先生首次到伦敦
博物馆拜见日记中称呼的Dr．Wheeler（即惠勒博士）的
时候，就向其提出了花土提取问题，而惠勒博士则推荐惠
勒太太解答——应该是惠勒的第一任妻子泰莎（Tessa）[1]
（卷一，第382页）。在得到答复后，夏先生很快写信将花
土提取方法汇报梁思永（卷一，第383页）。

　　不知夏先生初见惠勒夫妇的时候，他们的考古成绩得
到了学界多大程度的肯定。但是根据加州大学圣巴巴拉分校

[1]　夏先生在1936年4月19日的日记中记载了从报上获知惠勒夫人不
　　幸去世的消息，说"关于技术的学习少一导师"（卷二，第35
　　页）。

人类学教授、著名的公共考古作家费根（Brian Fagan）的著作《时间侦探》，惠勒是现代首批从事科学考古学研究的大家之一，他和夫人泰莎在20世纪20～30年代有效地改良了皮特－里弗斯将军（General Pitt-Rivers）的发掘方法，使之很大程度上成为当时英国和欧洲考古发掘的标准方法[1]。因此夏先生1936年开始跟随惠勒学习"田野考古学方法"，相当于与欧洲最先进的田野考古方法保持同步。同年5月15日，夏先生参加了惠勒领导的一行18人的参观团，考察了位于索尔兹伯里的"巨石阵"（Stonehenge）、"巨木阵"（Woodhenge），参观了皮特－里弗斯曾经发掘过的遗址以及博物馆，在几处重要的参观地点聆听了惠勒的演讲，夏先生十分兴奋，认为"目前便是研究英国考古学，也比研究中国考古学为佳"（卷二，第40页）。此时夏先生的转学和延长公费申请已获清华批准，他对考古学的兴趣也日益浓厚，尤其重要的是，夏先生已经萌生了掌握西方考古界积累的科学发掘和研究方法，并将之引入中国考古领域的责任意识。1936年7月5日的日记中，夏先生写下了这样一段话以"自勉"："考古学在学术界的地位，并不很高，但是治上古

---

[1] Brian Fagan, *Time Detectives: How Scientists Use Modern Technology to Unravel the Secrets of the Past*, Touchstone 1996, p. 25, p. 27. 这个评价的"有效期"至少应该到出版《时间侦探》一书的1996年。笔者与费根教授通过电子邮件，告诉他关于夏先生与惠勒博士之间的师承关系，以及夏先生1936年夏天参加梅登堡发掘等情况。费根教授对此十分感兴趣，希望这条信息能够传达给更多的英语读者。

史，考古学是占中心的地位，尤其是中国现下的上古史界情形，旧的传说渐被推翻，而新的传说又逐渐出现，与旧的传说是一丘之貉，都是出于书斋中书生的想象，假使中国政治社会稍为安定，考古学的工作实大有可为也。书此以自勉。"（卷二，第53页）

　　1936年夏季，夏先生有幸参加了惠勒领导的梅登堡（Maiden Castle）发掘实习。梅登堡位于英格兰南部的多切斯特（Dorchester），这里是英国19世纪著名小说家和诗人托马斯·哈代的故乡。惠勒之前已在此地做过工作，当地建有博物院，展示了梅登堡发掘的成绩。惠勒在发掘时非常注重层位关系以及对出土物品的时间和空间定位关系的描述[1]。1936年夏天的发掘任务是要"弄清楚'东门'的构造，及规模较小的旧东垒城壁，与规模较大的新城壁的交接点，以观其改造的经过，及二者间相隔的时间"（卷二，第57页）。有意义的是，根据费根的《时间侦探》，在发掘梅登堡东门的时候，惠勒大面积地运用了"10英尺（3米）的探方"（a grid system of 10-foot（3m）squares）[2]。夏先生的日记中没有出现grid system的术语，但却非常详细地记载了按此尺寸安放"标桩"的工作方法：每3呎一桩（水平距离），两行标桩

[1] Brian Fagan, *Time Detectives: How Scientists Use Modern Technology to Unravel the Secrets of the Past*, Touchstone 1996, p. 28.

[2] Brian Fagan, *Time Detectives: How Scientists Use Modern Technology to Unravel the Secrets of the Past*, Touchstone 1996, p. 28.

相距6呎（卷二，第57页）。更有趣的是，夏先生日记中提到了梅登堡发掘中"自愿帮助发掘的人"有30多位，而且大半是女性，她们负责"引导参考、指挥工作，记载绘图等"，称之为"一异事也"（卷二，第59页）。这恰恰是惠勒为今天的考古史家所津津乐道的一个贡献：调动志愿者，尤其是女性志愿者的考古热情[1]。在这次实习过程中，夏先生为积攒经验起见，曾要求更换工作地点，因此他既挖掘了新石器时代防御沟，又在罗马神庙附近工作，其间还曾就不同记录方法之优劣向惠勒请教（卷二，第57、67页）。除了专注于考古发掘技术的长进外，夏先生还利用一切机会增长对西方文化的认识。发掘期间他两次参观哈代故居，周六到图书馆阅读哈代小说《卡斯特桥市长》，周日有机会便去看电影、听音乐会。这次发掘经历当给夏先生留下了十分美好的印象，因为1937年2月25日，夏先生在聆听了惠勒在伦敦古物学会演讲梅登堡发掘成绩之后在日记中写道："旧梦尚新，遗址草地上草的气息，下瞰全市阳光下的景物，一一尚在耳目间，而此生不知是否尚能重临其境，思之即为默然。"（卷二，第96页）比之于安阳实习日记，夏先生对田野工作的态度已有了彻底的转变。

经过在英国一年半的学习和积累，及至李济1937年

---

[1] Brian Fagan, *Time Detectives: How Scientists Use Modern Technology to Unravel the Secrets of the Past*, Touchstone 1996, p. 28.

2月到英国讲学的时候，夏先生已经能够大胆地当面发表他对安阳小屯发掘的意见。病中的李济听后"两眼直视天花板，说：'小屯发掘的时候，我们什么都不知道，只好乱挖。'又叹气说：'后世知我者其小屯乎！罪我者小屯乎！'"（卷二，第95页）痛苦之情溢于言表。夏先生还从李济处借阅语所出版的《田野考古报告》第1册，看后觉得问题很多，在日记中写下了详细的意见（卷二，第100页）。凡此种种，无疑会促使夏先生"下死功夫来学别人的好处"，力争把科学的田野工作体系和方法引入中国，在中国建立起科学的考古学，这个愿望在新中国成立后得以实现。自1950年7月起，夏先生承担了领导新中国考古事业的重任。"文化大革命"前，夏先生除了亲自带队发掘外，还着手开设考古工作人员训练班，不仅规划课程设置，还亲自讲授田野考古序论，希望尽快使新中国的考古发掘科学化。

夏先生嗜书如命，阅读量很大，他对西方考古学研究进展的追踪，给人留下深刻印象，柴尔德（Childe）、惠勒、吴雷（L. Woolley）和克拉克（Graham Clark）的名字常常出现在夏先生的阅读书目中；《美国考古学报》（American Journal of Archaeology）和《美国人类学家》（American Anthropologists）等外文期刊也在夏先生的阅读范围之内。就连李约瑟寄来的英文科幻小说，夏先生都会利用周末时间阅读（卷八，第268、269、271页）。外文书籍从夏先生年轻时代起就一直充当着他与世界交流沟通的桥梁。

夏先生在担任中国（社会）科学院考古研究所领导期间有很多外事活动，包括接待来访的外国考古学者和随科学院哲学社会科学部代表团出访，改革开放前主要是接待和访问"第三世界"国家[1]，夏先生得以参观巴基斯坦、阿尔巴尼亚、秘鲁、墨西哥等地的历史文化遗迹，增补了他对世界文明的整体性认识。改革开放前国内经济活动较少，加上冷战格局造成的封闭，国家除了搞"运动"外无大事，文化工作似能受到更多关注，因此夏先生还有机会参加一些高级别的国事活动。如1959年9月30日国庆十周年时周恩来总理欢迎赫鲁晓夫的国宴（卷六，第51页）；1971年5月31日周恩来接见日本社会科学代表团的活动，据说这是自"文化大革命"开始后科学院的首次外事活动（卷七，第275页）；1972年2月21日欢迎尼克松访华的宴会，为此还提前一天到

[1] 改革开放前，偶有西方友好国家的学者来访。夏先生日记中曾记载丹麦考古学家、奥尔胡斯（Aarhus）博物馆的格洛伯教授（V. P. Glob）于1960年9月9日访问中国科学院考古研究所（卷六，第119页）。2013年5月笔者在丹麦哥本哈根大学参加国际学术会议期间，拜访了旧友、哥本哈根大学考古系原系主任克劳斯·韩斯堡教授（Klavs Randsborg），将此条信息与之交流。有意思的是，20世纪60年代韩斯堡在哥本哈根大学攻读博士学位时与格洛伯相识，虽然他的导师与格洛伯不合，但格洛伯本人对韩斯堡却十分友好。韩斯堡说，格洛伯是丹麦考古界的领军人物，曾领导丹麦国家博物馆以及各地所有的博物馆，而不仅仅是奥尔胡斯博物馆。格洛伯亲苏、亲共，但酗酒、骄傲自大。他从中国访问归国后，四处吹嘘自己在中国受到的接待，认为中国人知道怎样认真对待他。特此补充，以作为"考古外史中之好材料也"（夏先生记录安特生逸事时语，见卷三，第308页）。

人民大会堂开会，传达此次接待"不冷不热，不卑不亢"的基调（卷七，第284页），以及25日尼克松举办的告别宴会（卷七，第285页）；1973年欢迎墨西哥总统埃切维里亚和法国总统蓬皮杜的国宴（卷七，第341、380页）。这些外事活动为夏先生提供了一个了解世界、保持世界性的胸怀和眼光的机会。

夏先生自50年代起为树立新中国的形象做了很多具体的事，突出的一个方面就是为"China Reconstructs"即《中国建设》杂志撰写考古新发现的英文稿件。这些稿件篇幅不长，一般两千余字，夏先生日记中有时记中文标题，有时记英文标题，例如1952年撰写的"New Archaeological Discoveries of China"（卷四，第526页），1953年撰写的"Arts and Crafts of 2300 Years Age"（卷五，第57页），1956年的《半坡发掘记》（卷五，第210页）和《新石器时代文化》（卷五，第212页），1958年的《定陵发掘记》（卷五，第421页），1959年的《中国陶俑》（卷六，第32页），1961年的"New Finds of Ancient Silk Textile"（卷六，第206、207页）。1962年夏先生为《中国人民》撰写《中国和非洲间久远的友谊》一文，没有说明是英文稿还是中文稿。虽然是命题作文，但夏先生仍然认真完成（卷六，第259页）。

除了写作这些带有宣传性质的"小文章"外（"小文章"是夏先生自语），夏先生还充分利用自己学贯中西的优势，结合考古发掘的出土资料，通过扎实的外文背景资料的阅读，做了不少中外交流方面的专题研究，例如《新疆出土的波斯银币》（1956年）、《西宁出土波斯银币》（1958年）、《泉州景教碑考》（1958年）、《咸阳底张湾隋墓出土的东罗马金币》（1959年）和《元安西王府故址与阿拉伯数码幻方》（1960年）[1]。为写作《泉州景教碑考》，夏先生参阅了西方学者研究曾经轰动西方世界的"大秦景教流行碑"的著作"The Christian Monuments at Sianfu"，以及被基督教正统派斥为异端的聂斯托利派在中国传播情况的论著"Nestorian Documents and Relics in China"和"Christians in China before 1550"（卷五，第361、362页）。夏先生博览群书，但对西方宗教一直不感兴趣，只是1938年在巴勒斯坦加沙发掘时才读过《旧约全书》和《新约全书》，所发议论完全站在"局外人"的立场之上（卷二，第190、194、195页），因此为考证景教碑，须补足基督教史的课。1970年5月21日，夏先生在经过了四年牛棚生活后赴河南息县"五七干校"，因夫人生病于10月22日请假回京。适逢考古所承担为阿尔巴尼亚修复羊皮纸手抄本《福音书》的任务，这项工作需要夏先生的学术专长，因此夏先生得以留京工作，不必返回干校（卷七，第271、273、277页）。

今天看来，夏先生当年毅然选择经埃及学步入考古之门的道路是英明之举。这条道路不仅培养了夏先生从事比较研究的能力，更重要的是，对其他文明的深入了解使夏先生拥

---

[1] 除《元安西王府故址与阿拉伯数码幻方》收入《夏鼐文集》中卷外，其余均收入下卷（中国社会科学院考古研究所，社会科学文献出版社，2000年）。文集中个别题目较日记有所改动，恕不一一列出。

有了一个广阔的视野，使他能够站在世界文明的高度反观中国文明，从而对中国文明有更深的认识。只有拥有开放的胸怀和视野，我们才能更好地认识自身。

下篇：民族性

夏先生从不排斥"洋化"的生活，西餐、西服、外文小说、电影都是他一生的所爱，对于西方的科学文化更是倍加推崇，以至于1952年"思想改造"运动中有群众给夏先生提的意见就包括"有崇外思想"一条（卷四，第497页）。今天我们敢于说，很多像夏先生这样的知识分子都有"崇洋"思想，但他们非但不"媚外"，而且骨子里都有深厚的民族性，这种民族性的养成与他们的生活年代有着密切关系。

夏先生留学英国的时候，中国这个弱小的东方国家正值民族危亡的关键时刻。从夏先生日记中我们并未看到他因华人身份而受歧视的现象，一方面因为夏先生所接触的都是英国知识分子阶层，另一方面想必也与夏先生的刻苦、聪慧和随和有直接关系。但是夏先生1937年12月在埃及发掘实习的经历使他深切感受到了西方人的傲慢和被压迫民族的可怜。当时与夏先生同在埃及卢克索的有英国人迈尔斯先生（Mr. Myers）和文克勒博士（Dr. Winkler），他们对夏先生的态度未见异常，尽管夏先生既不会开汽车，又因不谙阿拉伯语而不能做监工。但二人闲谈间以近乎恶毒的口气评议埃及人民，夏先生听后一方面"为埃及人民难过"，另一方面难免想到同样受到外国势力欺侮的祖国，虽然未曾插话反驳，但却第一次在国外发出了"帝国主义的气焰太高"的感叹（卷二，第143页）。夏先生当下就联想到了中国，"幸得没有开放外国人进来挖古，否则一定免不得遭骂；传教士与商人的侮骂我国，已是够受，希望不要再添上外国考古学家"（卷二，第142页）。在随后近两个月的发掘工作中，夏先生不止一次从英国人口中听到了埃及人的愚昧（卷二，第152页）、埃及考古学家的不合格（卷二，第155页）；他自己也目睹了埃及工人得古物即来索要小费的举动（卷二，第154页），想必心中难免生出"哀其不幸，怒其不争"的感叹。1940年夏先生在开罗从事研究工作的时候，席间听到英人谩骂埃及人，感到"自己也是受压迫的民族，听了非常不顺耳"（卷二，第289页）。

夏先生1944~1945年参加西北考察团的时候，格外留意斯坦因和安特生做过的工作，不仅考察前读斯坦因和安特生的著作，考察过程中也注意把实地情况与以前的工作联系起来。又因其去之不远，夏先生还从当地百姓口中探听到安特生的种种故事和非科学的行为，比如安特生在洮河流域的辛店墓地并未进行有计划的系统发掘，只以五元一个的价格向农民购买陶罐，结果造成当地农民"乱掘一阵"，对于发现的陶罐和人架，安特生在绘图后将人架取出清洁后装箱（卷三，第305页）。夏先生还与安特生当年的房东交谈，在日记中记下了安特生收买文物、生活阔绰等逸事（卷三，第308页）。1945年11月25日，夏先生在青海的朱家寨考察了安特生发掘过的遗痕，初步指出了安特生在时代断定方面所犯的错误（卷三，第426~427页）。早在英国读书时夏先生就在日记中批评斯坦因"捆载古物而返，氏实有侵中国主权"，批安特生在甘肃的工作"无科学精神可言"（卷二，第4页），批葛维汉的华西发掘报告因未受专业考古训练而"缺陷甚多"（卷二，第17、18页）。现在夏先生亲眼看到了安特生在华的破坏性发掘。对中国古物的掠夺，非科学的、破坏性的发掘，外国人在华考古的种种劣迹进一步强化了夏先生当年听英国人谩骂埃及人时所生发的念头：不可开放外国人来华挖古。这个观念一直延续到改革开放时期。

1981年，在哈佛讲学的夏先生从童恩正和张光直口中获知四川大学与哈佛大学的合作计划，夏先生当即表示反对，回国后数次向社科院领导反映此事，共同商定打报告对中外合作考古之事加以控制。最后由邓力群出面直接给当时的教育部长蒋南翔打电话，并承诺将报告转交教育部，中止了这项合作计划（卷九，第28、40、41、44、45、49、55、83、84、85、96页）。在这段时间里，童恩正曾来京拜访夏先生，夏先生邀请他到家中共进午餐，再次说服他不能与外国人合作考古，说"不能贪小便宜，将研究权拱手让人"（卷九，第73页）。在此期间（1981年5月8日），夏先生接待了来访的意大利考古代表团，对方提出交换刊物、互派留学生和学者以及共同协作研究三项事宜。夏先生记道："除第1项外，余均加以婉拒（第2项要通过院部，第3项目前无此打算）"，对方颇觉失望（卷九，第35页）。

1984年12月20日，夏先生参加了北京猿人第一个头盖骨发现55周年纪念会。根据夏先生日记，方毅发言时提出北京猿人头盖骨的发现可视为中国科学界获得的第一块金牌，夏先生"乘机提出","像奥运会一样,我们可以请外国教练,派人到外国取经,但不能取与外国合作的方式,如果取得金牌的国家队是由外国人才获得,那便算不得很光荣"(卷九,第420、421页)。这则日记颇能说明夏先生在世界性和民族性问题上的态度:一方面推崇学习外国先进的文化和经验,另一方面却又时刻对西方国家的文化侵略保持警惕,恪守民族原则。

终曲

张光直先生在1997年撰写的《哭童恩正先生》一文中讲述了哈佛与四川大学合作未果的经过,此文可与夏先生日记中所载细节相校正。在真诚表示佩服夏先生的人格学问和理解夏先生反对中外考古合作的态度的前提下,张光直认为夏先生此举"是30年代和40年代的心态"[1]。一个人不可避免地会受到时代的影响,只是痕迹的深浅不同。夏先生从青年时代就向往西方先进的科学文化,追随"科学救国"的理想,希望以之赶超西方国家,并且终生保持着对西方科学和文化的开放态度。为此他曾经作为被压迫民族的一员在异国他乡咬紧牙关埋首苦读,于寂寞中踽踽独行。夏先生留学英国的时候,西方国家的政治文化正处于转型时期。从考古学界的情况看,自19世纪末至20世纪初,已有考古学家"良心

---

[1] 张光直:《考古人类学随笔》,生活·读书·新知三联书店,2013年,第174~178页。

发现"，开始反思从其他弱小落后国家抢夺古物是否道德的问题[1]。夏先生在埃及实习的时候，也曾听到开罗大学迈克拉马拉先生谈及应参照希腊的办法，禁止古物出口的事（卷二，第285页）。但在夏先生多次参观的大英博物馆中仍然陈列着来自弱小落后国家的古物，这无疑会刺激正处于民族危亡的关键时刻的中国人的神经，更会使敏感的人心生防范。

　　1980年5月，夏先生随中国社会科学院代表团出访英国[2]，其时他的老师均已作古。代表团到达利兹大学时，宴席间夏先生与英国同仁谈及自己1936年在梅登堡的发掘。夏先生记下了利兹大学考古学教授B.S.J.Isserlis的一段话："曾看到中国考古发掘的照片，工作井井有条，不知如何取得如此水平，今天谈后才知道曾从Sir Mortimer Wheeler学习过田野考古方法的"（卷八，第410页）。这段话从一个侧面告诉我们，夏先生青年时代立下的"下死功夫来学别人的好处，以求并驾齐驱"的理想实现了。

（原载《南方文物》2014年第3期）

---

[1] 丹尼尔：《考古学一百五十年》，黄其煦译，文物出版社，1987年，第145页。

[2] 夏先生1973年10月曾以中国出土文物展览代表团副团长的身份出访英国，两次见到了他的老师Sir Mortimer Wheeler即惠勒爵士（卷七，第384、391页）。

精神长存

——怀念陈公柔先生

施劲松

一

美国哥伦比亚大学东亚语言文化系李峰教授曾送我他的英文专著《早期中国的地理和政权：西周的危机和灭亡》（Landscape and Power in Early China：The Crisis and Fall of the Western Zhou），书的扉页上用英文写有"纪念陈公柔教授，一位于2004年10月13日辞世的令人尊敬的师长和伟大的智者"（In Memory of Professor Chen Gongrou, A respected teacher and a man of great intellectual depth who passed away on October 13, 2004）。这是我所见的唯一一部题献给陈公柔先生的著作。

李峰教授是张长寿先生的学生，也是我的学兄。他于1983年就读于中国社会科学院研究生院，后曾在中国社会科学院考古研究所工作，一定受过陈公柔先生的教诲。他将英文专著献给陈先生，让更多的海内外学者看到了陈先生的名字。

1993年，我考入中国社会科学院研究生院，师从张长寿先生学习商周考古。陈公柔先生是博士生指导小组成员，我由此初识了陈先生。

　　到北京不久，张先生就专门引我去见陈先生。那时陈先生大约还常到考古所，办公室里放满了书籍。第一印象就是陈先生非常和善，不时呵呵地说笑。我本来有些莫名不安的心，顿时便放了下来。不过即便如此，我也没有料到日后会有缘与陈先生交往。

二

　　入学后，因在校时间多而到考古所的时间少，很长时间我都未再见过陈先生。1995年，张长寿先生为我安排先秦文献学的课程，并请陈先生教授，每周一次。和我一起听这门课的还有安志敏先生的94级博士生巫新华。当时我得知，由陈先生亲授这门课，机会实属难得。那时陈先生已不再到考古所，我们便骑自行车到陈先生家里上课。陈先生住在东城区干面胡同的社科院宿舍院里。后来我才知，夏鼐、钱锺书、贺麟、金岳霖等社科院的许多学术大师都曾住干面胡同的专家楼，对那条胡同也景仰起来。在社科院的宿舍院内，陈先生住在普通宿舍的一楼，一个小门厅通向两个小房间。

　　第一节课，陈先生便开宗明义说明这门课主要是从考古学的角度讲授《尚书》《三礼》《三传》《竹书纪年》《世本》《史记》和先秦诸子，以及各种类书和丛书，强调这不同于一般的目录学和史学，而是从考古工作的需要出发，学习利用考古研究所需的资料。为此，便要知道读何书，然后知作者、知版本、知何种注最好。知书目则可知领域的大小、引用的范围，"书目藏之心中，学问自然增长"。明白了书的结构，以及一个体系由哪些部分构成、用了哪些史料，我们才可以用同样的方法和自己的材料来构建自己的体系。

在接下来的一学期里，陈先生依次讲每部书，重点是各书的内容和版本源流等。如《尚书》重点讲书序、今古文问题与伪孔传作者；《诗》讲齐、鲁、韩三家诗与大小毛公，以及各诗异同；《三礼》讲授受源流、篇次内容和成书年代；《易》讲经、传的时代，作者与师承，新出土材料；《春秋三传》讲公羊、穀梁传与公羊学派，春秋左氏传与左传作者，未修春秋与春秋经；《逸周书》与《世本》讲版本；《史记》讲结构、材料来源、"书法"、司马迁与《史记》、三家注等；辑佚讲七录、七略和别录；一直讲到最晚近的丛书和类书。陈先生早把书目深藏于心，将各书的内容、版本源流、学术价值等娓娓道来。

讲授时陈先生并不局限于一书，而是将各种书相联系，细说、比较各书的特点和价值。比如《左传》与《国语》的异同：《左传》记周事略而记鲁事详，《周语》所存春秋的周事尚详，《鲁语》所记则多为琐事；《左传》记齐桓公霸业最略，而《齐语》却专记此事；《郑语》皆记春秋前事，《左传》亦详；《晋语》同于《左传》最多；《楚语》同《左传》者少，记内政详而记外交略；《吴语》记夫差伐越，《左传》却略；《越语》专记越灭吴之经过，《左传》却全无。再比如同一人或同一事，不同的书中记载又不一样：《汉书》中的韩信传如何全袭《史记》之文而删去蒯通一段，《日知录》因此说韩信传"零落不堪读"。

陈先生强调学习先秦文献还要充分利用古代的研究成果，如《汉书·艺文志》就将东汉时的书籍全部做了目录，并加以分类，辨别学术流派。除所讲的书外，陈先生还详细介绍从古至今的相关考订、研究，评述其价值。比如讲三礼时专门介绍康有为的《新学伪经考》，指出其价值在于认为六经并非全部被秦焚毁，而是在民间、特别是博士中有传本，若如此，便可解决许多古今文的问题；又介绍钱玄同在重印该书时如何加序说明该书的价值和过激之处等。陈先生每讲一部书便开列多本参考书。如讲《考工记》，即开列了从清代的《考工记创物小记》《考工记图》到近代的《考工记辨正》等数部参考书。

陈先生特别重视古文字，认为读《尚书》《诗经》等先秦文献需通古文字之学。一旦讲到某字，陈先生便随时引证金文或简牍文字。对于各书中文字的异同等非常细节的内容，陈先生皆随口举例。如《诗经》因始于口口相传，人各用乡音，故四家之诗有同音而异字，或同字而异音者。陈先生细举"君子好述"中的"述"字分别在毛诗及齐、鲁、韩三家诗中写作什么，"燕燕于飞"中的"燕燕"又如何引用假字。讲《易》，便举例商和西周的八卦，战国以后又如何表示等。再比如某个字或某句话，熹平石经中是怎样的，《史记》又如何写。这些具体材料，陈先生均信手拈来。

陈先生讲先秦文献，也非常重视新出土的考古材料。讲《诗》时便专门讲阜阳汝阴侯墓中出土的100多支竹简，其中的《诗经》篇次和假借字如何与毛诗不同，并由此认为这批景帝时埋藏的文帝时的竹简时代早于四家诗。讲三礼的篇次、内容时，便分析1959年武威磨嘴子6号墓出土的仪礼篇。讲《易》，则专门讲含山凌家滩玉器、殷墟四盘磨卜辞、苗圃刻数石器、张家坡卜骨、阜阳竹简、临汝卦画、马王堆帛书等考古发现与相关研究。

陈先生讲课时也常即兴插入有趣的话题，并引出种种典故。比如一次不知因何提到"海晏河清"一词，便说到"海清"和"海青追天鹅"，最后饶有兴味地说起了《满洲源流考》中所记述的清入关以前满族的各种风俗。

陈先生讲授的语言平实，内容却广博深奥。整整一下午的课从头讲到尾，仿佛问题总也谈不尽。有一次讲类书，陈先生说综合性的专书一出，一些更零散的史料也就日渐湮没了。我想，在陈先生这一辈学问家之后，恐怕很多文献学、版本学的知识同样也会渐渐湮没。一代人有一代人的学问，知识结构会随着时代风貌和精神风俗的变迁而改变，但一代学人追求真理和智慧的精神是永存的。

陈先生上课不看任何讲稿，但为了让我们听懂，却把新课的要点工整地写在册页上，让我们带回预习。我每次都把内容一字不漏地抄写下来，上课再听一遍，然后再带回新的预习内容。尽管如此，因为我文献学的知识不多，每次课集中精神，但仍跟不上陈先生的思路，感觉陈先生讲述的与自己已有的知识存在距离，想要将课程内容真正"内化"成自己的知识颇有难度。好在陈先生极为和善，上课既不提问，也不讨论，像是看透了我的心思。那时我已开始写作关于南方青铜器的博士论文，有时也就遇到的问题相请教，如商周青铜器上兽面纹的细部变化等，大约我的问题不得要领，陈先生只笼统回答研究兽面纹要综合考察。

多年以后，我曾向张长寿先生说起当年听陈先生课时的隔膜感，张先生只哈哈一笑，说那是因为你不明白陈先生所讲的问题从何而来。但先秦文献学这门课结束时，陈先生却给了我95分的高分。陈先生对年轻人非常宽容，以鼓励和引导为主。对我毕业时提交的学位论文和最后的答辩，陈先生未提任何尖锐问题，而是给予了很高的评价。陈先生不仅肯定了论文的选题和研究方法等具有开拓性，研究使得南方青铜器"在年代序列和文化属相上皆能纲举目张"，还特别指出论文虽然将南方青铜器与中原青铜器做了大量比较，"但尽力规避传统以中原为中心的观点，而力求奔向'不能一切以中原青铜器为标准'的研究目标"。对于后一点，当时我只是在张长寿先生的开导下而提出，在写作论文的过程中开始形成了一点粗浅认识，尚谈不上深入思考。陈先生特地指出这一点，或许其中自有陈先生的认识。只可惜那时尚未体会出陈先生此语的深意，不然定会当面请教。毕业近20年来，如何理解和认识商周时期中原地区与"周边"地区的文化及相互关系，已逐渐成为我关注的核心问题。由今天反观过去，也就更能体会黑格尔所说"密涅瓦的猫头鹰在黄昏时才起飞"的含意。在求知的过程中，很多事情就那么发生、开始了，但对其意义往往要相隔一定时间，通过反思才能真正领悟。求知如此，人生亦然。

三

课程结束后，我和陈先生更加熟识了。加之陈先生也是我的指导老师和博士论文的答辩委员，故常到陈先生家。临近毕业，论文的写作、毕业后的去向等，骤然间多出很多事。到陈先生那里，我总是把种种想法毫无保留地说出来，出了陈先生的家门，心便也平复了。

工作后，我住在王府井大街27号考古研究所的院内，离干面胡同很近。那时差不多每到周末就去看望陈先生。去前也不用先联系，陈先生独居，从未遇上他有事。带上些老北京的甜点或一盆小草花，陈先生都十分高兴。偶尔也从考古所的图书室捎回他想借阅的书。

一般总是我先说工作上的事，或是送上新发表的习作，然后就听陈先生谈天说地。陈先生的话题广泛，从古到今。比如清宫里的典章制度及诸种细节，他曾经接触过的学人掌故，马王堆的考古发掘，等等。有一次，陈先生忽然问我对"后现代"的看法。我没想到陈先生饱读古书，对这样的时髦术语也感兴趣，便尽自己所知谈了几点。陈先生的议论颇耐人寻味，说我们才在"现代化"阶段，不能不弄明白就搬弄名词，跟着潮流跑。谈天中有时也免不了聊周围的事，事无论大小，陈先生都很清楚。我常吃惊于他不出门如何便知"天下事"。对寻常事，陈先生总是随意用浅显的话说出一番"道理"，细细品味，方能悟出其中的见解。陈先生看事敏锐、深刻，对事却豁达、开放。事事清楚，却与世无争。

通常话题会转移到各种典故上，于是便主要听陈先生讲古书中所记的某人或某件趣事，或引出某句诗文，再加以品评。比如大约是由晚清俞樾的《春在堂全集》，陈先生便讲起了"春在堂"的来历和"淡烟疏雨落花天""花落春仍在，天时尚艳阳"的诗句。讲到高兴处，陈先生爱从木椅上直起身，双手握住扶手来回滑动，开怀大笑。这大约是我见过的一个人最为舒心、畅快的模样了。

陈先生也常说起他当时正在看的书，那大多是我不知晓的野史或者古人笔记之类。那些书就放在茶几上，好像刚从手中放下，又随时会被拾起。陈先生博览群书，但屋中存放的书却不多，收拾得干净整齐。我总想，这样从容地读书，需要一种怎样的心境呢？我曾说一个人得用多少时间方能将先秦文献或二十四史通读一遍，陈先生却说这些文献看似多，其实也就那些，看完就没有了，又用《逍遥游》中的"偃鼠饮河，不过满腹"来宽慰我。我疑心凡世上可见的古书，大约没有陈先生未读过的。对于看过的书，陈先生自己却是在反复地读。1998年陈先生到美国探亲，就从哥伦比亚大学图书馆借阅《尚书》。由借阅记录可知，那书是该图书馆几十年来第一次有读者。有意思的是，小说不在陈先生的阅读范围之内。但也有例外，有一次陈先生谈及他刚看完贾平凹的《废都》，不过那只是想了解当时社会上流行书的内容。陈先生对"小说"有些"不屑一顾"，似乎在内心里仍秉承"大学"与"小说"之分。

陈先生异常健谈，有时时间太晚，我想告辞又不便打断他的谈兴。陈先生自己却说，你如果久坐又不好意思走，那就等待我说话的停顿，比如放唱片，来回地听而不想听了，就待翻放唱片时借机告辞。每次告辞，陈先生都要送至家门口，并向我鞠躬。以陈先生的辈分和年岁万不当如此，但陈先生从不因我年小而失了"躬送"的礼数。

陈先生很少出胡同，只有一次我陪他去中国历史博物馆看1997年的全国考古新发现精品展。陈先生看得饶有兴趣，在一件浙江出土的龙泉窑瓷瓶前驻足良久，告诉我那叫"玉壶春瓶"后，便自己欣赏，神色怡然。

白天去看陈先生时常一同外出吃饭，但陈先生也不去远地，只去胡同里的一家小餐馆。餐馆的人早熟识了，对陈先生非常热情、尊重。陈先生只吃家常菜，不吃辛辣或怪异食物，最爱点滑溜里脊、糟溜鱼片和干炸茄盒。一次到餐馆刚落座，便有熟人来问候。陈先生见我在介绍之后只作礼节性应答，略感诧异，很快又释然，说你定不看京剧，所以不识，那人是梅葆玖，就住餐馆隔壁。果然不多时梅先生又返回，送陈先生一部他签名的书。

陈先生显然喜欢京剧。看我新参加工作，便告诫我，走入社会就如同上了舞台。演员在舞台上要努力往台中央站，这样才能成主角，不然一生都只能打着小旗绕舞台跑。陈先生说我是由家门进校门、再入单位门的"三门干部"，所以常通过日常小事给我讲做人做事的道理。1999年年末我到哥本哈根大学做访问学者，临行前陈先生未言其他，只交代我定要租个体面的住所，如此才利于与朋友交往。又说曾有人讲一口极为流利的日语，殊不知都是社会下层的用语，那便是交往不当的结果。

自1999年初我搬离考古所住到通州，去干面胡同听陈先生谈天的次数就少了很多。2003年在我博士论文基础上修改、完善的《长江流域青铜器研究》出版，我即送给陈先生，自觉这当是我给陈先生最好的礼物了。2004年春节前我去看望陈先生，告诉他我即将为人父，节后陈先生专门请人买了一套婴儿衣服，送给我刚出生的女儿。陈先生告诉我按照他东北老家的习俗，年纪大的人送衣物给新生儿，是给小孩送福。

2004年10月，张长寿先生告诉我陈先生摔伤了腿，住协和医院。当时有一个瑞典考古代表团来访，考古所安排我陪同到外地参观。听说陈先生只伤了腿而无大碍，便想回京后即去看望。10月16日，代表团行至二里头遗址，时在二里头负责发掘的好友许宏来到旅行车上，突然告诉我他刚获知陈先生已因病去世。我惊疑不定，一时无语，很长时间都不确定心里究竟失去了什么。抬眼望车窗外正飘落着满天细雨，我的心情一如平原上那无尽的阴霾。

四

陈先生去世后，文物出版社于2005年出版了陈先生的文集《先秦两汉考古学论丛》。徐苹芳先生特地送给我一本，并说"你是学生，应当有这书"。这部文集收录了陈先生的20篇文章。据徐苹芳先生的序，这是陈先生的自选集，从收文到目次都为陈先生亲定，内容有商周考古学研究、商周青铜器及其铭文研究、秦汉简牍研究、书评和纪念文章。陈先生的学问深如大海，不是我所能评述的。但我想，知识结构无论怎样随时光流转而变化，一代学人和智者用自己心血构建起来的知识体系，都将成为人类知识大厦上的砖石。这些砖石的意义不在于是否是通往新的知识体系的门径，而在于其中蕴含的对真理和智慧不懈追求的精神，这才是后人站立其上的"巨人的肩膀"。我也深信，任何人的学识、成就，连同他的品格，最终都将交付历史，一切由后人评说。

陈先生的著述之前我多未读过。在这部文集中，我所知的《士丧礼、既夕礼中所记载的丧葬制度》最早发表于1956年的《考古学报》。青铜器研究部分的《徐国青铜器的花纹、形制及其他》发表于《吴越地区青铜器研究论文集》上，我因关注长江流域的青铜器而认真学习过。陈先生与张长寿先生曾合著《殷商青铜容器上鸟纹的断代研究》和《殷商青铜容器上兽面纹的断代研究》，我写博士论文以及后来研究商周青铜器时，均完全依从这两文提出的鸟纹和兽面纹的分类和断代标准。不过这两篇文章并未收入这部文集。书评部分的《评介〈尚书文字合编〉》原发表于1998年的《燕京学报》，当时陈先生送过我抽印本。《评介〈中国文明之起源〉》发表于1984年的《考古》，评介的是夏鼐先生的最后一部专著《中国文明之起源》。夏先生的这部著作是日文版，在2011年华东师范大学出版社出版的《夏鼐日记》第9卷中，夏先生记有不少因该书的翻译、出版和书评而与陈先生往来的内容。仅有的一篇纪念文章《怀念于省吾先生》亲切感人，每每读起便"触情生情"，不自禁地怀念起陈先生来。

光阴似箭，陈先生辞世转眼已10年。回想往事，与陈先生交往的情形还历历如在目前。我和陈先生相处的时间不算多，但感觉远比这10年长久。时间并非只让人淡忘，有时反而会让一些东西刻骨铭心。人去物非，如今的干面胡同口建起了地铁站和高楼，早已不是当年的模样。10年来我每次上下班都要经过那里，但却再也没走进过那条胡同。

附记：
谨以此文纪念陈公柔先生逝世10周年。文中陈先生讲述的内容若有差错，皆因笔者记录或记忆有误，责任全在笔者。

（原载《南方文物》2014年第3期）

考古学家的小说情怀

——童恩正"考古小说"释读

施劲松

一

　　童恩正先生是一位职业考古学家，同时也是一位有着广泛读者群的小说家和电影剧本作家[1]。早在20世纪五六十年代，童先生就开始发表小说，他的小说家生涯在"文化大革命"结束后达到了顶点。1978年，全国科学大会重新提出"向科学进军"的口号，社会上随即掀起一股科普热和科幻作品热，童先生在这股热潮中脱颖而出并占据了两个第一：他的科幻小说《珊瑚岛上的死光》荣获1978年度的"中国优秀短篇小说奖"，这是中国科幻小说在国内获得的最高文学奖项；两年后，上海电影制片厂拍摄的由童先生亲自改编的同名电影成为中国内地的首部科幻影片。在80年代中国科幻小说的"黄金时代"中，童先生与记者出身的叶永烈、第一个到访西沙的郑文光、探访北冰洋的地质学家刘兴诗同被尊为中国科幻小说的"大师"。

---

[1] 童恩正小说作品见新出版的《中国科幻黄金时代大师作品选》中的《古泪今痕》《五万年以前的客人》《古峡迷雾》和《西游新记》，贵州大学出版社，2010年。

不过，把童先生称为"科幻小说作家"并不完全尽如人意，因为童先生小说创作的题材和类型比"科幻小说"宽泛。虽然小说创作从来都不可能遵守某种既定的模式，"科幻小说"（science fiction）从一开始出现即拥有多种风格，但一般而言，我们把涉及真实的或者想象的科学对社会和人产生影响的小说，或者以科学为主导的小说称为"科幻小说"。在这个定义之下，童先生创作的《珊瑚岛上的死光》《五万年以前的客人》《遥远的爱》《失去的记忆》《世界上第一个机器人之死》等作品是不折不扣的"科幻小说"；刊登在《红领巾》和《我们爱科学》等杂志上的《海洋的见证》《神秘的大石墓》《古代片饰之谜》篇幅较短，更像是以青少年为对象的考古普及读物。此外，以郑成功收复台湾为背景的《战舰东航》可归诸历史小说，《西游新记》则是一部针砭现实的幽默作品。更有一类小说，典型的有长篇小说《古峡迷雾》，中短篇小说《古泪今痕》《在时间的铅幕后面》《石笋行》《雪山魔笛》和《追踪恐龙的人》等，它们以作者的考古经历为背景，以真实的考古发掘和研究为素材，但恰当融入了想象和幻想的成分——包括科学的和情感的幻想，这类小说类似于"奇幻小说"（fantasy fiction），只是它们并无托尔金的《魔戒》那样强烈的魔幻色彩，而是更多带有学者的沉郁。我更愿把这类小说称为"考古小说"。

"考古小说"不是一个严格的文学理论层面上的小说类型。之所以采用这个名称，不仅是因为据说童先生的上述作品当年曾经影响了一些年轻人选择考古学专业，并最终走上考古学研究的道路，更是因为透过这些引人入胜的故事，我们能够看到童先生对于考古学这门科学本身所做的思考——考古学能做什么，不能做什么，在不能做的事中考古学家又迫切地想知道什么。童先生用讲故事的方式对这些问题做出了回答。从这个角度说，童先生的"考古小说"不是把自己的考古经历作为背景和素材简单地"拼贴""植入"到叙事之中，而是把考古学的问题融入虚构的故事中，以想象的方式实现了考古学家在真实的考古工作中不可能实现的愿望和梦想。需提及的是，作为考古学家的童恩正对西方考古学理论和科学成就有充分的了解，他本人也较早地意识到运用科技手段进行考古学研究的重要性。1973年，国外有学者使用计算机缀合甲骨碎片，几年后，童先生也运用计算机对安阳出土的数百片甲骨进行缀合实验并取得相当的成功[1]。因此，当我们在小说中看到考古学家借助高科技手段解答考古学疑难问题时，也就不觉奇怪了。

二

童恩正的"考古小说"大多以作者亲历的田野考古工作为背景，同时贯穿了很多真实的考古发现，反映了作者所关注的考古学问题。童先生最早发表的作品《古峡迷雾》（上海少年儿童出版社，1960年，后多次再版并有改编的电影剧

---

[1]　童恩正、张升楷、陈景春：《关于使用电子计算机缀合商代甲骨碎片的初步报告》，《考古》1977年第3期。

本）就是围绕巴人起源这一重要的学术课题而展开的。故事从3000年前的一场战争开始，当时居于夷水流域的虎族为了躲避楚国的进攻退入三峡地区的崇山峻岭，从此从历史上消失。自20世纪30年代以来，两代中国学者为了证明巴人起源于消失的虎族而与日本、美国和苏联的学者所持的各种"巴人外来说"进行针锋相对的斗争，一直到1949年后，考古学家在瞿塘峡赤甲山的黄金洞里找到了虎族的下落，最终证实了中国学者对巴人起源的假说。童先生1959年曾参加巫山大溪遗址的发掘，考察过瞿塘峡盔甲洞中的巴人遗物[1]，显然对三峡考古十分熟悉。小说中描写的虎族的柳叶形铜剑、单耳圜底铜罐、崇拜虎的习俗，以及黄金洞中的象形文字等，都有相应的考古发现。

　　另一篇小说《雪山魔笛》（《少年科学》1978年第8、9期）讲述的是一支考古队在西藏天嘉林寺发掘，在佛像腹部暗藏的小龛中发现了一支人骨制成的笛子。传说这支笛原为一位高僧所有，笛声可以唤来山精，以此证明高僧佛法无边。当考古队在"万籁俱寂、山林沉睡"的深夜吹响魔笛时，引来了在西藏高原上生存了上百万年的猿人。在这个想象力丰富的奇幻故事中，我们明显可以看到作者在70年代末主持发掘西藏昌都卡若遗址的身影。

　　在《古泪今痕》（《电影作品》1980年第3期）中，童先生用电影蒙太奇的手法同时讲述了两个爱情故事：一个是

---

[1]　童恩正：《记瞿塘峡盔甲洞中发现的巴人文物》，《考古》1962年第5期。

明代凤凰山皇陵村一对青年男女的爱情悲剧，另一个是现代考古工作者和女舞蹈演员之间的情感纠葛；古今两条线索彼此交织，情节起伏跌宕。故事从考古工作者发掘凤凰山明代蜀王墓开始，其时他的女友正在排演一个流传于明代蜀王府的舞蹈。随着考古发掘的进展，一段发生在明代的凄惨的爱情故事被一点点揭示出来，一名女子被抢入蜀王府做宫女，被迫与她分离的心上人在她即将被殉葬之时赶到，二人双双死于墓中。考古学家与女演员深受感动而重归于好。这篇小说当是以1970年成都凤凰山明墓的发掘作为背景[1]。

《石笋行》（《少年科学》1982年第10期）直接以"石笋"这一成都平原先秦时代的大石遗迹为对象。小说中提到川西平原没有自然的巨石，所以高耸的"石笋"就成了人们神奇附会的对象。比如唐代民间流传"石笋"底下有海眼，搬动后会有洪水涌出；杜甫的《石笋行》描述成都子城有两株"石笋"，雨后往往会从"石笋"下冲出碧珠；还传说唐末有人从"石笋"上凿下一块做石砚时曾遭雷击。小说中，考古工作者找到了一株"石笋"，但"石笋"突然在深夜飞向太空。原来"石笋"是从宇宙向地球发射的装有自动观测器的火箭，每200年就有一台火箭带着资料飞回太空。这篇小说带有科幻成分，但"石笋"却是真实存在的古代遗迹。

---

[1] 中国社会科学院考古研究所、四川省博物馆成都明墓发掘队：《成都凤凰山明墓》，《考古》1978年第5期。据发掘简报，该墓墓主为明初20余岁的蜀王世子，另在墓葬中庭的圜殿和后殿的中室里发现两个头骨和一些散乱的肢骨，皆为二三十岁的男性，其中一个头骨前额有外伤，尚不清楚两具人骨何时故置于墓中。

20世纪40年代，冯汉骥先生等在成都平原和川西山地进行考古调查时就发现有墓石、独石、列石等遗迹，如成都有"支机石""天涯石""五块石""石笋""五丁担"，新繁有"飞来石"，新都有"八阵图"等[1]。这些大石遗迹还与蜀王的传说有关，《华阳国志》就记载"蜀有五丁力士能移山，举万钧。每王薨，辄立大石，长三丈，重千钧，为墓志。今石笋是也"。另外，在重庆奉节，陕西勉县、南郑、旬阳等地也有大石遗迹，《水经注》等史书中多称之为"八阵图"[2]。童先生对大石遗迹也有研究，认为它们是开明王朝时期的遗迹[3]。但在小说中，童先生把"石笋"想象成宇宙高级生物的产品，把一项历史遗迹转变成了未来的象征。

再如《追踪恐龙的人》（《科学幻想小说选》，中国青年出版社，1980年），讲述了一个从小就对恐龙有浓厚兴趣的男孩，最终进入大学古生物学系学习，开始了研究恐龙的科学生涯。主人公曾看到一件金沙江畔出土的青铜罍，罍盖上的恐龙形象坚定了他长期以来埋藏心底的想法：恐龙应当还存活于世上。最终，主人公历尽艰辛在西藏的恶龙湖找到了头上有齿状角、身披鳞甲的恐龙。在真实的考古发现中，1959年在四川彭县竹瓦街发现的一个窖藏出土了两件带蟠龙

[1] 冯汉骥：《成都平原之大石文化遗迹》，《冯汉骥考古学论文集》，文物出版社，1985年；又见Journal of the West Border China Research Society, Vol. 16, 1945.

[2] 孙华：《列石遗迹考》，《四川盆地的青铜时代》，科学出版社，2000年。

[3] 童恩正：《古代的巴蜀》，四川人民出版社，1979年。

盖的兽面纹罍，其中一件盖上的蟠龙角呈柱状、角端分三叉，另一件龙角为扇形、角端有齿[1]。小说中的青铜罍上和西藏恶龙湖中的恐龙形象即出自彭县铜罍，小说的创作灵感大约也来自彭县的考古发现。

童先生最后创作的《在时间的铅幕后面》（《科学文艺》1989年第3期）据说是他本人最满意的一部作品。小说以一位中国考古学家在纽约大都会博物馆就四川兴汉县七星岗遗址的器物坑作学术报告为开端。在小说中，传说商代晚期的蜀王为求雨将自己的宝藏埋于七星岗的七个坑中，但三千年来没人能够找到这些宝藏。报告结束后，一位美国女士将其父于20世纪30年代在四川传教和调查时所获的一块铜片赠送给考古学家，铜片上所刻的神秘图案正指示出七星岗宝藏坑的位置。铜片的现身引起了激烈的争夺，其间穿插着阴谋与爱情。最后，考古学家几经周折将铜片带回国内，并据此在七星岗遗址发现了埋藏有大量青铜人像、神树、金杖和象牙等的宝藏坑。显然，小说中的兴汉县七星岗遗址即是广汉县三星堆遗址。三星堆遗址自1929年就发现了埋藏有玉器和石器的器物坑，当时的美国学者和传教士都参与了考古调查和发掘[2]。小说中的蜀王宝藏坑指的是1986年偶然出土的两个祭祀器物坑[3]。这篇小说情节紧凑、充满悬念，不仅有对航空照片以及楚帛书、《尚书·尧典》《山海经》等古

[1] 王家祐：《记四川彭县竹瓦街出土的铜器》，《文物》1961年第11期。

[2] David C. Graham, A Preliminary Report of the Hanchow Excavation, *Journal of the West China Border Research Society*, Vol. 6, 1934.

[3] 四川省文物考古研究所：《三星堆祭祀坑》，文物出版社，1999年。

籍中有关中国古代天文和方位内容的释读，甚至还有对包括
"点穴术"在内的传奇中国功夫的渲染。如果科幻小说在中
国出现伊始并不是仅仅把青少年定位为读者对象的话，那
么，《在时间的铅幕后面》完全可以被童先生写成一部像美
国作家丹·布朗的《达·芬奇密码》那样扣人心弦的力作。

三

童恩正"考古小说"的吸引力并不仅仅表现在那些真实
的考古背景和考古发现之上，更在于它们揭示出了深藏于每
一位考古学家心底的情愫，对此我们可以用小说中出现的四
个关键词加以概括，它们是："奥秘""愿望""再现"和
"复原"。

在童先生看来，无论是高山大海、宇宙太空，还是历史
长河，"奥秘"无处不在，而对"奥秘"的揭示就成了一种不
可遏制的强烈"愿望"。在《追踪恐龙的人》中作者写道：

> 天已经近黄昏了，风势逐渐平息下去，一团一团的
> 云雾从峡谷里袅袅上升，岩石林木，半隐半现，显得更
> 加神秘、幽远。……千万年来大自然蕴藏的一处奥秘，
> 在强烈吸引着他。

在《雪山魔笛》中有这样的描述：

> 当每天的工作结束，当我坐在帐篷前面的篝火堆

旁，看着被夕阳染成红色的雪峰，晶莹清澈的湖水，青翠茂密的森林，以及天嘉林寺黑色的废墟，我的心中就会浮现出一种奇异的幻想，如果这里的湖山能够说话，它将向我们倾诉多少在缓慢的历史长河之中被人遗忘的故事呢？

在《石笋行》中，在主人公"我"以为解答了"石笋"的奥秘后真的发现了"石笋"，由此产生了更多的关于"石笋"来历、去向和发掘现场的种种不解之谜，甚至在最后证明"石笋"即是从太空发射到地球的火箭后，"我"依然在说：

> 迄今为止，我们都是用爱因斯坦的相对论来理解时间和空间的。但是我们当前所理解的时间和空间是不是就足以概括宇宙的全部真实呢？……说不定正在观察地球的智慧生物就是这样超越时间和空间的。宇宙间的奥秘太多了，有谁知道呢？

除了上述直接对"奥秘"所做出的抒情性表述外，历史的"奥秘"贯穿着每一个故事的始终。像《古峡迷雾》中虎族的去向和巴人的来源，《古泪今痕》中明代男女主人公的命运和现代发掘的明代墓葬，《在时间的铅幕后面》七星岗器物坑的埋藏地点和用途，等等。

"奥秘"无处不在，从地下到海洋和宇宙，从过去到现在与未来。作为考古学家的童先生在小说中没有单纯停留在对"奥秘"的感叹之上，而是让主人公通过不懈的科学探索努力解开重重谜团。

《古峡迷雾》中的两代中国考古学家怀着一个坚定的学术信念，凭借着零星线索，在三峡的崇山峻岭中不断追踪，终于找到了虎族最后的踪迹和巴人的源头。《古泪今痕》中，明代墓葬的最后出土解开了墓葬谜团，也揭示了明代一对恋人的最终结局。《在时间的铅幕后面》，通过对铜片的争夺和解读，最终发现了传说中古代蜀王为求雨进行祭祀而埋下的所有宝藏。

在一些小说中，作者更是调动幻想的手法，实现了考古学家"复原"和"再现"历史的梦想。在《雪山魔笛》中，科学家历尽千辛万苦最终找到了活着的猿人：

> 他们的体质结构、生活习惯和社会组织，都为我们复原了一幅幅一百万年以前发生过的生动画面。

在《追踪恐龙的人》中，人和恐龙——远古时代和当今时代地球的主人终于见面了：

> 在他们之间，原来横亘着成亿年的岁月，而现在，这两个历史时代的产物却在这黑暗的山洞里相遇了。

在另一篇科幻爱情小说《遥远的爱》（《四川文学》1980年第4、5期）中，作者更是借助外星来的女主人公"琼"来实现自己见证历史的愿望："琼"平时熟睡而完全停止新陈代谢，最初她每隔两千年、一千年，后来每隔10年就到人世间生活两三个月，观察人类社会的进程。"我"发现"琼"通过这种方法，用了不过5年的时间看到了人类全部文明发展的历史。紧接着，作者又创作出这样一个情节，即"琼"送给"我"一个储存着关于过去和未来各种知识的晶体，从中"我"目睹了人类文明史的全部过程，实现了考古学家穿越时空、亲历历史的梦想：

> 古代埃及的十万名奴隶在炎炎烈日下修建金字塔，巴比伦国王在神庙前宣读汉穆拉比法典，古印度孔雀王朝的阿育王在华氏城举行隆重的佛教庆典，中国秦代的数十万刑徒在皮鞭抽打下建造万里长城。我看到了十字军战士的铁蹄践踏着小亚细亚的草原，我也看到了成吉思汗的骑兵饮马蓝色的多瑙河畔。我看到了海风吹拂着哥伦布探索新大陆的船帆，我还看到了革命的红旗在硝烟迷漫的巴士底狱的城楼上飘荡。

有意思的是，这是童先生所希望看到的以及能够看到的人类文明史，一个以宏大叙事方法勾勒出的、贯穿着阶级斗争思想的历史发展图景。其实，考古学并不长于构建这类宏观的历史图景，它更多的是通过零散的物质遗存"拼贴"出历史发展的断面，其中有着多线条、多层面的交织。在小说中，"我"亲眼所见的重大历史事件，折射出童先生当时心目中的"大历史"，也表达了由考古学来复原宏大历史的美好愿望。

四

　　每个人都有了解自然和历史奥秘的愿望，相比之下，考古学家比常人更渴望认识自然、认识历史和未来。考古学家是最具"历史感"的人，因为他们面对的是以千年、万年计的历史：现代人类在10万年前走出非洲，新石器革命发生于1万年前……相比之下，凝聚着人类智慧的文明史在历史的长河中仅只是一个片断，相对于地球46亿年的历史更只是一个瞬间。由于历史的久远，人类的生存环境和知识结构不断发生变化，古代人类留下的遗迹、遗物很可能对于今人来说是陌生的、隔膜的，它们很可能会成为未知数甚至是谜。但或许正是这些未知和谜团的存在才催生了考古学。考古学家"上穷碧落下黄泉，动手动脚找东西"，他们不仅要努力寻找人类在历史上的活动"痕迹"，更要以科学的态度和方法解读隐含在这些遗迹和遗物背后的信息，尽可能解开各种谜团。让今天的人更多地了解人类过去生活的各个层面，这是作为科学的考古学的任务。考古学甚至希望最终能够"复原"和"再现"历史。为了实现这一目标，考古学家一直在积极寻找"进入"古代生活的路径，一方面努力获取考古资料，另一方面不断发展和完善考古学的理论和方法。从19世纪末西方出现的以地层学、类型学和考古学文化为依据来构建人类历史文化的时空框架、演化与传播假说的文化历史主义，到20世纪中叶出现的旨在发现文化互动和变迁原因的过程主义，再到通过强调解释的多重话语权而致力于揭示古代生活的多重意义的后过程主义，所有这些努力都在朝着增进我们关于历史和人类自身的理解的方向行进。但问题是，考古学面对的人类过去的生活往往是零散的"片断"，有时甚至呈现出芜杂无序的面貌，要把这些"片断"拼成一幅完整的关于人类过去历史的"图景"绝非易事，因为历史不可能通过重复的实验加以验证，而人类的活动从来都是自由的，它并不受我们通过思辨总结出的规律的制约。

于是，尽管考古学以"复原"和"再现"历史为至上目标，但是这个目标却无法实现，我们只能一点点地、永无间断地"接近"历史的"真实"。考古学家能够从不同侧面为我们揭示出过去生活的各个层面，但却不一定能够提供人们迫切想知道的关于历史问题的终极答案。这一点在某种意义上造成了考古学家的两难处境：一方面，他们比常人更加渴望解答关于人类历史的奥秘；另一方面，他们又应比常人更加严格地贯彻科学的严谨态度，他们必须随时保持警惕，只能让"材料"本身"说话"，不能任自己的思辨和想象越界。

我相信童恩正先生对此一定深有体会。或许正因为如此才造就了他职业考古学家和小说家的双重身份。作为有建树的考古学家，童先生应该知道，很多学术问题即使到最后也不一定能够找到完满的答案，因为人类历史的发展绝不会遵循"1+1=2"的公式，一个偶然的事件或许就会改变整个历史发展的进程。像《古峡迷雾》中提到的巴文化起源的问题至今仍在探索。20世纪50年代重庆巴县冬笋坝和四川昭化宝轮院发现的两批船棺葬曾被认为是巴人的遗存[1]，但后来在成都平原大量的同类发现说明船棺墓并不为巴人所特有。70年代在涪陵小田溪发现一批墓葬又被认为是巴族的王或酋长的墓葬[2]。此后，三峡西部的云阳李家坝战国墓和川东北的宣汉罗家坝遗址也被认为是巴人遗存。童先生认为巴人可能出于"廪君蛮"，最早发源于湖北西部的清江流域，后来主要活动于川东、鄂西北和汉中一带，西周以后建立巴国，国都先后设于今重庆、合川、丰都、阆中等地，后巴与蜀同时被秦所灭[3]。目前的一种认识是四川盆地和三峡西部在夏商和西周时期并无巴，东周以前的巴应在汉水流域和江汉平原，东周时期江汉平原的巴人受楚逼迫西进，与蜀地的土著民族结合形成"巴文化"，进而与"蜀文化"形成了"巴蜀文化"[4]。可见对巴人、巴文化的认识是持续增进的，现有的认识还将随着新的考古发现和新的研究视角的出现而不断调整。再比如《在时间的铅幕后面》中指涉的三星堆遗址，虽然从1931年开始就不断进行考古调查和发掘，在80年代还

---

[1] 四川省博物馆：《四川船棺葬发掘报告》，文物出版社，1960年。

[2] 四川省博物馆、重庆市博物馆、涪陵县文化馆：《四川涪陵地区小田溪战国土坑墓清理简报》，《文物》1974年第5期。

[3] 童恩正：《古代的巴蜀》，四川人民出版社，1979年。又见童恩正《中国大百科全书·考古学》"巴蜀文化"条，中国大百科全书出版社，1986年，第29、30页。

[4] 林向：《四川盆地巴文化的探索》，《中华文化论坛》2005年第4期。

发现了两个令世人惊叹的器物坑，但是对于三星堆遗址和两个器物坑从一开始就存在着不同认识，至于遗址中是否还埋藏着更多的奥秘，我们迄今仍然无从知晓。

作为考古学家的童先生会自觉止步于人类历史上的疑点和谜团，但是作为小说家的童先生却可以大胆突破科学研究的"界限"，自由地运用想象力，以讲故事的方式为真实的考古背景和考古材料提供"合理"但却无法证明的"出路"。"故事是小说的基本面"，这是英国小说家、《印度之行》的作者福斯特在《小说面面观》的开篇所讲到的。为了突出讲故事的重要性，福斯特紧接着说，从尼安德特人的头骨形状就可以判断出他们已经在听讲故事了，"当时的听众是一群围着篝火在听得入神、连打呵欠的原始人。这些被大毛象或犀牛弄得精疲力竭的人，只有故事的悬宕才能使他们不致入睡"[1]。这样的结论恐怕又是作者动用小说家的笔触的产物。根据现有材料，考古学家只能推断出尼安德特人拥有某种语言，并且还能判断出尼安德特人已经开始有意识地对石器进行"艺术加工"，至于他们是否会围着篝火听故事以抵挡睡魔则不得而知。但是故事的魅力在我们小时候阅读《一千零一夜》的时候就应该有所体会了。聪明的山鲁佐德总是在太阳即将升起的时候戛然中止她的故事，从而一次次躲过杀身之祸。童先生在他的考古小说中致力于编出好的故事，这使他暂时放下考古学家的严谨和科学态度，任想象

---

[1] 福斯特：《小说面面观》，苏炳文译，花城出版社，1985年，第23页。

自由飞翔。比如他可以让考古学家在黄金洞中发现一块刻有象形文字的石碑，并通过计算机的缀合与释读获得关于虎族最终去向的确凿证据[1]。在证明了"巴人起源于虎族"的假说后，他不必进一步追问虎族的起源；在寻找到蜀王求雨祭祀在七星岗埋下的宝藏坑后也不必追问那些铜像、神树和金杖的含义。在小说中，愿望与现实、事实与想象、科学与艺术彼此交织，形成了一个有机整体。我们在阅读这些小说的时候，既能看到考古学家为破解谜团不懈探索的科学精神，又能感受到考古学家面对无限时空时的情愫。人原本就是具有多样性、多面性和微妙性的存在者，要想认识世界和人本身，科学和艺术都是不可或缺的，这是我在通览童恩正"考古小说"后的一个最大收获。

谨以此文纪念创办《南方民族考古》的童恩正先生。

（原载《南方民族考古》第九辑，科学出版社，2013年）

---

[1] 这一情节应与童先生使用计算机缀合甲骨的探索有关。

作为透视历史方法的考古学
——记丹麦考古学家克劳斯·韩斯堡

施劲松

一

2016年岁末，中国社会科学网率先发布了"追忆2016离我们而去的那些学者"，纪念那些不幸离世的国内社科界知名学者。随后，"财新文化"也发布了"我们与他们道别"，其范围不仅仅局限于国内人文社科界，而是扩大到了世界政治、经济、文化、艺术等领域。澎湃新闻的"思想市场"栏目以"带走了时代，留下了风骨"为题，纪念了28位于2016年离世的国内学术和思想界名人。三份令人心情沉重的名单令我想到了于2016年11月12日因病离世的丹麦考古学家克劳斯·韩斯堡（Klavs Randsborg，1944～2016年）。

韩斯堡不为国内学界所知并不奇怪，因为他既非汉学家，也不是像2016年离世的《玫瑰的名字》的作者翁贝托·艾柯那样身兼文艺理论家与作家于一身的欧洲名流。但韩斯堡不仅是过去半个世纪斯堪的纳维亚考古学和"世界考古学"的伟大人物之一，而且还是一个典型的欧洲知识分子。韩斯堡是哥本哈根大学考古系终身教授，曾任系主任，后组建并领导"世界考古学中心"（Center of World Archaeology）。他研究兴趣广泛，掌握多种语言，见识卓著，这些使他成为英国、荷兰、德国、美国等多所大学的客座教授。

韩斯堡笔耕不辍，研究的时空范围异常广阔。从斯堪的纳维亚考古学、欧洲考古学到非洲考古学，从新石器时代、青铜时代到铁器时代，他不仅在丹麦考古界首屈一指，在欧洲考古界亦有广泛影响。美国罗马大学校长理查德·霍格斯（Richard Hodges）在讣告中评价说："韩斯堡众多著述中为人熟知的开端是关于丹麦青铜时代的开创性研究，随后是对丹麦维京时代的革命性阐述，以及对欧洲第一千纪的重新考量。自20世纪80年代以来，他每年都有引人注目的研究专著或者一组具有挑战性的对遗址或区域的重读问世"。

韩斯堡著作等身，仅仅根据我个人不全面的藏书，他独立出版的著作有如下多部。

1.《维京时代：丹麦的形成》（The Viking Age in Denmark: The Formation of a State, London & New York: Duckworth & St. Martin Press, 1980）

2.《欧洲和地中海的第一个千纪》（The First Millennium AD in Europe and the Mediterranean: An Archaeological Essay, Cambridge: Cambridge University Press, 1990）

3.《考古学与人造物现实》（Archaeology & the Man-Made Material Reality, Aarhus: Aarhus University Press, 1992）

4.《霍尔特斯普林：早期欧洲的战事与祭祀》（Hjortspring: Warfare & Sacrifice in Early Europe, Aarhus: Aarhus University Press, 1995）

5.《解剖丹麦：从冰河时代到今天的丹麦考古和历史》

（The Anatomy of Denmark: Archaeology and History from the Ice Age to the Present, London: Bristol Classical Press, 2009）

6.《青铜时代的织物：男人、女人和财富》（Bronze Age Textiles: Men, Women and Wealth, London: Bristol Classical Press, 2011）

此外，据我目前掌握的有限材料，韩斯堡还有如下研究专著独立发表在哥本哈根大学考古系的《考古学报》（Acta Archaeologica）及增刊上。

1.《丹麦古物的时段》（The Periods of Danish Antiquity, *Acta Archaeologica* 60: 187ff, 1989）

2.《1750—1800年间"中产阶级"的斯堪的纳维亚古物学和考古学》（Antiquity and Archaeology in "Bourgeois" Scandinavia 1750-1800, *Acta Archaeologica* 63: 209ff, 1992）

3.《克维克：考古和图像》（Kivik: Archaeology and Iconography, *Acta Archaeologica* 64: 1, 1993）

4.《欧勒·沃姆：论古物的现代化》（Ole Worm: An Essay on the Modernization of Antiquity, *Acta Archaeologica* 65: 135ff, 1994）

5.《被掠夺的青铜时代墓葬》（Plundered Bronze Age Graves, *Acta Archaeologica* 69: 20ff, 1998）

6.《百斯特普—欧洲：始自公元1100年的丹麦巨型城堡主塔楼》（Bastrup-Europe: A Massive Danish Donjon from 1100, *Acta Archaeologica* 74: 65ff, 2003）

7.《伊尼格·琼斯和克里斯蒂安四世：考古学与建筑的相遇》（Inigo Jones & Christian IV: Archaeological Encounters in Architecture, *Acta Archaeologica* 75: 1, 2004）

8.《国王的耶令：宫殿、纪念碑、墓地和大教堂》（King's Jelling: Gorm & Thyra's Palace - Harald's Monument & Grave - Svend's Cathedral, *Acta Archaeologica* 79: 1, 2008）

韩斯堡主持的考古发掘项目中，有三部大型报告也发表在《考古学报》上，一是2002年第73期的两卷本报告《凯法利尼亚的考古和历史：古希腊城市》（Kephallénia Archaeology & History：the Ancient Greek Cities, *Acta Archaeologica* 73）；二是2006年第77期的《青铜时代橡木棺墓：考古学研究和树木测年》（Bronze Age Oak-Coffin Graves：Archaeology & Dendro-Dating, *Acta Archaeologica* 77），合作者是基尔德·克里斯蒂安（Kjeld Christensen）；最近一部是与瑛伽·默克特（Inga Merkyte）合作的2009年发表在第80期的《贝宁考古学：古老的王国》（Bénin Archaeology：The Ancient Kingdoms），该报告分上下两卷，韩斯堡是哥本哈根大学贝宁考古发掘和研究课题的负责人。

二

在韩斯堡的著作中，《解剖丹麦：从冰河时代到今天的丹麦考古和历史》一书以向非丹麦的读者介绍丹麦的考古和历

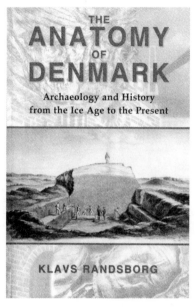

图一　《解剖丹麦》

史为己任，篇幅不长，但却能帮助我们了解韩斯堡的考古学思想，颇有指示性（图一）。

在该书的"序言"和"导论"中，韩斯堡即向我们表明由考古发现和研究构建关于一个国家或地区的"考古学的历史"（archaeological history）的可能性。韩斯堡认为，相比于文献，考古学研究所揭示出的"人造物的世界"（man-made material world）或者"物的历史"（material history）要远远早于文字的出现，而且因涉及包括地质、地理、气候、植物、动物等人类活动的多重环境因素，考古学所构建的历史将是一个"更为广阔的历史舞台"。从这个认识出发，韩斯堡认为，在history与prehistory之间不存在截然的分界，甚至prehistory这个术语的提出就是以书写文献为依据的历史学家为贬低"物的历史"的臆造。从考古学的视角出发，考古学直接面对一个"人造物的世界"，不会为了使"物"成为科学认识的对象而对其进行"还原"，而是力争保留其"包括与环境的交互作用在内的人类努力、认识和行动的整体性"[1]。"整体性"这个词指示出，在韩斯堡看来，考古学比历史学更本原，除了因为"物的历史"远比文字的历史长久之外，还因为"物的历史"与历史发展本身更为贴近。这个观点我认为就是法国当代哲学家福柯得以构建"知识考古学"的哲学批判的思想基石。从这个角度出发，韩斯堡坦陈《解剖丹麦》一书或许会给人以"拼贴"（patchwork）的感觉[2]，但这恰恰就是考古学家眼中历史的本来面貌。所有具有清晰的发展线索和因果关系的历史著作，都是历史学家从一定视角出发对历史进行剪裁的结果。也正是在这个意义上，韩斯堡是一个"唯物主义者"（materialist）——就该词的本原意义而言。

对于"物"的重视，应当是丹麦考古学的传统。早在19世纪初期，随着石器、青铜器和铁器三期说的提出，丹麦的考古发掘也出现了新的转变，它从书写历史的限制中解放了出来，考古学家意识到了物质领域自身的存在意义。

值得注意的是，在韩斯堡的论述中，他所用的概念是"人造物"而非"出土物"（unearthed material）。之所以如此，我理解或许首先与丹麦的考古史有关。丹麦早在12世纪就第一次出现了由皇室组织的考古探查，并成就了一批皇室收藏。带有考古学目的的发掘工作至少也始于同一世纪。17世纪20年代以来，丹麦开始对全国各教区出土遗

---

[1] Klavs Randsborg, *The Anatomy of Denmark: Archaeology and History from the Ice Age to the Present*, p. 3. London: Bristol Classical Press, 2009.

[2] Klavs Randsborg, *The Anatomy of Denmark: Archaeology and History from the Ice Age to the Present*, p. xi. London: Bristol Classical Press, 2009.

迹和遗物进行详细记录，当时的一名医生兼科学家欧勒·沃姆（Ole Worm）让遍布丹麦和挪威的所有教区的牧师报告其考古发现，以此创建了一个巨大的考古学—历史学意义上的地形学资料库[1]。如此，在丹麦哪怕是早期的收藏品也都是发掘品，或有详细的记录和考古背景，所谓的"出土物"与"传世品"之间或许并不存在明显的界限。但是更重要的是，我认为使用"人造物"而非"出土物"的概念，正体现了韩斯堡重视"物"的思想，即凡是人造的"物"，无论其时代与存在状态——古代的或当今的，地下的或地上的——都包含有历史的信息。从城郊森林中青铜时代遗留下来的巨石，到城市内的皇宫、教堂、公共建筑，再到乡村农舍，所有的"物"在韩斯堡看来无不可以用考古学方法加以考察；对于"物"的时空连接的分析又将引至对历史的新的解读。

韩斯堡当然不会否认历史文献的价值，只不过他的侧重点有所不同，他的目标在于用考古的发现、研究和结论来构建历史。为此，他尽量减少对文献的使用，《解剖丹麦》一书中引用的文献仅有寥寥几页篇幅。

在韩斯堡的研究中，考古学是作为一门独立的透视历史的方法。他认为考古学有属于自身的方法论，借鉴其他学科甚至是哲学的普遍理论或许会启示考古学，但其他学科却永远都不该对考古学指手画脚；他同时也认为，从社会人类学、历史学或者其他国家和地区的考古学实践中获得的中程

---

[1] 克劳斯·韩斯堡：《考古学在丹麦》，《考古》2006年第6期。

理论也许是考古学思想发展史中最为重要的东西[1]。这并不难理解。因为具有普遍性的理论，难以直接用于解读具体的千差万别的实物资料。正是由于对特定问题的关切而不寻求普遍性，中程理论才可能帮助我们从特定的角度去认识具体的资料，并推导出相关方面的结论。

在韩斯堡从事的各项研究中，科学思维贯穿始终。这里仅以他对青铜时代遗物的研究作为例证。1902年在丹麦西兰岛特伦霍尔姆（Trundholm）出土的公元前1400年的"太阳马车"是北欧最著名的青铜器，为一匹马立于有四个轮子的支架上。马后有一个置于两轮车之上的直径24.4厘米的圆盘，两面装饰有由数周圆圈纹组成的复杂图案，其中一面还有金箔。韩斯堡发现这件标识着古人太阳崇拜的圣器隐藏着很多与历法有关的数学知识：圆盘代表太阳，饰有金箔的一面为白天，其上有大小不同的同心圆纹饰52个，52是太阳历中的周数；青铜的一面代表黑夜，有同心圆54个，而54则是太阴历与太阳历天数相当的总周数。这两个数字恰好与天文历法相吻合[2]。

类似的还有对"腰盘"的研究。北欧青铜时代的女性墓葬有大量佩戴在死者腹部的青铜"腰盘"（Belt-plate）。盘呈扁圆形，中心有一个帽状突起物，四周有数周复杂的圆圈纹，它们是与"太阳马车"同时代的反映太阳崇拜的遗物。现存最大的一件"腰盘"出自腓特烈堡的

[1] 克劳斯·韩斯堡：《考古学在丹麦》，《考古》2006年第6期。
[2] Klavs Randsborg, Opening the Oak—coffins : New Dates & New Perspectives, *Acta Archaeologica*, vol. 77, pp. 63—68. Copenhagen: Blackwell Munksgaard, 2006.

朗斯楚普（Langstrup），上面共有四组同心圆，总数为"15+22+26+32=95"个。这个数字看似没有任何意义，但是韩斯堡由乘法和四组装饰而得出一个新的算式："15×1+22×2+26×3+32×4=265"，这恰好相当于太阴历中的9个月（265又1/2天），也是妇女怀孕的天数。倘若把中间的帽状物也当成独立的一组装饰，那么这个算式就成为"0×1+15×2+22×3+26×4+32×5=360"，这个数字已经接近太阳历一年的天数，而与近东历法中一年的天数等同。韩斯堡对很多"腰盘"一一进行测算，发现那些精美"腰盘"上的纹饰也都蕴含着高深的历法和数学知识[1]。

三

作为考古学家，韩斯堡的身上充满人文情怀。在《解剖丹麦》一书中，每个章节开始之前都有一则题记，除"冰河时代到公元1200年"一章引用的是位于日德兰半岛的著名遗迹"耶令碑"（Jelling Stone）上的铭文"使丹麦人成为基督教徒"外，其余均引自文学作品中的名言佳句，体现出韩斯堡的文学修养。在所引用的文学家中，有两位诺贝尔文学奖得主。其一是丹麦作家约翰尼斯·延森（Johannes V. Jensen，1873~1950年）1944年的诗句："庄严地讲话，／在

---

[1] Klavs Randsborg, Opening the Oak—coffins : New Dates & New Perspectives, *Acta Archaeologica*, vol. 77, pp.68—78. Copenhagen: Blackwell Munksgaard, 2006.

公路旁／在绿草覆盖的先人的坟墓旁，／不要遗忘逝者／作为遗产，他们给了你高贵的礼物"。延森的知名度主要局限于斯堪的纳维亚地区，他于1925年获奖时，诺贝尔奖的影响远未达到国际化程度。其二是2016年新晋文学奖得主鲍勃·迪伦1964年的歌词，可见青年时代的韩斯堡对于欧美流行文化的了解。此外，韩斯堡两次引用丹麦诗人、作家安徒生于1850年饱含深情地书写下的"我出生在丹麦，丹麦是我的家"的诗句，与该书的主旨相得益彰。韩斯堡对诗的偏爱是如此明显，以至在简短的讣告中也专门突出了这一点。

每一位跟随韩斯堡游览过哥本哈根城中心及城郊森林的人，一定会对他对这座城市遗迹和历史的熟悉留下深刻印象。在韩斯堡眼中，今天的哥本哈根市就是一座巨大的露天博物馆，他熟知城中每一处有来历的建筑的历史，能解读出每一处细微变化的意义。比如对于一座街区教堂，他可以详尽地告诉你该教堂在中世纪的格局以及后世改建的种种细节。在我所知道的韩斯堡的研究中，最能体现考古学家的自信、最完美地将科学思维和人文情怀融为一体的，就是他对哥本哈根一座优雅的皇家城堡"罗森堡"（Rosenborg Castle）塔楼大门的研究。

罗森堡位于哥本哈根城的中心，韩斯堡经常路过此地，塔楼大门的和谐之美引起了他的兴趣。他随后展开的研究建立在大量的文献资料和对这些资料的分析的基础之上，虽然韩斯堡名之曰"考古学与建筑的相遇"，但这实则是一项跨学科的研究。罗森堡修建于丹麦国王克里斯蒂安四世（King Christian IV，1588～1648年在位）时代，其时正值丹麦结束中世纪并开始向现代社会过渡的转折期。克里斯蒂安四世对于建筑和绘画艺术情有独钟，他在位期间哥本哈根大兴土木，造就了今天哥本哈根的城市格局。关于罗森堡塔楼大门的始建时间有1610、1606和1608年三种说法，建筑师的姓名亦有不同传闻。韩斯堡的论点是，塔楼大门"很可能"是17世纪英国建筑师、画家和舞台布景师伊尼格·琼斯（Inigo Jones）的作品[1]。在这项研究中，韩斯堡参考了大量同时代的文献，尤其是伊尼格·琼斯的后继者和合作者约翰·韦伯（John Webb）在1665年留下的文献，同时梳理了丹麦王室与英国王室之间的关系和交往，以及从古至今的建筑学家对哥本哈根古建筑的分析资料。作为考古学家，韩斯堡重点对克里斯蒂安四世遗留下来的位于哥本哈根以及周边的著名建筑进行了考察和分析，例如弗里德里希城堡、罗斯基尔德大教堂的祈祷室、证券交易所等，并与同时期的英国建筑如伦敦新证券交易所、格林尼治"皇后之家"等进行了比照，在不排除作者个人的直观感受的前提下——如用"优雅的""可爱的"等定语来描绘特定的建筑物——他对建筑的正视图进行了数据分析。给我留下深刻印象是的他对弗里德里希城堡的"国王秘密通道"所做的数据分析[2]。韩斯堡推翻了一位建筑师在1927～1931年把正视图划

---

[1] Klavs Randsborg, Inigo Jones & Christian IV: Archaeological Encounters in Architecture, *Acta Archaeologica*, Vol. 75, pp. 88-89. Copenhagen: Blackwell Munksgaard, 2004.

[2] Klavs Randsborg, Inigo Jones & Christian IV: Archaeological Encounters in Architecture, *Acta Archaeologica*, Vol. 75, pp. 22-23. Copenhagen: Blackwell Munksgaard, 2004.

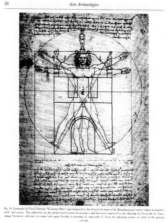

图二　"罗森堡"塔楼大门　　　图三　"维楚维乌斯三角形"

分为相互重叠的7×10的长方形（这里采用的是丹麦的长度单位Alen，每Alen等于0.504米）的做法，将之重新解析为建筑和艺术史上著名的"维楚维乌斯三角形"（Vitruvius Triangle），后者由达·芬奇的著名绘画所描绘和展示，进一步揭示出人是万物及其环境的尺度。这一建筑规范为韩斯堡的判定提供了有力证据（图二，图三）。这项研究的最终结论是否合理，我无力评判，而且我认为结论并不重要。我关注的是此项研究选取的对象、视角和方法。即便不对这些名胜古迹做任何解析，这些古迹依然"自在地"存在着，被游人欣赏和赞美。但是，科学的分析不仅使我们透过现象看到了本质，而且还为建筑物本身增添了更多历史和文化的意味。从此，"这个建筑物"不再是"这个建筑物"，就像福柯对马格利特的画作《这不是烟斗》的分析；建筑物不再仅仅是"人造的物"，它上升到"人文"作品的高度。这个时候，我认为韩斯堡就是一位哲学家。

四

从很多方面衡量，丹麦考古学从创立伊始便具有世界性。早在19世纪，丹麦考古学家把这门学科既看作是国家民族性的，又视为是一项国际性的新方法。广为人知的是，19世纪初期，丹麦考古学家汤姆森明确肯定了历史学家韦代尔·西蒙森关于石器、铜器和铁器三个时代的观点，并以此方案陈列展品。三期说随后在斯堪的纳维亚国家得到承认，最终同丹麦考古学提出的入侵、传播、相对阶段等思想，形成了20世纪上半叶欧洲史前学的理论支柱[1]。事实上，丹麦考古学还始创了许多科学的考古思想和活动，如17世纪20年代以后对全国各教区古代遗迹遗物的详细记录、博物馆的建立和藏品展示，始自19世纪的科学发掘、不受历史文献左右的结论、遗物共出原理、迁徙的考古学标准，贯穿19世纪的细致的年代学，19世纪后半期的自然科学在考古学领域中的应用、区域调查、民族考古学和实验考古学等。自19世纪以来就在丹麦展开的有关方法和理论的争论，有很多是那些在20世纪后期被称为"美国式"的问题，如类型系列、自然科学方法、物质文化的结构和规律、社会性的诠释等。甚至所

---

[1] 格林·丹尼尔：《考古学一百五十年》，黄其煦译，文物出版社，1987年，第29～34页。

谓的"后过程主义的"或者无结论的主题也早就在丹麦被公
开讨论了[1]。丹麦的考古活动也是全球性的，在欧洲的大部
分地区、地中海、近东、非洲、极地和格陵兰都有丹麦考古
学家的活动，而这一切又激励着丹麦本土的考古学研究。

丹麦考古学的世界性并不只限于它始创的思想和开展的
活动，一些重要课题的研究也体现了对世界的关注。对维京
时代的研究就是一个例证。维京时代正值国家形成时期，其
间涌现了王墓、特定的生产、市场和广泛的贸易网络，以及
各地的冲突与征战。这项研究最终以考古学的方法证明了一
个世界体系的特性[2]。

韩斯堡本人的学术思想和考古活动，完全继承了丹
麦考古学的这一特性。他是丹麦《考古学报》（Acta
Archaeologica）自1930年创刊以来的第三位主编兼编辑。
在2004年第75期的编者按中韩斯堡指出，《考古学报》的发
展方向不仅是要使丹麦和斯堪的纳维亚考古学走向世界，而
且它还将努力成为欧洲和"世界考古学"的学术平台[3]。

提到"世界考古学"，必须提到韩斯堡的田野考古实
践，尤其是他在贝宁的考古发掘。贝宁的考古发掘项目始自
1998年丹麦筑路队在贝宁阿波美（Abomey）的一次偶然发
现，一个洞穴吞噬了挖土机，一名工人也"消失"在洞中。

---

[1] 克劳斯·韩斯堡：《考古学在丹麦》，《考古》2006年第6期。

[2] 克劳斯·韩斯堡：《考古学在丹麦》，《考古》2006年第6期。

[3] Klavs Randsborg, Inigo Jones & Christian IV: Archaeological Encounters
in Architecture, *Acta Archaeologica*, Vol. 75, Copenhagen: Blackwell
Munksgaard, 2004.

当丹麦工程师发现洞穴并非天然而是人为形成时，便电话报告了哥本哈根大学考古系，当时韩斯堡正担任系主任一职，几个月后韩斯堡到阿波美进行了为期两周的发掘，从此开启了持续10年的贝宁考古发掘工作。韩斯堡在研究方面从不人为设定界限，贝宁发掘的需求促成了他一直关心的"世界考古学中心"的建立，两厚本以资料描述而非诠释为核心的发掘报告《贝宁考古：古老的王国》是"中心"最重要的成果之一（图四）。

韩斯堡认为，"物的历史是可视的"（visual），相比于文字它们能帮助我们更好地理解过去[1]。因此他在报告和著作中大量使用数据、图表、照片，而且很多照片都由他亲自拍摄。在《贝宁考古》中，图片资料的使用更是达到了"奢侈"的程度，其中包括在考古发掘过程中拍摄的工作照，因为这是贝宁历史上的首次科学发掘，韩斯堡意外地感受到了作为"先驱者"的使命感和责任感，于是决定在发掘报告中尽可能详细地描述出土遗物和记录发掘过程的细节，作为学术史的一部分留存下来。

10年的贝宁考古实践为这个西非国家留下了一笔宝贵的遗产。之前贝宁只有口述史和晚至17世纪初的文献记载的历史，但考古发掘的制造铁器的遗迹可上溯至公元前600年，早期聚落遗址中的陶片则上溯到公元2世纪[2]。发掘工

---

[1] Klavs Randsborg, *The Anatomy of Denmark: Archaeology and History from the Ice Age to the Present*, p. xi. London: Bristol Classical Press, 2009.

[2] Klavs Randsborg & Inga Merkyte, Niels Algreen Møller, Søren Albek, *Bénin Archaeology: The Ancient Kingdoms*, *Acta Archaeologica*, Vol. 80, pp. 8-9. Oxford: Wiley-Blackwell, 2009.

图四　《贝宁考古》

作结束后，在阿岗高因图（Agongointo）的遗址上建起了一座考古公园和博物馆，该地现已成为当地的旅游景点，这是韩斯堡和他的团队送给贝宁人民的礼物。

　　除了在爱琴海地区、希腊、乌克兰、美国中西部、苏丹和贝宁从事的田野发掘外，韩斯堡还到东欧、美国、西亚、地中海地区和西非等地进行研究和学术访问。2005年5月，他访问了中国社会科学院考古研究所，参观了北京、安阳、洛阳和西安等地的考古遗址和博物馆。在中国的参观日程紧张、内容丰富，韩斯堡总是利用一切空余时间，如乘坐火车别人都在休息时，打开厚重的日记本详细记录一天的活动和参观内容。甚至在回到丹麦后，还来信核实人名、地名之类的细节。他参观博物馆的习惯，是在仔细看完所有内容后再从头浏览一遍，时间再紧也如此，如同读完一本书后再串联一遍梗概，力求获得一个整体性的认识。韩斯堡的这些探究世界的研究之旅，扩大了他的视野，增长了他的知识，也强化了他的信念和对丹麦的热爱。

五

作为考古学家，韩斯堡不仅仅将关注的焦点集中在古代的"物的历史"之上，他认为透过"考古学镜头"，我们有能力理解当今时代的社会生活。这也就是为什么韩斯堡在《解剖丹麦》中仿佛穿上了"七里靴"，从"冰河时代"跨越到了"全球化"的当今时代，讲述了丹麦社会在"现代化（1950～2000年）"和"全球化"进程中的"考古学的历史"。虽然高度重视"物的历史"，但韩斯堡并没有由此将历史做"碎片化"处理，相反，他对当今时代的超大信息量对历史的"遗忘"和"娱乐化"处理、对"全球化"和"传统"之间的冲突表示担忧，希望以"老派的做法"在全球化时代为我们提供一幅关于特定地区的具有连贯性的历史图景[1]。他认为，如同在科学、经济、政治、甚至文化领域中早已被证明的情形一样，考古学同样面临挑战，与全球化相对的地方主义和与历史的完整图

---

[1] Klavs Randsborg, *The Anatomy of Denmark: Archaeology and History from the Ice Age to the Present*, p. xii. London: Bristol Classical Press, 2009.

景不合拍的想法应该遭到摒弃[1]。

无论全球化思想在今天遭遇怎样的挑战，我认为作为透视历史的方法的考古学，都将以自己独特的视角，为未来记录下今天。

谨以此文纪念2000年我在哥本哈根大学访学时的导师和朋友克劳斯·韩斯堡（Klavs Randsborg）。

（原载《南方文物》2017年第3期）

补记：

2017年10月下旬，我应邀至哥本哈根大学参加专为纪念韩斯堡而组织的"十字路口的考古学：地区相遇的全球叙述"国际学术研讨会，来自欧洲、美洲、非洲多国的100余名考古学家在就"北欧考古学""欧洲考古学"和"世界考古学"三个主题进行研讨的同时，也表达了对韩斯堡的缅怀，这使我对他丰厚的学术遗产和影响力有了新的认识。韩斯堡对我影响更多的是他的研究和日常谈话中体现出的人文情怀与世界主义视野。更重要的是，因为韩斯堡，我坚信知识和智慧可以超越国家与民族的界限。

---

[1] 克劳斯·韩斯堡：《考古学在丹麦》，《考古》2006年第6期。